मन मानस में राम

रामकथा के प्रसंगों की लोकसिद्ध व्याख्या

मन मानस में राम

रामकथा के प्रसंगों की लोकसिद्ध व्याख्या

प्रो. श्रीप्रकाश मणि त्रिपाठी

वाणी प्रकाशन

वाणी प्रकाशन

4695, 21-ए, दरियागंज, नयी दिल्ली 110 002

फ़ोन : +91 11 23273167 फ़ैक्स : +91 11 23275710

शाखाएँ

अशोक राजपथ, पटना 800 004, बिहार

कॉफ़ी हाउस कैम्पस, महात्मा गांधी मार्ग, इलाहाबाद 211 001, उत्तर प्रदेश

महात्मा गांधी अन्तरराष्ट्रीय हिन्दी विश्वविद्यालय, वर्धा 442 001, महाराष्ट्र

सुल्तानिया रोड, मोतिया पार्क, भोपाल 462 001, मध्य प्रदेश

www.vaniprakashan.com
marketing@vaniprakashan.in
sales@vaniprakashan.in

MAN MANAS MEIN RAM
by Prof. Shriprakash Mani Tripathi

ISBN : 978-93-5229-817-4
Religion/Culture

प्रथम संस्करण 2021

मूल्य : ₹ 395

थॉमसन प्रेस (इंडिया) लि. में मुद्रित

वाणी प्रकाशन का लोगो मक़बूल फ़िदा हुसेन की कूची से

सन्त समाज को अर्पित

पुरोवाक्

भारत में राम जननायक हैं, मर्यादा पुरुषोत्तम हैं और सगुण ब्रह्मस्वरूप भी हैं। अपने इन्हीं रूपों में भगवान श्रीराम प्रत्येक भारतीय के मन के मानसरोवर में निवास करते हैं। उन्हें सम्बल, सहारा और साहस प्रदान करते हैं। अपनी इन्हीं छवियों के साथ राम मेरे भी मन मानस में शैशवावस्था से ही अवस्थित हैं। रामकथा का श्रवण, राम कीर्तन का सतत प्रवाह...हमारे घर–गाँव में प्रवाहित होता और हमें शीतल करता जाता था। लोक भाषा अवधी में रची राम गाथा तुलसीकृत 'रामचरितमानस' का पाठ हमारे परिवेश का अभिन्न अंग था और है। हमारे घरों में तुलसीदास रचित रामायण (जी) की आरती गायी जाती है, रामकथा के बाद 'मानस' के नवाह्न पाठ के बाद और रामनवमी पर्व पर भगवान श्रीराम के पूजन के बाद भी। थाल में आरती दीप सजा कर यह 'मानस' आरती सभी खड़े होकर गाते थे। इसके दो अन्तिम छन्दों के उद्धरण से मुझे अतीव आनन्द की अनुभूति हो रही है, इसलिए इन्हें अंकित कर रहा हूँ–

आरति श्रीरामायण जी की ।
कीरति कलित ललित सिय पी की।।
गावत सन्तत सम्भु भवानी।
अरू घटसम्भव मुनि विज्ञानी।।
व्यास आदि कवि वर्ग बखानी।
कागभुसुंडि गरुड़ के ही की
आरति श्री रामायण जी की
कलिमल हरनि विषयरस फीकी।
सुभग सिंगार मुक्ति जुबती की।।
दलन रोग भव भूरि अमी की।

तात मात सब विधि तुलसी की।
आरति श्री रामायण जी की...

इस आरती में तुलसीकृत रामायण और श्रीराम की महिमा का निचोड़ अभिव्यक्त है। यह 'आरती' स्वयं गोस्वामी तुलसीदास द्वारा रचित है। यह मेरे श्रीराम–संस्कार रहे हैं और उनकी चर्चा, भक्ति और आराधना में लीन करते रहे हैं कि–*भजो मन, राम–नाम सुखदायी*। यह हमारे लोक का सूत्र वाक्य है। भारतीय लोक रामनाम के तत्त्व को समझता है, रामनाम से अपार स्नेह करता है, राम का भजन–कीर्तन करते हुए वह राम–नाम–रस में डूब जाता है। राम का नाम ही ऐसा है जो मन को रमा लेता है –

रामनाम मनि दीप धरू, जीह देहरी द्वार।
तुलसी बाहर भीतरहु, जो चाहेसि उजियार।।

मन्त्र रूपी इस दोहे का मर्म मुझे निरन्तर संजीवनी शक्ति प्रदान करता रहता है। ज़ब भी इसमें रमता हूँ तो अपूर्व आनन्द की अनुभूति होती है। इसका भावार्थ ही ऐसा है जो राम के भक्ति रस में भारतीय मन मानस को डुबाये हुए है। भावार्थ यह है कि अन्य दीपक तो कभी–न–कभी बुझ जाते हैं, रामनाम तो ऐसा मणि–दीप है जो कभी नहीं बुझता। सदैव प्रकाश फैलाता रहता है। यदि इस दीप को मुखरूपी द्वार की जीभ रूपी देहरी पर रख दिया जाये तो भीतर और बाहर दोनों तरफ़ उजाला हो जाता है। राम मेरे मन मानस में इसी तरह रचे बसे हुए हैं। इसी रचाव का परिणाम है पुस्तक यह –'मनमानस में राम'। रामकथा के ध्यान में लगे रह कर और रामचरितमानस के पारायण से जितना और जैसा मेरी बुद्धि ने समझा है, उसे यहाँ आपके लिए अंकित किया है, 'मानस' के जो प्रसंग अनुप्राणित, आलोकित, आह्लादित और उद्वेलित करते रहे हैं और जिनके मर्म को मैं भीतर ही भीतर मथता रहा हूँ, उन्हीं में से कुछ का प्रस्तुतीकरण इस पुस्तक में किया गया है। मेरे हृदय में श्रीराम के लिए सतत धुन लगी रहती है। राम की लगन लगी रहती है। यह राम भाव मेरे चारों ओर प्रकाश फैला देता है, हृदय को प्रेम प्रफुल्लित कर देता है– *जबहिं राम कहिं लेहिं उसासा, उमगत प्रेम मनहुँ चहुँ पासा।* मेरी इसी श्रद्धा, भक्ति और लगाव को यह पुस्तक आप तक पहुँचाये, यह मेरा अभीष्ट है।

मैं जब–जब भी राम के चरणारविन्द का ध्यान करता हूँ तो सबसे पहले तो इस तात्त्विक भारतीय वाणी का बोध होता है कि संसार निस्सार है और मनुष्य इसमें रमने को विवश है। इस 'रमने' के चक्कर में वह घोर ताप झेलता है। इससे बचने का एकमात्र उपाय है–राम भक्ति। गोस्वामी तुलसीदास ने भी महादेव के मुख से इसी बात को अत्यन्त प्रांजल शब्दों में कहलवाया है–

जासु कृपा छूटहिं मद मोहा। ता कहुँ उमा कि सपनेहुँ कोहा।
जानहिं यह चरित्र मुनि ग्यानी। जिन्ह रघुवीर–चरन रति मानी।

ये शब्द शंकर के मुख से निःसृत हैं। वे भवानी को श्रीराम चरित और उनके चरणों में रति की महत्ता को बता–समझा रहे हैं कि तभी हम मद–मोह के घोर ताप से मुक्त हो सकते हैं, जब श्रीराम हमें अपना लें। भारतीय मानस निरन्तर यह प्रयत्न करता है। राम कैसे अपनायेंगे इसकी बड़ी सुन्दर व्याख्या पण्डित बलदेव प्रसाद मिश्र ने अपनी पुस्तक 'तुलसी' (सन् 1994, द्वितीय संस्करण, नेशनल पब्लिशिंग हाउस, नयी दिल्ली) में की है–'मनुष्य का यही परम ध्येय होना चाहिए कि वह राम द्वारा अपना लिया जाये। राम तभी अपनायेंगे जब उनकी कृपा होगी और वह कृपा तभी होगी जब जीव निरछल भाव से उनकी शरण में जायेगा। बिना सेवा कराये भी दीनों पर द्रवित होते रहना राम का स्वभाव है। ऐसा उदार इष्टदेव और कहाँ मिलेगा। इतने उदार स्वामी की सेवा का अवसर पाकर भी हमने जीवन व्यर्थ गँवा दिया–*लाभ कहा मानुस तन पाये* अथवा *मन पछितैहे अवसर बीते*।

मिश्र जी ने सांसारिक ताप में घिरे राम विमुख मनुष्यों को चेताया है, तुलसी भी चेताते थे, उनकी पंक्तियाँ इसकी द्योतक है। तत्कालीन निरीह और प्रताड़ित जनता को चेताने और जाग्रत करने के लिए ही तो तुलसीदास ने श्री रामचरितमानस की रचना की थी। उन्होंने यह मन्त्र भी दिया था कि *राम जपु राम जपु राम जपु बावरे*, यह अनुकूल आचरण है। अनुकूलता का, समर्पण का, स्वामिभक्ति का संकल्प ही 'भक्ति' है। कहने की आवश्यकता नहीं कि अकिंचनता और शरणागति भक्ति के दो परम सोपान हैं। राम वनगमन मार्ग में भक्ति के ये दोनों सोपान अपने चरम उत्कर्ष पर अभिव्यक्त हैं। राम से जो भी अकिंचन भाव से मिला या जो उनका शरणागत हुआ, राम उसके हो लिए। इस पुस्तक में आपको भक्ति के इन दोनों सोपानों के प्रसंग मिलेंगे। निषादराज, केवट, ऋषि–मुनि,

शबरी, हनुमान, सुग्रीव और अंगद के प्रसंगों द्वारा इसे विवेचित करने का प्रयास किया गया है। अकिंचनता (ऋषि–मुनि) तथा शरणागति (सुग्रीव, अंगद, विभीषण) के साथ ही भरत, लक्ष्मण और हनुमान की समर्पण भक्ति के मार्मिक प्रसंगों को भी, जो मेरे मन मानस में रचे–बसे हैं, छोड़ नहीं सका हूँ।

राम भक्ति के इस विस्तीर्ण मानसरोवर में उसके घाटों और सीढ़ियों की भाँति सत्संग माहात्म्य, नाम माहात्म्य, भक्ति योग, अनन्यता, गुरु महिमा, मित्र महिमा, शरण्यता, सन्त–असन्त चर्चा का जो अमृतपान मैं अपने जीवन में करता आ रहा हूँ उसे भी समाहित कर लिया है। मुझे यह लगता है कि इनमें से कुछ को प्रसंग सहित और यथाशक्ति रसपूरित ढंग से प्रस्तुत करने की प्रेरणा मुझे रामकृपा से ही मिली है।

श्रीराम का चरित्र राष्ट्रीय चरित्र है। श्रीराम भारत के उपास्य भी हैं और भक्ति परम्परा के सनातन नायक भी। जैसा मैंने प्रारम्भ में भी निवेदन किया है कि मेरे शैशव के संस्कारों में रामकथा श्रवण, राम कीर्तन और 'रामचरितमानस' के नियमित पारायण का विशिष्ट स्थान है। श्रीराम का स्वरूप और उनकी छवियाँ अनन्त हैं। श्री दशरथ के अजिर में विहार करने वाले श्रीराम *मंगल भवन अमंगल हारी* हैं। गोस्वामी तुलसीदास ने श्रीराम के चरित को इतना लोकव्यापी और मंगलमय रूप दिया है कि उसके स्मरण मात्र से हृदय में पवित्र और उदात्त भावनाएँ जाग उठती हैं। ऐसी ही भावनाओं का उद्वेलन है यह पुस्तक–'मन मानस में राम'।

'प्रभु श्रीराम' से सम्बन्धित अनेक उदात्त भावनाएँ, मेरे मन मानस पर, या कहें सम्पूर्ण भारत के मन मानस पर अंकित हैं। एक तो यह कि परिवार और समाज की मर्यादाओं के धारक और पोषक राम 'मर्यादा पुरुषोत्तम' हैं। दूसरे यह कि वे पुरुषोत्तम होने के साथ दिव्य गुणों से विभूषित हैं। श्रीराम के एकाधिक दिव्य गुणों का प्रकाशन करने का यत्न मैंने प्रस्तुत पुस्तक में किया है–वे ब्रह्म रूप हैं। वे साधुओं के परित्राण और दुष्टों के विनाश के लिए ही पृथ्वी पर अवतरित हुए हैं। वे सन्तों पर परम कृपालु हैं। भक्त वत्सल हैं। वे भेदभाव से रहित सामाजिक समरसता के प्रतीक पुरुष हैं, और भी बहुत कुछ। राम का सम्पूर्ण चरित्र ही पावन है जिसका अवगाहन हमें पवित्रता के भाव से विभोर कर देता है। इस पुस्तक में अत्यन्त सामान्य ढंग से रामचर्चा करके मैं उच्च पावनता का अनुभव कर रहा हूँ। मानस भक्ति की मिठास से सराबोर है–*रामचरितमानस एहि नामा।*

सुनत त्रवन पाइअ विश्रामा। राम की भक्ति जीवन की पूर्णता का प्रक्षेप है, आधार है। श्रीराम विश्वरूप हैं और मानुस तन धारण करके सन्तों और भक्तों के काज सँवारने हेतु इस धरा पर प्रकट हुए हैं *–व्यापक विश्वरूप भगवाना। तेहि धरि देह चरित कृत नाना।।'* या *नर तन धरेहु सन्त सुर काजा* या *धरहि भगत हित मनुज शरीरा।*

'तुलसी' नामक पुस्तक (सम्पादक : उदयभानु सिंह, 1976 : राधाकृष्ण, नयी दिल्ली) में आचार्य विश्वनाथ प्रसाद मिश्र का एक लेख 'विश्वकवि तुलसीदास' प्रकाशित है जिस पर सहज ध्यान आकर्षित होता रहता है। उन्होंने लिखा है 'राम की अन्यतम भक्ति से सुखकर और कुछ नहीं। भक्ति के समस्त रूप मानस में भरे पड़े हैं। मानस की कथा को तीन व्यक्ति तीन श्रोताओं से कह रहे हैं।

तुलसी पाठक को इस बात का स्मरण कराते रहते हैं कि शिवजी ने पहले इस सुहावने चरित्र को रचा, फिर कृपा करके पार्वती जी को सुनाया। वही चरित्र शिवजी ने काकभुशुंडि जी को रामभक्त और सुपात्र जानकर सुनाया। काकभुशुंडि जी से ही इसे याज्ञवल्क्य जी ने प्राप्त किया। शिव रचित एवं कथित कथा को याज्ञवल्क्य–भरद्वाज से कह रहे हैं। सभी का सार यह कि एक राम को अपनाकर सारे जगत् को अपना लिया जा सकता है। राम चरित्र अत्यन्त व्यापक है– जितना गूढ़ उतना ही रससिक्त। तुलसी का 'मानस' और उनकी श्रीराम सम्बन्धी अन्य रचनाएँ जैसे 'जानकी मंगल', 'रामलला नछहू', 'विनय पत्रिका', आदि मुझे सदैव अनुप्राणित एवं आनन्दपूरित करती रही हैं। 'विनय पत्रिका' में मर्यादावादी तुलसी, राम भक्ति की सहज साधना के लिए भक्ति के सारे सामाजिक बन्धनों का खण्डन करने का परामर्श देते हुए यहाँ तक कह देते हैं कि मैं अपना मत कह रहा हूँ, शास्त्रों का मत इससे भिन्न हो सकता है। सहज भक्ति के लिए तुलसी की यह दृढ़ता वन्दनीय है।

जाके प्रिय न राम बैदेही।
तजिए ताहि कोटि बैरी सम जद्यपि परम सनेही।
तुलसी सो सब भाँति परम प्रिय पूँजी प्रान ते प्यारो,
जासौं होइ सनेह रामपद एतो मतो हमारो।

तुलसी के इस मत के व्यापक निहितार्थ हैं। एक यह कि राम–जानकी की यह पावन कथा 'मनुष्यता' अथवा मानव धर्म से ओत–प्रोत है। भारतीय आचार्यों ने धर्म का व्यापक अर्थ लिया है जिसका 'मत' या 'सम्प्रदाय' से

कोई सम्बन्ध नहीं है। अपने–अपने धर्म और युगीन धर्म का पालन मनुष्य करे क्योंकि इसके बिना वस्तु का वस्तुत्व ही स्थिर नहीं रह सकता। आचार्य हजारी प्रसाद द्विवेदी ने अपनी पुस्तक 'कबीर' (सन् 1990, राजकमल, नयी दिल्ली) में इस सम्बन्ध में एक विचारणीय बात कही है कि 'अग्नि का धर्म है दाहिका शक्ति और मनुष्य का धर्म है मनुष्यता। यदि दाहिका शक्ति हट जाये तो अग्नि का अग्नित्व ही न रहे। यदि मनुष्य की मनुष्यता चली जाये तो मनुष्य पशुमात्र रह जाये। यह मानव धर्म ही भारतीय भाषा और भारतीय भावों के द्वारा व्यक्त होकर 'सनातन धर्म' के नाम से अभिहित हुआ है...। सनातन हिन्दू धर्म में भारतीय संस्कृति और मानव धर्म दोनों का मेल है। रामकथा और राम का चरित्र 'भारतीय धर्म' की इसी व्यापक भावभूमि का दिग्दर्शन कराने वाले हैं।

राम की गाथा में भारतीय संस्कृति के सूक्ष्मतम कण बिखरे पड़े हैं तथा समरस मानव धर्म की पताका इसके अनगिनत प्रसंगों में फहर रही है। तुलसी ने भारतीय संस्कृति के इन्हीं सांस्कृतिक तत्त्वों और भारतीय मानस की आत्मा में अवस्थित मानव धर्म को रामभक्ति के प्रसार के लिए अपना अभीष्ट बनाया। एक ओर 'मानस' में राम के परात्पर स्वरूप की ओर स्थान–स्थान पर हमारा ध्यान आकृष्ट किया गया है– *'जेहि महँ आदि मध्य अवसाना। प्रभु पतिपाद्य राम भगवाना'।* अर्थात् दशरथ के सुत राम परात्पर ब्रह्म ही हैं, यही 'मानस' का प्रतिपाद्य है। दूसरी ओर राम परम परिवारी और सामाजिक जीव या कहें पुरुषोत्तम के रूप में सामने आते हैं। रामकथा में उनके सहयात्री श्रीराम के इसी पुरुषोत्तम स्वरूप पर मुग्ध हैं। इसमें सन्देह नहीं कि राम का चरित्र पारिवारिक चरित्र है और 'मानस' भी एक पारिवारिक कथा है। पारिवारिक सम्बन्ध, आचरण और भावनाएँ रामकथा का प्रबल स्वर हैं। इसी स्वर ने हमारे लोक को 'सीयराममय' बना रखा है।

भारत बहुत प्राचीन देश है। भारतीय परम्पराएँ भी अति प्राचीन हैं। इन्हीं परम्पराओं ने भारतीय संस्कृति की रचना में अपना योगदान दिया है। वैसे तो इन परम्पराओं या सांस्कृतिक तत्त्वों का कोई अन्त नहीं है लेकिन भारत के चिन्तक, ऋषि–महर्षि, कवि सभी अपनी साधना में जिस जीवन को लक्ष्य करके चलते रहे हैं वह है गार्हस्थ्य जीवन। गृहस्थ आश्रम को श्रेष्ठ आश्रम माना जाता है। यह आश्रम कर्तव्यों, आदर्शों और उत्तरदायित्वों से बँधा होता है। इसलिए इसकी साधना बहुत ऊँची मानी गयी है।

रामायण' इसका प्रांजल उदाहरण है और श्रीराम इसके आदर्श हैं। न जाने कितने पारिवारिक दायित्वों, वचनों, आचरणों और कर्तव्यों का वे पालन करते हैं। राम अपनी इसी 'पारिवारिकता' के चलते जन–जन के राम बन जाते हैं। लोक के राम बन जाते हैं। लोक आचरण और लोक संस्कारों में प्रविष्ट हो जाते हैं। लोग उन्हें अपने अत्यन्त समीप पाते हैं।

राम से इस निकटता को गोस्वामी तुलसीदास ने अन्य विधियों द्वारा और भी पुष्ट कर दिया है। उन्होंने हनुमत पूजा का नये सिरे से विधान किया। तुलसी के लिए हनुमान रामभक्तों के शिरोमणि हैं। काशी में निवास करते हुए उन्होंने बारह स्थानों पर हनुमान के मन्दिर (द्वादश हनुमान) बनवाये। इन मन्दिरों के साथ अखाड़ों की योजना की। धनुषधारी राम के मन्दिर हनुमत मूर्ति के सम्मुख बने। भक्त हनुमान के पूजन में भगवान राम की आराधना निहित है, तुलसी ने यह लोक मानस में स्थापित कर दिया। 'हनुमान चालीसा' इसका प्रमाण है, 'मानस' के प्रसंग तो हैं ही। अभी हाल ही में काशी निवासी मेरे सहयोगी प्रो. दिलीप सिंह ने काशी की रामलीलाओं की चर्चा के अनन्तर यह जानकारी दी कि केशवदास की 'राम चन्द्रिका' के संवादों का समावेश करके वाराणसी में रामलीला के मंचन का प्रारम्भ तुलसीदास ने अपने मित्र मेधा भगत के साथ किया। आज भी वाराणसी के दो खण्ड हैं–केदार खण्ड और काशी खण्ड। केदार खण्ड में 'मानस' के अनुसार रामलीला का आयोजन स्वयं तुलसीदास ने आरम्भ किया, काशी खण्ड में यह काम मेधा भगत ने किया। यह कहने में मुझे कोई संकोच नहीं कि तुलसी भारत के सांस्कृतिक संघटक भी थे। रामलीला, 'मानस' की कथा का श्रुति साध्य श्रवण तथा व्यास पीठ से ज्ञानियों द्वारा 'मानस' चर्चा जैसी सांस्कृतिक गतिविधियों ने भारतीय जीवन और मानस में श्रीराम को गहराई तक उतारने में बहुत सहायता पहुँचायी है–*मंगल करनि कलिमल हरनि तुलसी कथा रघुनाथ की।*

यह सब तो है ही, यह भी है कि रामकथा सन्देह, मोह, भ्रम और भय को हरने वाली तथा भवसागर पार करा देने वाली कथा है–*बिनु हरि भजन न भव तरिय,* रामकथा का यह सिद्धान्त भारतीय लोक में व्याप्त है। अनेक 'मानस' मर्मज्ञ विद्वान इस बात पर एकमत हैं कि 'मानस' सनातन धर्म की दीक्षा है जिसके रसास्वादन में भक्ति का परितोष व्याप्त है। यह एक प्रकार से 'भक्ति शास्त्र' भी है, 'आचार शास्त्र' भी है और 'मानव धर्म शास्त्र' भी। इसमें सर्वत्र भगवान और भक्तों की ही चर्चा है।

अयोध्यावासियों में दशरथ, वशिष्ठ, कौशल्या, कैकेयी, सुमित्रा, पुर नर–नारी आदि सब के सब राम के भक्त ही तो हैं। लक्ष्मण और भरत का तो कहना ही क्या। वन के ऋषि–मुनि, कोल–किरात, वानर–रीछ सब के सब राम के प्रेम और उनकी भक्ति की रज्जु से बँधे हुए हैं। इतना ही नहीं राक्षसों में भी मारीच, कालनेमि, कुम्भकर्ण, त्रिजटा, मन्दोदरी, प्रहस्त एवं विभीषण जैसे राक्षस भी स्पष्टतः राम भक्त ही हैं जो राम को पहचानते हैं। लक्ष्मण की यह उक्ति भक्ति और भगवान के तात्त्विक प्रसार को स्वतः अभिव्यक्त कर देती है–मोरे सबहि एक तुम्ह स्वामी। दीनबन्धु उर अन्तरजामी।

अपनी सीमा में रहते हुए मैंने 'मानस' तथा अन्य कृतियों के अवगाहन से यह पाया है कि राम चरित्र के आख्यानों में प्रमुख रूप से चार दृष्टियाँ लक्षित होती हैं–आध्यात्मिक स्तर पर श्रीराम के प्रति भक्ति, धार्मिक मान्यताओं की मूलभूत एकता, समाज की संगठित व्यवस्था और श्रीराम के चरित्र को आदर्श मानकर नैतिक और चारित्रिक मूल्यों की रक्षा। इस पुस्तक में राम चरित की इन चारों लक्षित भावभूमियों पर आपको दृष्टान्तों के साथ चर्चा प्रस्तुत मिलेगी। पुनः यह कह देना आवश्यक है कि इन चारों भावभूमियों या दृष्टियों के समन्वय से भारतीय संस्कृति की एकता तथा भारतीय मूल्यों की उपादेयता की सम्पुष्टि होती है। *सीयराममय सब जग जानी* का डंका विश्व के बड़े भू–भाग में बजता रहता है। पूरे विश्व की यह मान्यता है कि श्रीराम भारत के राष्ट्रीय पुरुष हैं और श्री रामचरितमानस राष्ट्रीय ग्रन्थ। विश्व के देशों में जहाँ हिन्दी पढ़ी–पढ़ायी जाती है, सर्वाधिक शोध 'मानस' पर किये जाते हैं। उन देशों के कई विद्वान तुलसी विशेषज्ञ हैं। तुलसी साहित्य के आलोचक एक रूसी विद्वान विश्वोनोव का कथन डॉ. रामकुमार वर्मा ने अपनी पुस्तक 'सन्त तुलसीदास' (सन् 1983, राजपाल, दिल्ली) की 'अपनी बात' में उद्धृत किया है कि ''भारत के लोग भले ही राम को अपना ईश्वर मानें, हमारे समक्ष राम के चरित्र की यह विशेषता है कि उससे हमारे वस्तुवादी जीवन की प्रत्येक समस्या का समाधान मिल जाता है। ऐसा चरित्र समस्त विश्व में मिलना असम्भव है।''

मेरी यह दृढ़ मान्यता है कि इस संसार में प्रभु श्रीराम के चरणों को छोड़ कर और कहीं विश्राम नहीं है। श्रीराम भारत के, श्रद्धा के, विश्वास के, आस्था के और प्रेम के प्रतीक पुरुष हैं। जिस पर प्रभु की कृपा होती है वह भक्ति के अधीन हो जाता है। प्रभु को जानने लगता है।

प्रभु को वही जान सकता है जिसे प्रभु अपने आप को जना देते हैं *'सोई जानइ जेहि देहु जनाई। जानत तुम्हहि तुम्हइ होइ जाई'* भक्त तो केवल पुष्प है। प्रभु की कृपा से ही उसमें सुगन्ध आती है। मनुष्य क्या, प्रकृति तक राम की भक्ति को समर्पित है– *'जेहि तरूतर प्रभु बैठहिं जाई। करहि कल्पतरू तासु बड़ाई'* या *'परसि राम पद पदुम परागा। मानत भूमि भूरि निज भागा।'* या *'जहँ जहँ जाहि देव रघुराया। करहिं मेघ तहँ तहँ नभ छाया।'* मुझे प्रकृति के साथ, वनस्पतियों के साथ, जलचरों, थलचरों, नभचरों के साथ श्रीराम के तादात्म्य के साथ वाले प्रसंग अत्यन्त प्रियकर लगते हैं। इन्हें भी मैंने इस पुस्तक में प्रस्तुत करने का प्रयास किया है।

अन्त में इतना ही कि राम के चरित्र में डूबे हुए मेरे ये छिटपुट विचार ज्ञान–विवेचन का प्रयत्न नहीं हैं। ये रामजी का स्मरण करने का साधन मात्र हैं। ये वैचारिक निबन्ध नहीं हैं, मैं इन्हें भगवान राम की वन्दना के रूप में आपके समक्ष रख रहा हूँ। *'मन मानस में राम'* पुस्तक राम के प्रति मेरी अगाध श्रद्धा और आस्था की सहज अभिव्यक्ति है। इस अभिव्यक्ति को सम्भव बनाने में मेरे जो इष्ट–मित्र, परिवारीजन, शुभेच्छुगण **विशेषतः प्रो. ए. के. शुक्ल, प्रो. विनय भरद्वाज, डॉ. प्रदीप कुमार सिंह एवं डॉ. शिवदत्त त्रिपाठी और तकनीकी सहयोगी अरविन्द गौतम, सुप्रिय दास, रत्नेश चन्द्र श्रीवास्तव, मनीष प्रजापति एवं गौरव सिंह** सहभागी रहे हैं, उनके प्रति अपना आभार व्यक्त करता हूँ। 'वाणी प्रकाशन' के प्रबन्धुक श्री अरुण माहेश्वरी जी का भी आभार कि उन्होंने मेरी इस 'राममय' पुस्तक को प्रकाशित करने में रुचि दिखायी।

–प्रो. श्रीप्रकाश मणि त्रिपाठी

अनुक्रम

रामनाम महिमा-1 : बँदऊँ रामनाम रघुबर को

राम आदि ब्रह्म हैं, पूर्ण ब्रह्म हैं, शाश्वत ब्रह्म हैं। राम सम्बोधन हैं (राम–राम भाई)। राम इस भवलोक और भावलोक के हेतु हैं तथा भवसागर पार कराने के सेतु हैं। राम सेतु हैं (दो व्यक्ति, समूह, समाज, राष्ट्र, पाषाण को जोड़ने वाले)। राम साधन हैं (*सुमिरि सिमिरि भव उतरहु पारा*)। राम आराधना है (*जनम–जनम मुनि जतन कराहीं*)। राम सर्वश्रेष्ठ मन्त्र है (*कलियुग में बस नाम अधारा*)। राम गणना के आरम्भ हैं (रामे–राम, दुई, तीन)। राम गणना की पूर्णता हैं (गणना राम में ही पूर्ण होती है)। राम एक कहानी हैं। राम तो इतना सबके हैं कि हर व्यक्ति की अपनी राम कहानी है। राम सत्य हैं, अन्तिम सत्य हैं, शाश्वत सत्य हैं, सत्य नारायण हैं। राम आस्था हैं, अवलम्ब हैं। वह अदेह भी हैं, सदेह भी हैं। वन में राम हैं, भवन में राम हैं। मन मन्दिर में राम हैं, तन मन्दिर में राम हैं, जन मन्दिर में राम हैं, जग मन्दिर में राम हैं। राम द्रष्टा हैं, स्रष्टा हैं, सृष्टि हैं, साक्षी हैं, साक्ष्य हैं।

तारक मन्त्र भी राम हैं–'रामनाम'। *'महामन्त्र जोइ जपत महेशू, काशी मुकुति हेतु उपदेशू।।'* अर्थात् रामनाम महामन्त्र है, जिसे महेश्वर श्री शिवजी भी जपते हैं और उनके द्वारा जिसका उपदेश काशी में मुक्ति का कारण है।

राम केवल सम्बोधन (मिलने पर राम–राम भाई), केवल स्वागत ही नहीं हैं। इससे भी बहुत आगे है। स्वागत से लेकर अन्तिम यात्रा तक राम ही राम हैं। राम की मर्यादा राम से भी ऊँची है। सम्पूर्ण विश्व में राम विख्यात हैं। दो अक्षर (रा,म) का यह दिव्य नाम (राम) साधकों सन्तों, सिद्धों और ऋषियों की दृष्टि में रामबाण है। राम एक ऐसा नाम है जिसमें चरित्र है, न्याय है और मानव जीवन का सम्पूर्ण संघर्ष है और हर प्रकार के संघर्ष और हर प्रकार की समस्या का समाधान है। निर्धन, शोषित, असहाय, लाचार, शापित, वंचित सबके हैं राम। राम यत्र, तत्र, सर्वत्र हैं।

राम मानवता के चरम बिन्दु और परम लक्ष्य हैं। भारत में राम जननायक हैं, मर्यादा पुरुषोत्तम हैं और सगुण साकार ब्रह्मस्वरूप भी हैं। अपने इन्हीं रूपों में भगवान श्रीराम प्रत्येक भारतीय के मन मानस में निवास करते हैं।

राम ब्रह्म परमारथ रूपा। अबिगत अलख अनादि अनूपा।।
सकल विकार रहित गतभेदा। कहि नित नेति निरूपहिं वेदा।।

अर्थात् श्रीराम जी परमार्थ स्वरूप (परमवस्तु) परब्रह्म हैं। वे अविगत (जानने में न आने वाले), अनादि (आदिरहित), अनुपम (उपमा रहित), सब विकारों से रहित और भेदशून्य हैं, वेद जिनका नित्य 'नेति–नेति (अर्थात् केवल इतना ही नहीं है) कहकर निरूपण करते हैं।

प्रभु राम अगम्य हैं, अगोचर हैं, उनके बारे में कहना सम्भव नहीं है। उनके नाम का बहुत महत्त्व है। रामनाम के महत्त्व के विषय में 'अरण्य काण्ड' में ऐसा विवरण मिलता है कि नारद जी ने प्रभु राम से इसकी याचना की, कि मेरी एक प्रार्थना आप पूरी करें। जब शबरी से मिलने के बाद प्रभु राम पम्पापुर सरोवर के पास पहुँचे और वहाँ एक वृक्ष की छाया में बैठे, तो उसी समय उनके पास महामुनि नारद जी गये। नारद जी को ऐसा भान होने लगा था कि उन्हीं के श्राप के कारण भगवान राम को यह कठिनाई देखनी पड़ रही है। उनके अन्दर ग्लानि का भाव था, पश्चात्ताप का भाव था और अपराध का भाव था। वह उनके सम्मुख उपस्थित हुए और अपनी बात उन्होंने प्रभु राम से कही, कि प्रभु, मेरे कारण आज आपकी यह स्थिति हुई है। लेकिन राम तो भक्तों को बहुत महत्त्व देते हैं और नारद जी जैसा भक्त हो, तो फिर कहना ही क्या। उन्होंने नारद को उठाकर अंक में भर लिया और कहा, ''महामुनि, यह आपके कारण नहीं है, यह तो नियति का विधान है जिसके कारण मेरा आना हुआ। इसमें आप कहीं भी न ही कारक हैं, न ही कारण हैं, न ही इस घटना के मूल में हैं, अथवा न आप के कारण मुझे कोई वेदना पहुँची है।'' उल्टे उन्होंने अपनी प्रसन्नता व्यक्त की। फिर लक्ष्मण जी ने नारद जी की अभ्यर्थना की। जब नारद जी को लगा कि भगवान राम प्रसन्न हैं, तो उनसे एक बात कही। पहले उनकी अभ्यर्थना की, उनके स्वरूप का वन्दन किया और फिर कहा, ''प्रभु, अगर आप मुझ पर प्रसन्न हैं, तो मैं आपसे एक वर चाहता हूँ। प्रभु श्रीराम ने कहा कि आपके लिए कुछ भी अलभ्य नहीं है, मुनिवर आप जो भी चाहें, आपको मिलेगा।'' तो नारद जी ने कहा–

जद्यपि प्रभु के नाम अनेका। श्रुति कह अधिक एक तें एका।।
राम सकल नामन्ह ते अधिका। होउ नाथ अघ खग गन बधिका।।

हे प्रभु, आपके एक से एक नाम हैं, अनेक नाम हैं, ऐसा वेद कहते हैं। ये सभी नाम एक से बढ़कर एक हैं। आपसे विनती है कि रामनाम सब नामों से बढ़कर हो, पाप रूपी विहग के समूह के लिए यह घातक हो, अर्थात् जितना भी कलिमल है, जितना भी मनुष्य के अन्दर दोष है, जो सम्भव पापों का समूह है, यह नाम उसका शमन करने वाला हो, और यही श्रेष्ठतम नाम हो।

राका रजनी भगति तव रामनाम सोइ सोम।
अपर नाम उडगन बिमल बसहुँ भगत उर ब्योम।

अर्थात् आपकी भक्ति तो पूर्णिमा की रात्रि है। उसमें यही रामनाम पूर्ण चन्द्र होकर और अन्य सब नाम तारागण होकर भक्तों के हृदयरूपी निर्मल आकाश में निवास करें, यह मेरी अभ्यर्थना है, याचना है और यही मेरी कामना है। अर्थात् आपका रामनाम ही सभी नामों में श्रेष्ठतम नाम सिद्ध हो, ऐसी बार–बार नारद जी ने याचना की तत्पश्चात भगवान राम ने उनके मन की बात जानी। भगवान राम तो मन की गति जानते हैं, मनुष्य की नियति जानते हैं, मनुष्य की प्रकृति जानते हैं और उसकी वृत्ति भी जानते हैं और जब नारद जैसा महामुनि और नारद जैसा भक्त सम्मुख हो, तो फिर उसके भाव का मान रखना तो प्रभु का अपना स्वभाव है इसलिए उन्होंने कहा–

एवमस्तु मुनि सन कहेउ कृपासिन्धु रघुनाथ।
तब नारद मन हरष अति प्रभु पद नायउ माथ।।

भगवान राम ने कहा, एवमस्तु! हे नारद, ऐसा ही होगा, और ऐसा सुनते ही अत्यन्त हर्षित होकर नारद जी प्रभु राम के चरणों में माथा नवाने लगे, उनकी वन्दना करने लगे, अपना शीश उनके कदमों पर रख दिया। नारद महाभक्त कहे जाते हैं, जो निरन्तर भगवान राम के पास ही रहते हैं। श्रीमन् नारायण–नारायण कहते रहते हैं। तो फिर यह नाम ही सबसे महत्त्वपूर्ण नाम बन गया। इसी नाम महिमा का पूरे मानस में वर्णन है। 'मानस' में इसकी चर्चा है कि रामनाम ही जीवन का अवलम्ब है। रामनाम ही तारक है, यही रामनाम भगवान शिव निरन्तर अपने ध्यान में रखते हैं। साधक, सिद्ध, सुजान, ज्ञानी, सब इसी नाम का स्मरण करते हैं

और पूरा 'मानस' राम–नाम की इसी शक्ति को लेकर चलता है। कई जगह यह कथा चलती है। भगवान शिव माँ पार्वती से, याज्ञवल्क्य जी भरद्वाज से और काकभुशुण्डि जी गरुड़ से यह कथा कहते हैं। याज्ञवल्क्य और भरद्वाज जी से सम्बन्धित यह प्रसंग आता है कि महाकुम्भ के बाद जब याज्ञवल्क्य जी जाने लगे तो भरद्वाज जी ने उनसे कहा कि मेरे मन की एक जिज्ञासा है। आप अगर मुझे बता देते तो बहुत अच्छा होता। याज्ञवल्क्य जी जानते थे कि भरद्वाज क्या कहना चाहते हैं। फिर भी उन्होंने पूछा, कहिए क्या जिज्ञासा है! भरद्वाज जी ने कहा, प्रभु राम कौन हैं? दशरथ नन्दन राम अथवा भगवान शिव जिनका स्मरण करते हैं, वह राम? जिनके लिए नेति–नेति कहा जाता है वह राम? सर्वज्ञ–सर्वत्र–सर्वदा हैं वह राम? राम हैं कौन? तो इस पर याज्ञवल्क्य जी मुस्कुराये। उन्होंने कहा भरद्वाज जी आप तो भगवान राम को रास्ता तक बताते हैं, और हमसे पूछ रहे हैं कि राम कौन हैं? भरद्वाज चाहते हैं कि उनके गुरु उनके पास कुछ दिन और रुकें और गुरु सेवा का सौभाग्य उन्हें और मिले। उन्होंने कहा कि भरद्वाज जी, आपको पता है कि राम कौन हैं? मूल भाव यह है कि आप मुझे अपने आश्रम में कुछ दिन और रोकना चाहते हैं। फिर यहीं से भगवान राम की कथा आरम्भ होती है। 'बालकाण्ड' से शुरू होता है भगवान राम का वर्णन उनकी कथा का विवरण और फिर भगवान राम की महत्ता के जो प्रसंग आते हैं वह एक से एक हैं। जैसे उनके नाम एक से एक हैं, वैसे ही उनके नाम का महत्त्व एक से एक है। नाम बड़ा या नामी, रूप बड़ा या रूपक, रूप बड़ा या गुण, छवि बड़ी या छाया। भगवान राम को लेकर एक से एक प्रसंग इसमें आते हैं। पहला प्रसंग शुरू होता है–

सारद सेस महेस बिधि आगम निगम पुरान।
नेति नेति कहि जासु गुन करहिं निरन्तर गान।।

माँ सरस्वती, शेष जी, शिव जी, ब्रह्मा जी, शास्त्र, वेद और पुराण यह सब नेति–नेति कहकर सदा जिनका गुणगान किया करते हैं, नेति–नेति अर्थात् केवल इतना ही नहीं है, इस नाम से पार नहीं पाया जा सकता। उनकी महिमा से पार नहीं पाया जा सकता अथवा उनकी महिमा तक पहुँच नहीं है। तो उनकी महिमा कैसी है–

सब जानत प्रभु प्रभुता सोई। तदपि कहें बिनु रहा न कोई।
तहाँ बेद अस कारन राखा। भजन प्रभाउ भाँति बहु भाषा।।

उनकी प्रतिभा अकथनीय है, प्रभुता अकथनीय है, फिर भी उनके बारे में बिना कहे कोई रह भी नहीं पाता क्योंकि उनके बारे में कहना ही 'कहने' शब्द का यथार्थ होता है जब भगवान का भजन होता है या उनका नाम लिया जाता है, तो ऐसे में वाणी मधुर हो जाती है, निर्मल हो जाती है, पवित्र हो जाती है। भजन करने से आदमी उस दशा को प्राप्त कर जाता है, जिसे निर्मलता की दशा कहते हैं, जिसे विमलता की दशा कहते हैं, जिसे शुचिता की दशा कहते हैं। इसीलिए कहा जाता है कि वेद ने ऐसा कारण बताया है कि भजन का प्रभाव बहुत तरह से है, परन्तु जिससे जितना बन पड़े उसे भगवान का गुणगान करना चाहिए, क्योंकि भगवान के गुणगान रूपी भजन का प्रभाव बहुत ही अनोखा है। नाना प्रकार से शास्त्रों में वर्णन हैं कि भगवान का नाम अगर जिह्वा पर आ जाये तो वह भवसागर से पार करा देता है। यह भवसागर जिसमें माया है, मोह है, कटुता है, क्लेश है, अपना है, पराया है, केवल भ्रम की छाया है। पार करने के लिए बस यही नाम पर्याप्त है, प्रभु का स्मरण पर्याप्त है–

एक अनीह अरूप अनामा। अज सचिदानन्द परधामा।।
ब्यापक बिस्वरूप भगवाना। तेहिं धरि देह चरित कृत नाना।।

जो परमेश्वर एक है, जिनकी कोई स्वयं की इच्छा नहीं है, जिनका कोई रूप और नाम नहीं है, एक तरफ़ रामनाम तो एक तरफ़ तो उनका गुण। एक तरफ़ तो उनका स्वरूप वेद कहते हैं, कि उनका न कोई नाम है, न कोई रूप है, जो अजन्मा हैं, सच्चिदानन्द हैं, परमधाम हैं, जो सब में हैं, व्यापक हैं और विश्वरूप हैं। ईश्वर ने दिव्य रूप धारण करके विविध प्रकार की लीलाएँ कीं, वही लीलाधारी प्रभु राम हैं। वह कल्याण स्वरूप हैं। उनकी सारी गतिविधियाँ जो मनुष्य समझ सकता है, सिर्फ़ और सिर्फ़ इस सृष्टि के कल्याण के लिए हैं–

सो केवल भगतन हित लागी। परम कृपाल प्रनत अनुरागी।।
जेहि जन पर ममता अति छोहूँ। जेहिं कलना करि कीन्ह न कोहू।।

वह लीला केवल भक्तों के हित में करते हैं, क्योंकि भगवान राम स्वयं कृपालु हैं, वह कृपानिधान हैं। कृपा के जितने गुण–अंश हैं, सब भगवान राम में निहित हैं। वह शरणागत हैं, वह प्रेमी हैं, हमसे कोई भी भूल हो जाये, अगर हम उनका ध्यान कर लें, तो वे हमें अपनी शरण में ले लेते हैं क्योंकि वही प्रेम रूप हैं, प्रेम राशि हैं और स्वयं प्रेमावतार हैं।

भक्तों पर उनकी बड़ी ममता है। भगवान राम ममत्त्व, निजत्व, सतत्व, अपनत्व और महत्त्व सभी के सकल पुंज हैं, इसीलिए उनकी भक्तों पर बड़ी ममता होती है। जिन्होंने एक बार उनका ध्यान कर लिया, भगवान राम स्वयं उस पर ध्यान करने लगते हैं, क्योंकि उनके अन्दर क्रोध है ही नहीं। सब क्षमा कर देते हैं क्षमाशील, क्षमामूर्ति, क्षमा करने वाले, क्षमा के कारक भगवान राम ही हैं और इसीलिए उनकी शरण में रहने से जितनी निधियाँ हैं, वह स्वतः प्राप्त हो जाती हैं।

गयी बहोर ग़रीब नेवाजू। सरल सबल साहिब रघुराजू।।
बुध बरनहिं हरि जस अस जानी। करहिं पुनीत सुफल निज बानी।।

श्री रघुनाथ जी के विषय में कहा जाता है कि वह ग़रीबनवाज हैं, दीनबन्धु हैं। जब हम अपने को दीन मानकर याचना करते हैं, तो वह स्वयं हमारी इच्छा पूरी कर देते हैं। इसीलिए उन्हें दीनबन्धु कहा जाता है। उनका सरल स्वभाव, सर्वशक्तिमान, सबके स्वामी, यह भाव ही भगवान राम को बरबस आपके प्रति खींच लाता है। यह भाव रहे तो हमें उनके पास जाने की ज़रूरत ही नहीं पड़ती, वह स्वयं दौड़े चले आते हैं। यह है रामत्व और यही समझ कर बुद्धिमान लोग उस हरि का निरन्तर ध्यान करते हैं। उन्हें अपने बस में करने का प्रयास करते हैं। जो सबको अपने वश में रखे, जिसके बस में सृष्टि है, विधान है, ब्रह्माण्ड है वह भी अपनी आराधना करने वाले लोगों के वश में सहज हो जाता है। वे हमारी वाणी को पवित्र करते हैं और हमें निरन्तर उत्तम फल देने के लिए तत्पर रहते हैं। उनका ध्यान यह सब हमें देने वाला है। राम का महत्त्व इतना है कि यदि हम केवल उनके महत्त्व के बारे में ही सोचें तो हमें रामत्व की प्राप्ति होने लगती है–

तेहिं बल मैं रघुपति गुन गाथा। कहिहउँ नाइ राम पद माथा।।
मुनिन्ह प्रथम हरि कीरति गाई। तेहिं मग चलत सुगम मोहि भाई।।

उसी बल से राम महिमा का यथार्थ वर्णन ही नहीं, परन्तु महान फल देने वाला भजन समझकर भगवत कृपा के बल पर 'मानस' रचा गया। तुलसीदास जी रामचन्द्र के चरणों में सिर नवा कर उनके बारे में कहते हैं, उनकी कथा कहते हैं। इसी विचार को वाल्मीकि जी ने भी मन में रखा, मुनियों ने रखा और नाना प्रकार से भगवान राम की कथा सन्तों, साधकों और सिद्धों ने कही है, इन सबका महत्त्व है।

बँदऊँ नाम राम रघुबर को। हेतु कृसानु भानु हिमकर को।
बिधि हरि हरमय बेद प्रान सो। अगुन अनुपम गुन निधान सो।।

तुलसीदास जी ने कहा कि सबकी ओर से, मैं श्री रघुनाथ जी के रामनाम की वन्दना करता हूँ, जो अग्नि, सूर्य और हिमकर का हेतु अर्थात् 'र', 'आ' और 'म' रूप का बीज हैं। 'र' अर्थात् अग्नि, 'आ' अर्थात् सूर्य और 'म' अर्थात् चन्द्र, इन तीनों का समन्वय ही रामनाम का वह बीजमन्त्र है। रामनाम ब्रह्मा, विष्णु और शिव रूप है। वह वेदों का प्राण है, निर्गुण है, उपमा रहित है और गुणों का भण्डार है। यूँ ही नारद जी ने नहीं कहा कि प्रभु आपका नाम जो 'राम' है, यही आपके अनेक नामों में सर्वश्रेष्ठ हो। भगवान राम के नामों की गणना तो की ही नहीं जा सकती लेकिन रामनाम उन सब में सर्वश्रेष्ठ बने, नारद के इस भाव को भगवान राम ने प्रतिष्ठा प्रदान की–

महामन्त्र जोइ जपत महेसू। कासीं मुकुति हेतु उपदेसू।।
महिमा जासु जान गनराऊ। प्रथम पूजिअत नाम प्रभाऊ।।

यही वह महामन्त्र है जिसे माहेश्वर शिव जी जपते हैं और उनके द्वारा जिसका उपदेश काशी में मुक्ति का कारण है।उसकी महिना गणेश जी जानते हैं। इसी रामनाम के प्रभाव से ही गणेश जी प्रथम पूज्य हो गये।

जान आदिकबि नाम प्रतापू। भयउ सुद्ध करि उलटा जापू।।
सहस नाम सम सुनि सिव बानी। जपि जेईं पिय संग भवानी।।

इसी नाम का महत्त्व वाल्मीकि ने जाना। उल्टा नाम जपते थे, मरा–मरा, प्रकारान्तर से राम–राम जपने लगे और शुद्ध तथा सिद्ध हो गये। भगवान शिव इसी नाम का निरन्तर स्मरण करते हैं। एक रामनाम सहस्र नाम के समान है और भगवान शिव को जब पता चला कि इस राम में पार्वती की भी उतनी ही रुचि है, वह भी स्मरण करती हैं, तो उन्होंने उन्हें स्वयं अपना अर्ध–स्वरूप मान लिया और तभी से अर्धनारीश्वर उनका रूप हो गया। दोनों भगवान राम के नाम का निरन्तर स्मरण करते हैं। ऐसी प्रीति दोनों की है और यही प्रीति युगल में रहे, इस संसार में जितने युगल हैं, तो निश्चित रूप से वह कल्याण और शक्ति दोनों का समन्वय बनेंगे, ऐसा वर्णन मिलता है पूरे मानस में।

बरषा रितु रघुपति भगति तुलसी सालि सुदास।
रामनाम बर बरन जुग सावन भादव मास।।

श्री रघुनाथ जी की भक्ति तो वर्षा ऋतु है। उत्तम सेवकगण धान हैं, और रामनाम के दो सुन्दर अक्षर सावन भादो के महीने हैं। यह विदित है कि बारिश में धान कितनी तेज़ी से विकसित होता है। निरन्तर इसका स्मरण हमें करना चाहिए कि हमें बढ़ने के लिए रामनाम की बूँद चाहिए। हमें पढ़ने के लिए और अपने को गढ़ने के लिए रामनाम की बूँद चाहिए। वही बारिश हमें चाहिए।

आखर मधुर मनोहर दोऊ। बरन बिलोचन जन जिय जोऊ।।
सुमिरत सुलभ सुखद सब काहू। लोक लाहु परलोक निबाहू।।

यह जो दो अक्षर का रामनाम है, इसके दोनों अक्षर मधुर और मनोहर हैं। मीठे भी हैं, आकर्षक भी हैं, सुन्दर भी है, सुस्वादु भी हैं। जो वर्णमाला रूपी शरीर के नेत्र हैं, भक्तों के जीवन हैं तथा स्मरण करने में सबके लिए सुलभ और सुख देने वाले हैं। जो इस लोक में लाभ और परलोक में निर्वाह करते हैं, अर्थात् भगवान के दिव्य धाम में पहुँचने पर दिव्य देह से सदा भगवत सेवा में नियुक्त रखते हैं। भगवान राम का ध्यान करके, उनका स्मरण करके जीव वहाँ पहुँच जाता है। यह रामनाम का महत्त्व है–

कहत सुनत सुमिरत सुठि नीके। राम लखन सम प्रिय तुलसी के।।
बरनत बरन प्रीति बिलगाती। ब्रह्म जीव सम सहज सँघाती।।

रामनाम यह दो शब्द कहने, सुनने और स्मरण करने में बहुत ही अच्छे, सुन्दर और मधुर हैं। तुलसीदास जी को तो ये दोनों शब्द श्रीराम लक्ष्मण के समान प्यारे हैं। 'र' और 'म' का अलग–अलग वर्णन करने में प्रीति बिलगाती है, इन्हें जोड़ते हैं तो प्रीति बढ़ जाती है। अर्थात् बीजमन्त्र की दृष्टि से इनके उच्चारण, अर्थ और फल में भिन्नता दीख पड़ती है, परन्तु हैं ये जीव और ब्रह्म के समान स्वभाव से साथ–साथ रहने वाले, सदा एक रूप और एकरस। ये अलग–अलग नहीं चलते, बीजमन्त्र तो एक ही होता है। रामनाम क्या है–

नर नारायन सरिस सुभ्राता। जग पालक बिसेषि जन त्राता।।
भगति सुतिय कल करन बिभूषन। जग हित हेतु बिमल बिधु पूषन।।

रामनाम में से एक अक्षर तो नर है, दूसरा नारायण है। यह जगत् का पालन और विशेष रूप से भक्तों की रक्षा करने वाले हैं। ये भक्ति रूपिणी सुन्दर स्त्री के कानों के सुन्दर आभूषण (कर्णफूल) हैं और जगत् के हित के लिए निर्मल चन्द्रमा और सूर्य हैं।

स्वाद तोष सम सुगति सुधा के। कमठ सेष सम धर बसुधा के।।
जन मन मंजु कंज मधुकर से। जीह जसोमति हरि हलधर से।।

ये सुन्दर गति (मोक्ष) रूपी अमृत के स्वाद और तृप्ति के समान हैं। कच्छप और शेषजी के समान पृथ्वी धारण करने वाले हैं। भक्तों के मन रूपी सुन्दर कमल में विहार करने वाले भौंरे के समान हैं और जीभ रूपी यशोदा जी के लिए श्रीकृष्ण और बलराम जी के समान आनन्द देने वाले हैं।

एकु छत्रु एकु मुकुटमनि सब बरननि पर जोउ।
तुलसी रघुबर नाम के बरन बिराजत दोउ।।

तुलसीदास जी कहते हैं–श्री रघुनाथजी के नाम के दोनों अक्षर बहुत शोभा देते हैं, जिनमें से एक (रकार) छत्ररूप और दूसरा (मकार) मुकुटमणि (अनुस्वार) रूप, ये दोनों अक्षर जब मिल जाते हैं, तो पूर्णता प्रदान कर देते हैं।

समुझत सरिस नाम अल नामी। प्रीति परसपर प्रभु अनुगामी।।
नाम रूप दुइ ईस उपाधी। अकथ अनादि सुसामुझि साधी।।

समझने में नाम और नामी दोनों एक से हैं, किन्तु दोनों में परस्पर स्वामी और सेवक के समान प्रीति है (अर्थात् नाम और नामी में पूर्ण एकता होने पर भी जैसे स्वामी के पीछे सेवक चलता है, उसी प्रकार नाम के पीछे नामी चलते हैं। प्रभु श्रीराम जी अपने 'राम' नाम का ही अनुगमन करते हैं (नाम लेते ही वहाँ आ जाते हैं)। नाम और रूप दोनों ईश्वर की उपाधि हैं, ये (भगवान के नाम और रूप) दोनों अनिर्वचनीय हैं, अनादि हैं और सुन्दर (शुद्ध भक्तियुक्त) हैं, बुद्धि से ही इनका (दिव्य अविनाशी) स्वरूप जानने में आता है।

को बड़ छोट कहत अपराधू। सुनि गुन भेदु समुझिहहिं साधू।।
देखिअहिं रूप नाम आधीना। रूप ग्यान नहिं नाम बिहीना।।

तुलसीदास जी ने नाम और नामी का इतना सुन्दर भेद बताया है इतना सुन्दर वर्णन और विवरण दिया है तथा इतनी सुन्दर व्याख्या की है जो अन्यत्र दुर्लभ है। उन्होंने कहा–नाम और नामी में कौन बड़ा है और कौन छोटा है, यह कहना तो अपराध के समान है क्योंकि दोनों से एक ही का भाव होता है। इसलिए भगवान के स्वरूप, भगवान के रूप, भगवान की छवि, भगवान की छाया, यह सब एक समान महत्त्वपूर्ण हैं,

इनको बड़ा–छोटा कहना तो अपराध ही है। इनके गुणों का तारतम्य सुनकर साधु पुरुष स्वयं ही समझ लेते हैं। रूप नाम के अधीन देखे जाते हैं, नाम के बिना रूप का ज्ञान नहीं हो सकता।

रूप बिसेष नाम बिनु जानें। करतल गत न परहिं पहिचानें।।
सुमिरिअ नाम रूप बिनु देखें। आवत हृदयँ सनेह बिसेषें।।

कोई–सा विशेष रूप बिना उसका नाम जाने हथेली पर रखा हुआ भी पहचाना नहीं जा सकता। इसलिए नाम ज़्यादा महत्त्वपूर्ण है, उसके आलोक में ही रूप का अर्थ समझ में आता है। रूप को बिना देखे भी नाम का स्मरण किया जाये तो विशेष प्रेम की स्थिति में वह रूप हृदयंगम हो जाता है, अर्थात् नाम मायने रखता है, वह रूप तो पीछे आता है।

नाम रूप गति अकथ कहानी। समुझत सुखद न परति बखानी।।
अगुन सगुन बिच नाम सुसाखी। उभय प्रबोधक चतुर दुभाषी।।

बहुत अच्छे तरीक़े से तुलसीदास जी ने नाम और रूप के बीच के सन्बन्ध की व्याख्या की है। वस्तुतः नाम और रूप होता क्या है। नाम और रूप की गति की कहानी (विशेषता की कथा) अकथनीय है। वह समझने में सुखदायक है, परन्तु उसका वर्णन नहीं किया जा सकता। निर्गुण और सगुण के बीच में नाम सेतु है, साक्षी है और दोनों का यथार्थ ज्ञान कराने वाला चतुर दुभाषिया है। निर्गुण और सगुण का बोध तो इसी नाम से ही होता है। दोनों की समझ इसी नाम से ही हो जाती है। इसलिए यह साक्षी भी है और दुभाषिया भी है। अतः नाम और रूप की विशेषता कितनी है, वहाँ तक पहुँच तो सम्भव नहीं है। यह भी नेति–नेति के ही दायरे में आता है।

रामनाम मनिदीप धर जीह देहरीं द्वार।
तुलसी भीतर बाहेरहुँ जौं चाहसि उजिआर।।

रामनाम की जो मणि है, इससे यदि भीतर और बाहर दोनों ओर उजाले की कामना है तो मुखरूपी द्वार की जीभरूपी देहली पर रामनाम रूपी मणि–दीपक को रखें, तो अन्दर और बाहर दोनों तरफ़ उजाला हो जाता है। अन्दर और बाहर का उजाला से आशय है कि इस लौकिक और आध्यात्मिक जगत् में व्यक्ति प्रकाशवान होगा। न केवल संसार में उसे प्रभु की ज्योति दिखलाई देगी अपितु संसार के पार भी वह प्रभु की ज्योति से आलोकित होता रहेगा।

नाम जीहँ जपि जागहिं जोगी। बिरति बिरंचि प्रपंच बियोगी।।
ब्रह्मसुखहि अनुभवहिं अनूपा। अकथ अनामय नाम न रूपा।।

ब्रह्मा के बनाये हुए इस प्रपंच (दृश्य जगत्) से भली–भाँति छूटे हुए वैराग्यवान मुक्त योगी ही होते हैं प्रपंच माने संसार, संसार को प्रपंच कहा जाता है। जिसमें हर प्रकार की प्रवृत्तियाँ दिखलाई देती हैं, सात्विक भी और असात्विक भी। इसलिए इसे प्रपंच कहते हैं। जहाँ केवल सात्विक वृत्ति हो, उसे सन्तत्व कहते हैं। इस प्रपंचरूपी जगत् में, जो इस प्रपंच से मुक्त हैं अर्थात् योगी हैं, वह इस नाम को ही अपनी जिह्वा से निरन्तर जपते रहते हैं। क्योंकि वे इस नाम को जपते हैं, इसका स्मरण करते हैं तो वह सतत जाग्रत अवस्था में होते हैं। जिसके ऊपर भगवान राम का हाथ है, यह नाम जिसकी जिह्वा पर है, जिसके मुख में है, वह सोता नहीं अर्थात् वह थकता नहीं है। वह सपने नहीं देखता है, वह राम का यथार्थ देखता है, इसके माध्यम से अपने यथार्थ को समझता है। वह 'अहम्, वह आत्मतत्व–परमात्मतत्व' का ही अंश है, इसका उसे बोध हो जाता है। इसीलिए कहा गया है कि योगी नरन्तर राम के नाम का स्मरण करते हुए नाम तथा रूप से रहित अनुपम, अनिर्वचनीय, अनामय ब्रह्मसुख का अनुभव करते हुए निरन्तर राम के नाम का स्मरण करते हैं। इस तरह भगवान राम का नाम हमें उन ऊँचाइयों पर पहुँचाता है, जहाँ पहुँचकर हम संसार की संकीर्णताओं से मुक्त होते हैं। हम उस स्थिति में पहुँचते हैं, जहाँ हमें बोध होता है कि आत्मतत्व का आशय क्या है–

जाना चहहिं गूढ़ गति जेऊ। नाम जीहँ जपि जानहिं तेऊ।।
साधक नाम जपहिं लय लाएँ। होहिं सिद्ध अनिमादिक पायें।।

जो परमात्मा के गूढ़ रहस्य को (यथार्थ महिमा को) जानना चाहते हैं, वे (जिज्ञासु) भी नाम को जिह्वा से जपकर उसे जान लेते हैं। लौकिक सिद्धियों के चाहने वाले अर्थार्थी साधक एकाग्रचित होकर नाम का जप करते हैं और अणिमादि (आठों) सिद्धियों को पाकर सिद्ध हो जाते हैं।

जपहिं नामु जन आरत भारी। मिटहिं कुसंकट होहिं सुखारी।।
राम भगत जग चारि प्रकारा। सुकृती चारिउ अनघ उदारा।।

संकट से घबड़ाये हुए आर्त भक्त नाम जप करते हैं, तो उनके मुख से इस जाप के कारण उनके बड़े भारी और बुरे–से–बुरे संकट मिट जाते हैं और वे सुखी हो जाते हैं।

चार प्रकार के व्यक्ति भगवान का स्मरण चार प्रकार के रूप में, चार प्रकार के भाव में, चार प्रकार की वृत्ति के साथ करते हैं। पहली वृत्ति है अर्थार्थी, अर्थात् जो वैभव की चाहत से भगवान को जपते हैं। दूसरी वृत्ति है आर्त की, जो संकट के समय भगवान राम का ध्यान करते हैं। तीसरी वृत्ति है जिज्ञासु की, जो भगवान को जानने की इच्छा से उनको भजने वाले हैं। सबसे ऊपर है ज्ञानी की वृत्ति जो परम तत्त्व से अवगत होकर स्वाभाविक ही उससे प्रेम करते हैं। भगवान राम के लिए चारों ही पुण्यात्मा हैं, पाप रहित हैं, विकार रहित हैं क्योंकि ये सभी उनके नाम का स्मरण करते हैं नाम तो स्वयं में अमृत है और अमृतपान करते ही जो प्रपंचजनित दोष हैं, वह सब स्वतः समाप्त हो जाते हैं।

चहुँ चतुर कहुँ नाम अधारा। ग्यानी प्रभुहि बिसेषि पिआरा।।
चहुँ जगु चहुँ श्रुति नाम प्रभाऊ। कलि बिसेषि नहिं आन उपाऊ।।

चारों चतुर भक्तों को नाम का ही आधार है। इनमें से ज्ञानी भक्त प्रभु को विशेष रूप से प्रिय हैं। इसलिए कि केवल उनके मन में ही भगवान राम के नाम का बोध कर लेने का भाव होता है। किसी अन्य प्राप्ति का भाव नहीं होता। यूँ तो चारों युगों में और चारों ही वेदों में नाम का प्रभाव है, परन्तु कलियुग में विशेष रूप से है। इसमें तो (नाम को छोड़कर) इस भवसागर से निकलने का दूसरा कोई उपाय ही नहीं है।

सकल कामना हीन जे राम भगति रस लीन।
नाम सुप्रेम पियूष ह्रद तिन्हहुँ किये मन मीन।।

जो सब प्रकार की (भोग और मोक्ष की भी) कामनाओं से रहित और श्री रामभक्ति के रस में लीन हैं, उन्होंने भी नाम के सुन्दर प्रेम रूपी अमृत के सरोवर में अपने मन को मीन (मछली) बना रखा है, अर्थात् वे नाम रूपी सुधा का निरन्तर आस्वादन करते रहते हैं, क्षणभर भी उससे अलग होना नहीं चाहते। कहा जाता है–

सुखी मीन जहँ नीर अगाधा।
जिमि हरि सरन न एकउ बाधा।।

इसीलिए जो ज्ञानी जन हैं, सन्त जन हैं, प्रभु राम के नाम रूपी सरोवर में निरन्तर तैरते रहते हैं उनके नाम का ही ध्यान करते हैं, उनके नाम का ही पान करते हैं। इस तरह वे निरन्तर राममय होने की प्रक्रिया में रहते हैं। फलतः भवबाधाओं से दूर रहते हैं, मुक्त रहते हैं।

ऐसा प्रभु राम का नाम है। प्रभु राम का ध्यान ही ज्ञान का आधार है। प्रभु राम का ज्ञान ही मुक्ति का आधार है और मुक्त होने के लिए प्रभु राम ही आधार हैं। वस्तुतः ज्ञानी जनों के लिए, सन्त जनों के लिए राम का नाम ही संसार है। उनकी महिमा अपार है, जिससे पार पाना सम्भव नहीं है। केवल प्रयास के माध्यम से, ध्यान के माध्यम से, राम का नाम लेने मात्र से हम प्रभु की कृपा के पात्र हो जाते हैं और जिसे प्रभु की कृपा मिल जाये, फिर उसके लिए इस ब्रह्माण्ड में कुछ भी पाना शेष नहीं रह जाता। ऐसे प्रभु राम जो हर तरह से हमें परिपूर्ण करते हैं, हर तरह से जिनका नाम हमें तृप्त करता है, जो हमें सन्तृप्त करता है, जो हमारी मनोवृत्तियों को निर्मल कर देता है, ऐसे भगवान राम का नाम हमारे मुख पर सदा–सर्वदा आता रहे, ऐसी हमें प्रार्थना करनी चाहिए, प्रभु राम से विनती करनी चाहिए। आज हम एक कठिन दौर में हैं, जहाँ संशय और संकट मनुष्यता के मार्ग में खड़े हैं। इस संशय और संकट से मुक्त कराने में प्रभु राम का नाम ही एकमात्र उपाय है क्योंकि कोई ऐसी बाधा नहीं है, कोई ऐसी व्याधि नहीं है जो भगवान राम के नाम के स्मरण से दूर न हो जाये। ऐसे प्रभु राम की हम सभी पर निरन्तर कृपा बनी रहे।

रामनाम महिमा-2 : नामु लेत भवसिन्धु सुखाहीं

प्रभु राम के नाम की महत्ता वर्णनातीत है। उनका नाम लेने मात्र से ही मनुष्य मात्र को भवसागर से पार होने का सुअवसर मिल जाता है, उनके सामीप्य में रहने का और उनकी कृपा प्राप्त करने का सौभाग्य मिल जाता है। भगवान राम का नाम लेने वाले चार प्रकार के भक्त हैं—अर्थार्थी, आर्त, जिज्ञासु और ज्ञानी। अर्थार्थी वह है जो वैभव के लिए भगवान राम का स्मरण करता है, वैभव भी कई प्रकार का होता है। एक वैभव वह भी है कि भगवान राम की कृपा जिस पर हो जाये, उसे सारी विभूतियाँ प्राप्त हो जाती हैं, तो ऐसे वैभव की प्राप्ति के लिए जो भगवान राम का स्मरण करते हैं, उन्हें अर्थार्थी कहते हैं। आर्त वह हैं जो संकट से मुक्त होने के लिए भगवान का ध्यान करते हैं। मानव जीवन में अनेक प्रकार के संकट आते रहते हैं। मनुष्य को लगता है कि पुरुषार्थ से संकटों का निवारण हो सकता है और लक्ष्य की प्राप्ति हो सकती है, लेकिन बिना भगवान राम की कृपा के दोनों ही सम्भव नहीं हैं। संकट की स्थिति में तो भगवान राम का नाम ही ध्यान आता है, और वही इस संकट से मुक्त भी करते हैं। इसलिए आर्त संकट के समय भगवान राम का ध्यान करते हैं। किसी भी समय भगवान राम का ध्यान किया जाये, वह संकट का पल हो, सामान्य पल हो, भगवान राम तो कृपानिधान हैं, कृपा करते ही रहते हैं। एक जिज्ञासु हैं, जो उनके बारे में जानने की कोशिश करते हैं कि ईश्वर हैं क्या? जिज्ञासा के कारण जो भगवान राम का स्मरण करते हैं, उनका नाम लेते हैं, उनके ऊपर भी भगवान राम की कृपा होती है। चौथे ज्ञानी हैं जो भगवत स्वरूप का बोध कर लेते हैं, और जिन्हें भगवत स्वरूप का बोध हो जाता है वह निरन्तर भगवत नाम चर्चा में लीन हो जाता है। यह चार प्रकार के राम भक्त हैं और चारों ही भगवान राम का स्मरण करने के कारण पुण्यात्मा हैं, पापरहित हैं, उदार हैं।

यह उदारता भारतभूमि के सन्तत्व वृत्ति के लोगों की विशेषता है। इसलिए भगवान राम का नाम अतिशय महत्त्वपूर्ण है।

भगवान राम का जब भी ध्यान किया जाता है तो दो स्वरूपों का ध्यान किया जाता है। कोई भगवान राम के निर्गुण स्वरूप का ध्यान करता है, कोई सगुण स्वरूप का ध्यान करता है। वस्तुतः दोनों हैं तो एक ही। एक प्रकट है, एक अप्रकट है। दोनों अग्नि हैं, अग्नि की तरह, और दोनों में एक जैसा तेज, ताप, प्रताप और प्रकाश है। दोनों की अनुभूति होती है, चाहे आप निर्गुण ब्रह्म की उपासना करें या सगुण ब्रह्म की उपासना करें, हैं तो दोनों एक ही। निर्गुण काष्ठ में अग्नि की तरह समाहित है, विद्यमान है और सगुण प्रज्वलित अग्नि है। अग्नि दोनों हैं। किसी भी रूप में आप ध्यान करें भगवान राम तो आप के ऊपर कृपा करते ही हैं। राम के नाम का बड़ा प्रभाव है।

अगुन सगुन दुइ ब्रह्म सरूपा। अकथ अगाध अनादि अनूपा।।
मोरें मत बड़ नामु दुहू तें। किये जेहिं जुग निज बस निज बूतें।।

ये दोनों अगुण (निर्गुण) और सगुण एक समान ही हैं, एक समान महत्त्वपूर्ण हैं। दोनों अकथ हैं, इनके बारे में पूरा नहीं कहा जा सकता। अगाध हैं, इनका पार नहीं पाया जा सकता। अनादि हैं, कब से हैं यह भी नहीं कहा जा सकता। अनुपम हैं, इनके समान कुछ और है भी नहीं। वस्तुतः यह जो अगुण स्वरूप है, निर्गुण स्वरूप और सगुण स्वरूप है, ये दोनों स्वरूप भगवान राम के नाम के वश में हैं। राम के नाम के स्मरण मात्र से ही हम दोनों की प्राप्ति कर लेते हैं, क्षमता प्राप्त कर लेते हैं, अन्तर्दृष्टि प्राप्त कर लेते हैं। भगवान राम को प्रज्ञा चक्षु से ही देखा जा सकता है और ज्ञान चक्षु से ही उन्हें समझा जा सकता है। इसलिए नाम बहुत महत्त्वपूर्ण है। ब्रह्म व्यापक है, एक है, अविनाशी है, सत्ता चैतन्य है, अनन्त है, अनन्त सुख की राशि है। सब तक पहुँच केवल रामनाम से ही हो जाती है। इसलिए रामनाम बहुत महत्त्वपूर्ण है। भले ही हम सगुण के रूप में देखें या निर्गुण के रूप में देखें। भरद्वाज ने याज्ञवल्क्य से प्रश्न किया था, राम कौन हैं? जिन्हें शिव निरन्तर जपते हैं अथवा दशरथ नन्दन राम। एक सगुण रूप में हैं, एक निर्गुण रूप में हैं, लेकिन निर्गुण रूप को भी भगवान शिव निरन्तर देखते हैं। इसलिए सगुण और निर्गुण दोनों वस्तुतः भगवान राम के प्रतिरूप हैं और इस राम के नाम के स्मरण से

दोनों की प्राप्ति सहज सम्भव हो जाती है। इसलिए हमें दोनों का विचार करते समय भगवान राम के नाम का ध्यान कर लेना चाहिए।

निरगुन तें एहि भाँति बड़ नाम प्रभाउ अपार।
कहउँ नामु बड़ राम तें निज बिचार अनुसार।।

निर्गुण से ही नाम का प्रभाव ज़्यादा है। हम निर्गुण को समझ नहीं सकते, जब तक कि साधना में लीन न हों, हमें सिद्धियाँ प्राप्त न हो जायें। निर्गुण ब्रह्म किस रूप में हैं, इसकी जानकारी तो हम नाम से ही जान सकते हैं। इसलिए भगवान राम के नाम की महिमा बहुत बड़ी है।

राम भगत हित नर तनु धारी। सहि संकट किये साधु सुखारी।।
नामु सप्रेम जपत अनयासा। भगत होहिं मुद मंगल बासा।।

भगवान राम जी भक्तों के लिए ही शरीर धारण करके कष्ट प्राप्त करते हैं लेकिन उनके नाम से तो तमाम साधु सुखी हो जाते हैं। अनायास ही उन्हें सारी सिद्धियाँ मिल जाती हैं और उनके नाम का जाप करते हुए आनन्द और कल्याण का बोध होने लगता है, साधु–सन्तों और भक्तों को। भगवान राम जो सगुण रूप में हैं, वह तो एक पाषाण को भी मनुज रूप में बदल देते हैं, अहिल्या को तारते हैं–

राम एक तापस तिय तारी। नाम कोटि खल कुमति सुधारी।।
रिषि हित राम सुकेतुसुता की। सहित सेन सुत कीन्हि बिबाकी।।

सहित दोष दुख दास दुरासा। दलइ नामु जिमि रवि निसि नासा।।
भंजेउ राम आपु भव चापू। भव भय भंजन नाम प्रतापू।।

उनके नाम से तो करोड़ों–करोड़ खर सुधर जाते हैं, कलुषता से मुक्त हो जाते हैं। भगवान राम ने विश्वामित्र ऋषि के लिए सुकेतुसुता अर्थात् सुकेतु यक्ष की कन्या ताड़का और पुत्र सुबाहु का सेना सहित निर्मूलन किया। उनका नाम लेने से तमाम लोग, तमाम दुष्ट भी दोषों से मुक्त हो जाते हैं। जो अज्ञान की स्थिति है, दुराशा है, दोष है, वह उनका नाम लेने से ही ख़त्म हो जाता है। उनका नाम तो सूर्य के समान है जो अन्धकार का नाश कर देता है। भगवान राम ने भगवान शिव का धनुष तोड़ा। वह अपने हाथ से शिवजी का धनुष तो तोड़ते हैं, लेकिन उनके नाम का प्रताप कितना है कि पूरे संसार के सभी भयों का नाश हो जाता है। यह भगवान राम के नाम की महिमा है।

दण्डक बन प्रभु कीन्ह सुहावन। जन मन अमित नाम किये पावन।।
निसिचर निकर दले रघुनन्दन। नामु सकल कलि कलुष निकन्दन।।

क्या प्रताप है भगवान राम के नाम का कि वे दण्डक वन में गये और पूरा वन ही सुहावना हो गया। उनके नाम ने तो असंख्य मनुष्यों के मन को पवित्र कर दिया, जहाँ भगवान राम नहीं भी हैं, वहाँ भी उनका नाम मंगल कर देता है। भगवान राम ने राक्षस समूहों को निर्मूलित किया और उनके सारे पापों का निर्मूलन हो गया। यह उनके नाम की महिमा है।

सबरी गीध सुसेवकनि सुगति दीन्हि रघुनाथ।
नाम उधारे अमित खल बेद बिदित गुन गाथ।।

भगवान राम ने प्रत्यक्ष रूप से शबरी को, जटायु को और उनके जैसे उत्तम सेवकों को मुक्ति प्रदान की लेकिन उनका नाम लेने मात्र से अनेक दीन वैभवशाली हो जाते हैं अर्थात् भगवान राम तक उनकी पहुँच हो जाती है, ऐसा वेदों में वर्णित है। भगवान राम, कितने कृपान्धिान हैं, यह उनके नाम के स्मरण से बोध हो जाता है। तुलसीदास जी ने लिखा है–

राम भालु कपि कटुक बटोरा। सेतु हेतु श्रमु कीन्ह न थोरा।।
नामु लेत भवसिन्धु सुखाहीं। करहु बिचाल सुजन मन माहीं।।

अर्थात् भगवान राम ने तो कपि और वृक्ष का सहयोग लेकर परिश्रम पूर्वक सेतु बनाया–रामसेतु, रामेश्वरम से श्रीलंका जाने के लिए। उनका नाम लेने मात्र से भवसिन्धु सूख जाता है, यह उनके नाम का महत्त्व है। उन्हें रावण का वध करने के लिए, राक्षसी वृत्तियों का निर्मूलन करने के लिए स्वयं शरीर धारण करना पड़ा।

राम सकुल रन रावनु मारा। सीय सहित निज पुर पगु धारा।।
राजा रामु अवध रजधानी। गावत गुन सुर मुनि बर बानी।।

भगवान राम रावण को मारने के लिए लंका तक पहुँचते हैं। उनका नाम लेने मात्र से पाप की लंका जल उठती है। यह उनके नाम का प्रभाव है। इसलिए उनके नाम का बहुत महत्त्व है। निर्गुण या सगुण दोनों इस नाम के अधीन ही हैं। भगवान राम का नाम नारद जी निरन्तर जपते हैं। वे सतत सुखी रहते हैं। कभी भयग्रस्त नहीं होते। इसलिए यह हमेशा ध्यान रखना चाहिए कि इस कलियुग में बाधाओं से मुक्त होने के लिए केवल राम का नाम ही अवलम्ब है।

नहिं कलि करम न भगति बिबेकू। रामनाम अवलम्बन एकू।।
कालनेमि कलि कपट निधानू। नाम सुमति समरथ हनुमानू।।

अर्थात् कालनेमि को मारने के लिए रामनाम ही श्री हनुमान जी को समर्थ बना देता है। यह महत्त्व है भगवान राम के नाम का।

रामनाम नरकेसरी कनककसिपु कलिकाल।।
जापक जन प्रहलाद जिमि पालिहि दलि सुरसाल।।

राम का नाम श्रीनृसिंह स्वरूप है। कलियुग हिरण्यकश्यप है और श्रीराम का जप करने वाले लोग प्रह्लाद के समान हैं, यह रामनाम देवताओं के शत्रु अर्थात् कलियुग रूपी दैत्य को मारकर जप करने वालों की रक्षा करता है। इसलिए निरन्तर भगवान राम के नाम का जाप करना चाहिए। बहुत महत्त्व है भगवान राम के नाम का। भगवान राम मानस के हर छन्द में, हर दोहे में समाहित हैं। उनका महत्त्व समाहित है। इसलिए हमें निरन्तर उनका ध्यान करना चाहिए। किष्किन्धाकाण्ड के अन्त में इस सन्दर्भ में विशेष वर्णन आता है–

भव भेषज रघुनाथ जसु सुनहिं जे नर अल नारि।
तिन्ह कर सकल मनोरथ सिद्ध करहिं त्रिसिरारि।।

जो भगवान राम का स्मरण करते हैं, नर हों, नारी हों, उनकी हर भवबाधा को भगवान राम औषधि बन करके दूर कर देते हैं, कहीं कोई बाधा नहीं रहने देते और मनुष्य उन्मुक्त हो जाता है, निश्चिन्त हो जाता है, प्रभु राम की कृपा प्राप्त कर लेता है। त्रिशिरा के शत्रु श्रीराम जी ऐसे लोगों का सब मनोरथ पूरा करने वाले हैं।

नीलोत्पल तन स्याम काम कोटि सोभा अधिक।
सुनिअ तासु गुन ग्राम जासु नाम अघ खग बधिक।।

भगवान राम का स्वरूप, उनका शरीर नीलकमल के समान है, उनकी शोभा करोड़ों कामदेवों के समान है। भगवान राम इतने सुन्दर हैं कि उनके प्रत्येक अंग पर करोड़ों–करोड़ काम न्योछावर हो जाते हैं। होंगे भी क्यों नहीं! सौन्दर्य, स्वरूप, सुकान्त यह सब भगवान राम का स्वरूप है, उन्हीं की विशेषता है और उन्हीं के कारण यह शब्द और गुण हम लोगों के ज्ञान में आ पाते हैं। इसलिए ऐसे भगवान राम का ध्यान हमें निरन्तर करना चाहिए। जो वायुगामी–धराभिरामी–कलुषित वृत्तिधारी जीव हैं,

उनके लिए शिकारी है यह रामनाम। कलुष वृत्तियों का शिकार भगवान राम करते हैं और हमें उनसे मुक्त रखते हैं। भगवान राम के परम भक्त हनुमान जी, जिनके हृदय में सदैव प्रभु श्रीराम, सीता जी एवं लक्ष्मण जी सहित विराजमान रहते हैं, विद्यमान रहते हैं, की हम सभी पर निरन्तर कृपादृष्टि बनी रहे। उनके ध्यानमात्र से प्रभु राम में रुचि, अनुरक्ति और भक्ति सहज रूप से प्रगाढ़ हो जाती है। मानस के 'सुन्दरकाण्ड' की सुन्दरता, उसमें निहित अष्ट सिद्धियों एवं नौ निधियों के दाता, इस धरा पर सशरीर विद्यमान (हेम शैलाभदेहं) प्रभु हनुमान जी के चरित्र अंकन के कारण निरन्तर बढ़ती रहती है। हनुमान जी संकटमोचक हैं। बल, बुद्धि निधान हैं। माँ जानकी ने उन्हें आशीष देते हुए कहा–

अजर अमर गुननिधि सुत होहू।
करहुँ बहुत रघुनायक छोहू।।

हनुमान जी से विनती है कि हमारी बुद्धि विमल हो, हृदय निर्मल हो तथा केवल और केवल लोकहित का भाव हो। सुन्दरकाण्ड के अन्त में भगवान राम की बहुत अच्छी चर्चा है, विशेषकर उनके नाम की।

सकल सुमंगलदायक रघुनायक गुणगान।
सादर सुनहिं ते तरहिं भव सिन्धु बिना जलजान।।

श्री रघुनाथ जी का गुणगान सम्पूर्ण मंगल को देने वाला है, जो इसे सादर सुनते हैं या यह गुणगान करते हैं बिना किसी जहाज के, बिना किसी अवलम्ब के भवसागर पार कर जाते हैं। इस भवसागर से मुक्त हो जाते हैं, भगवान राम के पास पहुँच जाते हैं। भगवान राम के पास पहुँचने का आशय केवल शरीर त्याग नहीं होता। भगवान राम की कृपा जिस पर हो जाती है, वह भगवान राम के पास ही होता है। लंकाकाण्ड के अन्त में रामनाम का महत्त्व बताते हुए तुलसीदास जी ने लिखा है–

समर बिजय रघुबीर के चरित जे सुनहिं सुजान।
बिजय बिबेक बिभूति नित तिन्हहि देहिं भगवान।।

ऐसा कोई समर नहीं है जिसमें प्रभु विजयी न होते हों क्योंकि सब के कारक और कारण तो ईश्वर ही हैं। विजय उन्हीं का एक भाव है। विजयी वह सतत हैं, क्योंकि पूरी सृष्टि उन्हीं की रचना है। इसलिए ऐसे विजयी, श्रीरघुवीर की विजयी सन्बन्धी लीला अर्थात् उनके पराक्रम भी वही हैं। इन सबका जो स्मरण करता है, भगवान राम नित्य उसे विजयी बनाते हैं,

अर्थात् उसके मनोरथ की सिद्धि करते हैं। ऐसा विवेक प्रदान करते हैं कि उससे कभी ग़लत नहीं होता। विभूति प्रदान करते हैं, ऐश्वर्य प्रदान करते हैं जो कुछ भी चाहिए सभी निधियाँ उसे मिल जाती हैं, यह भगवान राम के नाम की महिमा है।

यह कलिकाल मलायतन मन करि देखु बिचार।
श्री रघुनाथ नाम तजि नाहिन आन अधार।।

यह जो कलियुग है, पापों का घर है। इसे कलिमल कहा जाता है क्योंकि कलुषता है इसमें। भगवान राम के नाम को छोड़कर इस कलियुग से पार होने का, मुक्त होने का, सहज होने का कोई आधार नहीं है। इसलिए कलिकाल में, कलियुग में सफलता विजय, विभूति, मोक्ष, निर्वाण और कैवल्य प्राप्त करने के लिए भगवान राम का नाम ही आश्रय है, वही एक अवलम्ब है। उनका कवच, उनके नाम का कवच मिल जाये तो व्यक्ति अभेद्य हो जाता है, सुरक्षित हो जाता है। भगवान राम की कृपा मिल जाये तो फिर कुछ भी पाना शेष नहीं रह जाता। ऐसे भगवान राम और माँ सीता हम सभी का निरन्तर कल्याण करें।

तीर्थ भेद, जीवनधारा के घाट और रामायण

'मानस' एक ऐसा कोश है, ऐसा ग्रन्थ है, एक ऐसी पुस्तक है, एक ऐसा संग्रह है जिसके बारे में जितना पढ़े–लिखे विद्वान जानते हैं, उतना ही वे भी जानते हैं जिनके पास अक्षर ज्ञान भी नहीं है। विद्वान और नितान्त सामान्य व्यक्ति सभी राम की कथा जानते हैं। इसलिए कहा जाता है सबके अपने–अपने राम हैं। सबके राम हैं और सब में राम हैं। सदा सर्वदा राम ही राम हैं, यत्र–तत्र–सर्वत्र राम ही राम हैं, साकार राम, निराकार राम, इस धरा के आधार राम हैं। जड़–चेतन सभी के आकार राम हैं इसलिए पूरी धरा राममय है। इसीलिए कहा जाता है, *सीयराममय सब जग जानी। करउँ प्रणाम जोरि जुग पानी।।* यह एक विशेष महत्त्व की बात है। राम यन्त्र भी हैं, राम मन्त्र भी हैं, राम तन्त्र भी हैं, राम सब कुछ हैं। इसलिए उनसे सम्बन्धित यह जो ग्रन्थ है, स्वाभाविक रूप से उसकी विश्व व्याप्ति है। दुनिया के जितने देश हैं लगभग सभी जगह किसी–न–किसी रूप में रामकथा सुनायी जाती है अथवा रामलीला के माध्यम से उसका मंचन होता है। भारत में तो सर्वत्र होता है। साथ ही मॉरीशस, इंडोनेशिया, मिस्र, पोलैंड, रूस, अमेरिका जैसे अन्य अनेक देशों में रामकथा पर काम भी होता है, और रामकथा का श्रवण भी होता है।

जब श्रवण शब्द ध्यान में आता है तो तीर्थों की बात उठती है। चार प्रकार के तीर्थ होते हैं, पहला 'पुण्य तीर्थ' दूसरा 'ज्ञान तीर्थ', तीसरा 'आत्म तीर्थ' और सर्वोपरि 'परमात्म तीर्थ'। जितने धाम हैं, संगम हैं, नदियों के उद्गम स्थल हैं, प्रभु के अवतरण स्थल हैं, महापुरुषों के स्थल हैं, इन्हें हम पुण्य तीर्थ कहते हैं। जब हमारे जीवन में कुछ पुण्य संकलित हो जाता है अथवा अतीत का पुण्य हमारे साथ चलने लगता है तो हम तीर्थों में जाते हैं। तीर्थों पर जाकर हम अपने द्वारा जाने–अनजाने में किये हुए पापों से मुक्त होने की कोशिश करते हैं और आगे

हमें पुण्य ही मिले इसके लिए हम वन्दना करते हैं, प्रार्थना करते हैं। यह 'पुण्य तीर्थ' होता है।

दूसरे तीर्थ को शास्त्र तीर्थ अथवा ज्ञान तीर्थ कहते हैं। इसे 'सत्संग' भी कहते हैं। सत्संग को हमारे यहाँ शास्त्रों में मोक्ष से भी ऊपर कहा गया है। *तात स्वर्ग अपवर्ग सुख, धरिअ तुला एक अंग। तूल न ताहि सकल मिलि, जो सुख लौ सत्संग।।* सत्संग में इतनी ज़्यादा शक्ति होती है कि यह मोक्ष के भी ऊपर हमें आसीन कर देता है। शास्त्र तीर्थ ही सत्संग है, जहाँ हमें शास्त्रों के बारे में जानकारी मिलती है, जहाँ हमें जड़ता से मुक्त होने का उपाय मिलता है। इसलिए इसे ज्ञान तीर्थ कहते हैं। हम बहुत कुछ समझने लगते हैं, अपने बारे में भी, प्रभु के बारे में भी। प्रभु के बारे में जानना तो कठिन है क्योंकि उन्हें जानकर तो मनुष्य स्वयं प्रभु बन जाता है। *सोई जानत जेहि देहु जनाई। जानत तुमहि तुमहि होइ जाइ।।* उनके बारे में जानने की कोशिश होती है शास्त्रों के माध्यम से। सत्संग के माध्यम से प्रभु के विषय में, स्वयं अपने विषय में भी और अपनी जीवन यात्रा के विषय में भी। सब कुछ हम शास्त्रों से जानते हैं और जड़ता से मुक्त होते हैं।

तीसरा तीर्थ है, 'आत्म तीर्थ'। इसका बोध तब होता है जब हम अपने अन्दर झाँकने लगते हैं। यह महत्त्वपूर्ण है। इससे हम अपने को समझते हैं दर्शन के प्रश्नों की शुरुआत भी यहीं से होती है कि हम हैं कौन। इसी के माध्यम से हम अपने बारे में जानने लगते हैं। आज की भौतिकवादी दुनिया में अपने बारे में समझने का हमारे पास समय नहीं रह गया है इसीलिए हम औरों के बारे में जानते रहते हैं। औरों को सुखी करें, इसके लिए दौड़ने लगते हैं। औरों से सुख लेकर खुद सुखी हो जायें, इसके लिए दौड़ते हैं। अपने पर समय देने का समय हमारे पास नहीं है। सोचने का समय नहीं है। हम अपने बारे में सोचते हैं, जब ध्यानस्थ होते हैं, केन्द्रस्थ होते हैं, योगस्थ होते हैं, तो हम अपने बारे में जानते हैं। फिर हम आत्म तीर्थ में स्नान करते हैं। ऐसी स्थिति में जो बाह्य वातावरण है, जिसके चलते हमारा मन विचलित होता है अथवा कलुषित होता है; उससे मुक्त हो जाते हैं। आत्म तीर्थ में भी मुक्त होते हैं, ज्ञान तीर्थ में भी मुक्त होते हैं, और पुण्य तीर्थ में भी मुक्त होते हैं।

'परमात्म तीर्थ' वह है जिसका दिग्दर्शन रामायण कराता है। वहाँ हम युक्त भी होते हैं और मुक्त भी होते हैं। पुण्य तीर्थ में, शास्त्र तीर्थ में,

आत्म तीर्थ में जाकर हम स्थिर हो जाते हैं लेकिन जब हम परमात्म तीर्थ में प्रवेश करते हैं तो हम गतिशील हो जाते हैं। यही अन्तर है इन तीनों तीर्थों और इस परमार्थ तीर्थ में। इसे हम परम तीर्थ (रामायण) कहते हैं क्योंकि इसमें हम गतिशील हो जाते हैं। प्रभु की कथा के साथ ही हम प्रभु के साथ चलने लगते हैं। हम उनका जीवन देखते हैं, हम उनका आगे बढ़ना देखते हैं, हम उनका आचरण देखते हैं, उनका व्यवहार देखते हैं, उनका निर्देश देखते हैं, हम उनका सन्देश देखते हैं, हम उनका उपदेश देखते हैं, इस प्रकार हम निरन्तर उनके साथ चलने लगते हैं। जब चलने लगते हैं तो हम युक्त हो जाते हैं और जब उनके साथ जुड़ कर चलने लगते हैं तो हम माया–मोह से मुक्त हो जाते हैं। यही एक ऐसा तीर्थ है जहाँ हम युक्त भी होते हैं और मुक्त भी होते हैं। इसलिए इसे सर्वोत्तम तीर्थ कहते हैं। यह जो सर्वोत्तम तीर्थ है दुनिया के सभी देशों में पाया जाता है। ऐसा इसलिए कि इस तीर्थ में वह प्रभु हैं, जो सदेह भी हैं, अदेह भी हैं, साकार भी हैं, निराकार भी हैं। वह हमारा स्पन्दन हैं। जड़ और चेतन, प्रकृति के जितने उपादान हैं सबके होने के पीछे भगवान ही हैं। जो ब्रह्माण्ड दिखता है, वह भी उनकी माया का फल है इसलिए व्यष्टि भी हैं, सृष्टि भी हैं, समष्टि भी हैं, परमेष्टि भी हैं। वह सब कुछ हैं। हम सोच ही नहीं सकते कि वह क्या नहीं हैं। जो कुछ भी दृष्टव्य है अथवा विचारणीय है सब उन्हीं की इच्छा से, उन्हीं के कारण और उन्हीं की प्रेरणा से है। ऐसे प्रभु का वर्णन जिस ग्रन्थ में होता है, उसे 'रामायण' कहते हैं। यह हमारा परमात्म तीर्थ है।

जब हम रामायण के रस का पान करते हैं तो हम समझने लगते हैं कि राग क्या है, अनुराग क्या है और फिर हम उस मुक़ाम पर पहुँचते हैं जहाँ कबीर बोलने लगते हैं *उठा बगूला प्रेम का, तिनका उड़ा आकाश। तिनका तिनके से मिला, तिनका तिनके पास।।* यह आत्मतत्त्व परमात्म तत्त्व में लीन हो जाता है और हम सदेह उस प्रभु को देखने लगते हैं, समझने लगते हैं जिनको नारद जैसे ऋषियों, मनीषियों, आगम और निगम ने नेति–नेति कहा है। प्रभु इतना ही नहीं हैं। हम ऐसे प्रभु के साथ चलने लगते हैं। जब हम रामायण का अध्ययन करते हैं, श्रवण करते हैं, मनन करते हैं अथवा जब रामलीला का मंचन होता है उसे देखते हैं तो फिर हम राममय हो जाते हैं। ऐसा कोश, ऐसा ग्रन्थ दुनिया के विभिन्न हिस्सों में है। उसमें न केवल तत्कालीन समाज, संस्कृति, सभ्यता और शासन का

विवरण मिलता है अपितु उसमें जो विवरण अंकित है उसे हम सर्वकालिक उपादेय मानकर चलते हैं। हर युग के लिए रामायण है। एक ही रामायण हर युग के लिए अनुकूल है। सर्वथा उपादेय, उपयोगी और महत्त्वपूर्ण। शायद ही दुनिया का ऐसा कोई ग्रन्थ हो जो सर्वकालिक महानतम ग्रन्थ कहा जाये, जिसमें हर व्यक्ति के लिए कुछ–न–कुछ है। हमारे जन्म के साथ ही और इस संसार से अन्तिम प्रस्थान करने तक सब कुछ मिल जाता है, इस ग्रन्थ में; हमें सम्बल देने के लिए, हमें प्रेरित करने के लिए, हमें बल देने के लिए, हमें पढ़ाने के लिए भी और हमें बढ़ाने के लिए भी। यह ग्रन्थ रामायण है। यह रामचरितमानस है, जो भगवान राम का निवास स्थल है, कार्यस्थल है, गृह स्थल है, चरित्र स्थल है, व्यक्तित्व स्थल है और उनके विराट स्वरूप का स्थल है। उसमें जब हम पहुँचते हैं तो हम अपने–अपने अनुकूल शुभ तत्त्व का अवगाहन करते हैं और इस अवगाहन से मनुष्य बनते हैं।

सद्ग्रन्थों में सर्वश्रेष्ठ ग्रन्थ रामायण है जिसकी रचना विभिन्न कालों, विभिन्न देशों, विभिन्न स्थितियों में अनेक साधु–सन्तों, ज्ञानियों, मुनियों ने समय–समय पर की है। इसलिए इसके अनेक प्रकार हैं, अनेक स्वरूप हैं, अनेक संकलन हैं और मुझे लगता है कि दुनिया के सभी देशों में रामायण की कोई–न–कोई प्रति अवश्य विद्यमान है। ऐसा इसलिए भी है कि यही एक ग्रन्थ ऐसा है, यही एक ऐसा शास्त्र है, जिसमें जगत् नियन्ता का स्मरण है, स्तवन है और उनके चरित्र का अंकन है। इसलिए रामायण की वन्दना भी होती है, हम उसका अध्ययन भी करते हैं, पाठ भी करते हैं, श्रवण भी करते हैं। ऐसा हम इसलिए करते हैं कि इससे उस राम का बोध होता है, जो मन मन्दिर में बैठते हैं और हमें दिशा देते हैं, ज्ञान देते हैं। इसलिए ऐसे ग्रन्थ जो रामायण के रूप में, रामचरितमानस के रूप में, रामकथा के रूप में, रामगीत संग्रह के रूप में, दुनिया के विभिन्न स्थानों पर विद्यमान हैं, इनके सभी रचनाकारों को नमन और इनका मेरे द्वारा इस समय स्तवन किया जा रहा है।

इसमें, इस धर्म ग्रन्थ में, इस ज्ञान ग्रन्थ में, इस बोध ग्रन्थ, में इस आचार ग्रन्थ में और इस व्यवस्था ग्रन्थ में, हम उस राम का स्मरण करते हैं जो मानवता के चरम बिन्दु हैं और परम वृक्ष हैं। ऐसा इसलिए कि वह मन में हैं, वह तन में हैं, वह जग में हैं, वह जल में हैं और मन्दिर में भी जो भक्तों द्वारा निर्मित हैं। जो मन मन्दिर से बाहर भी विद्यमान हैं और

भीतर भी हैं, हम उनका दर्शन करें, उनके चरित्र का श्रवण करें, अथवा हम उनका ध्यान कर लें, सब में एक जैसा ही फल मिलता है। उनका सबसे अच्छा स्थान तो मन मन्दिर है। जैसा तुलसीदास जी ने कहा है, *अवधेश के बालक चार सदा, तुलसी मन मन्दिर में बिहरैं।* वस्तुतः उनका जो सुखपूर्वक भ्रमण होता है वह तो मन मन्दिर में ही होता है। ऐसे राम और उनकी कथा का प्रस्तुतीकरण करने वाला रामायण या रामचरितमानस नामक ग्रन्थ या जितने इसके प्रकार हैं, हमारे सिर पर बैठकर लोकमंगल हेतु लोक यात्रा करें। इस महाग्रन्थ को नित नमन।

जब भी हम राम की चर्चा करते हैं तो हमें बहुत कुछ का बोध होता है। जिसके विभिन्न आयामों पर भारत की भिन्न भाषाओं के रचनाकारों और रामकथा चिन्तकों ने चर्चा की है। भारतीय सभ्यता और संस्कृति का सम्पूर्ण आलोक रामकथा में प्रकाशित है। राम केवल एक युग के नहीं, राम केवल युगपुरुष नहीं, वह सभी युगों के परम पुरुष हैं। वह केवल इस धरा के नियामक ही नहीं हैं, इस धरा के कारक और कारण भी हैं। वह ब्रह्माण्ड पुरुष हैं। ब्रह्माण्ड उन्हीं के स्वरूप से निःसृत होता है, जाग्रत होता है, ध्वनित होता है और प्रस्तुत होता है। ऐसे श्रीराम का चरित्र जहाँ भी होगा और उस चरित्र का वर्णन करने वाले, आभास कराने वाले, दिग्दर्शन कराने वाले स्थान जहाँ कहीं भी होंगे, वे सब के सब प्रातः स्मरणीय हैं। राम कथा से केवल समस्याओं का समाधान ही नहीं मिलता, हमें अपने उद्देश्य तक पहुँचने का सम्बल भी निलता है। इसलिए राम से सम्बन्धित कथा के बारे में मैं गहराई से भला क्या कह सकूँगा। यह कथा तो महासागरों का महासागर है। इस कथा के कुछ प्रसंगों की ज़रूर मैं आप से चर्चा करूँगा।

यह जो जीवन धारा है इसके पाँच (05) घाट हैं। पहला घाट है अथरामघाट। यह हमारी बाल्यावस्था का द्योतक है जिसमें हम परिचय करते हैं अपने परिवार से, समाज से, प्रकृति से। इसे हम बाल्यावस्था का आरम्भिक चरण कहते हैं जिसमें हमारे साथ माता जैसी शक्ति होती है जो प्रभु का ही साक्षात् स्वरूप होती है। हम एक और रूप में अपने ईश्वर का दर्शन पिता के रूप में करते हैं। यह अथरामघाट है, जहाँ से हमारे चिन्तन और क्रियाशीलता का श्रीगणेश होता है। बाल्यावस्था हमारे जीवन का महत्त्वपूर्ण भाग है जिसमें हम कौतुक करते हैं। हमारे कुछ स्वाभाविक प्रश्न होते हैं और उन्हीं प्रश्नों के कारण कहा जाता है कि राम तो आशा

और जिज्ञासा के केन्द्र हैं। राम तो भरोसा हैं। उसी भरोसे के बल पर जब पिता किसी बालक को आसमान में उछालता है तो बालक खिलखिलाकर हँसता है। उसका भरोसा होता है कि हमारा जनक हमें अपने हाथ में ले लेगा। यह राम होते हैं, जिनके बारे में ऐसा भाव होता है।

जीवन का दूसरा घाट अभिरामघाट है। इसमें आकर्षण है, ओज है, तेज है, सुन्दर दिखने और सुन्दर देखने की ललक है। जीवन सम्बन्धी, परिवेश सम्बन्धी सारे उपादान सुन्दर–सुन्दर हो जाते हैं। जितने भी प्राकृतिक उपादान सुन्दर सुरम्य हैं, उनकी ओर मन दौड़ता है। हमारे आसपास जो सौन्दर्य है, उसकी ओर मन दौड़ता है। हम ख़ुद भी सुन्दर हो जायें, इसकी ओर मन दौड़ता है। अर्थात् सुन्दरता में लीनता, सुन्दरता के प्रति ललक सृजनशीलता का दूसरा पड़ाव है जिसे हम **अभिरामघाट** कहते हैं। सब कुछ तो अभिराम है। भगवान राम की आँखें जितनी अभिराम है 'लोचन अभिरामा' उतना तो संसार में कुछ नहीं हो सकता। हम सुन्दर दिखें ऐसा भाव हमारे मन में आ जाता है। वह तरुणाई की दहलीज होती है या अँगड़ाई की दहलीज होती है। दोनों ही सुन्दरता को पकड़कर चलते हैं और इसी से किशोर मन के अन्दर सृजन वृत्ति का संचार होता है। यह अभिरामघाट है।

तीसरा घाट है **अविरामघाट** जहाँ विराम नहीं है। यह सयानेपन का घाट है जहाँ हम अपने दायित्वों का निर्वहन करते हैं, अपने लिए लक्ष्य निर्धारित करते हैं और जो हमारे कर्तव्य हैं उसे करते हुए हम आगे बढ़ते हैं। यह मनुष्य की ज़िन्दगी का, सबसे महत्त्वपूर्ण पड़ाव होता है, जिसमें थकने का नाम नहीं होता। इसलिए इसे अविरामघाट कहते हैं। जहाँ विराम नहीं है, चलते रहना है। **'चरैवेति–चरैवेति'** चलते जाइए आपको आपका लक्ष्य मिल ही जायेगा। इसमें हमारे सहचर बनते हैं, सहचरी बनती हैं, सान्निध्य मिलता है, अनेक प्रकार के सुख मिलते हैं, अनेक प्रकार की विभूतियों से परिचय होता है, इसे अविरामघाट कहते हैं।

चौथे घाट को **विश्राम घाट** कहते हैं। अविरामघाट पर आगे बढ़ते–बढ़ते कहीं थक गये, तो थोड़ा विश्राम कर लेते हैं। आगे के लिए नयी योजना का संचार होता है और यह संचार प्रभु राम के प्रसंगों से होता है। उनकी कथा के श्रवण से होता है, चिन्तन–मनन से होता है, ध्यान और ज्ञान से होता है। हम अपनी ऊर्जा पुनः एकत्र करते हैं और नये सिरे से फिर जीवन–पथ पर आगे बढ़ते हैं। क्या किया, क्या खोया,

क्या पाया, क्या दिया, क्या लिया, इन सबका आकलन हम इस विश्राम घाट पर कर लेते हैं।

आख़िरी घाट को **सतरामनाम घाट** कहते हैं, जहाँ जाकर बोध होता है कि सत्य तो केवल राम ही हैं। इसे सतरामनाम घाट कहते हैं। जहाँ से हमारा प्रस्थान होता है और जो पंचतत्त्व है हमारी काया का, वह पूर्ण तत्त्व में विलीन हो जाता हैं। *क्षिति जल पावक पवन समीरा* पूर्ण तत्त्व में मिल जाते हैं। पूर्ण तत्त्व प्रभु राम हैं, इसलिए उस समय रामनाम की सत्यता पर ही हम विचार करते हैं और उसका उद्घोष करते हैं। यहीं **'तारक मन्त्र'** है जिससे काशी में मुक्ति मिलती है। अथरान से लेकर सतरामनाम घाट तक की हमारी जीवन यात्रा होती है। इस यात्रा के आख़िरी पड़ाव पर आत्मतत्त्व परमात्मा में मिल जाता है। कबीर ने बड़ी अच्छी बात कही है–*जल में कुम्भ, कुम्भ में जल है, बाहर भीतर पानी। टूटा कुम्भ, जल जलहि समाना, यह तथ कह्यो ज्ञानीं।।* यह जो शरीर रूपी कुम्भ (घड़ा) है, इसमें जो जल है, आत्मतत्त्व है, परमात्म तत्त्व सागर का जल है। कुम्भ टूट जाता ,है आत्मतत्त्व परमात्म तत्त्व में विलीन हो जाता है। यह होता है हमारा आख़िरी घाट जहाँ चलकर हम मुक्त होने की बात सोचते हैं और वस्तुतः काया के बन्धन से मुक्त हो जाते हैं। काया के बन्धन से मनुष्य मुक्त होता है।

राम न सदेह हैं, न विदेह हैं, वह देह स्वरूप हैं। जब उनकी इच्छा होती है वह देह धारण कर लेते हैं। वस्तुतः वह कभी भी देह बन्धन में नहीं बँधुते क्योंकि देह बनाने वाले जो पंचतत्त्व हैं और जीवन के चार पदार्थ हैं धर्म, अर्थ, काम और मोक्ष, ये सभी उनकी दृष्टि के फल हैं। वह स्वयं इन पदार्थों से निर्मित नहीं हैं। इसलिए निज इच्छा से उनका अवतरण होता है। वह विदेह भी नहीं हैं, विशिश्ट देवधारी भी नहीं हैं। विदेह वह होता है जो ज्ञाता, ज्ञान और ज्ञेय इन तीनों के ऊपर बैठता है। ज्ञाता कौन है, ज्ञान क्या है, जानने योग्य क्या है इसे विदेह (जनक जी) जानते हैं। इस मानव श्रृंखला में मानव समाज में और मानव जाति के इतिहास में अकेले वही विदेह हुए हैं। तीनों के ऊपर होने के बाद भी जनक जी कहते हैं 'कुछ' ऐसा है जिसका बोध हमें भी नहीं। वह 'कुछ' राम हैं जो सब कुछ हैं, जो घट–घट वासी हैं। हम वहाँ तक पहुँच नहीं पायेंगे। वहाँ पहुँचना थोड़ा कठिन होता है। इसका रूपक तो कस्तूरी मृग के माध्यम से ही किया जा सकता है। *कस्तूरी कुंडल बसै, मृग ढूंढै बन माहिं।*

ऐसे घट घट राम हैं, दुनियां देखे नाहिं।। राम की तलाश तो हम अपने अन्दर ही कर सकते हैं। अपनी आत्मा में कर सकते हैं। इतने ज्ञानी जनक भी राम की तलाश में अपने को सक्षम नहीं पाते हैं क्योंकि राम परमात्म तत्त्व हैं। वहाँ तक पहुँचना सहज सम्भव नहीं होता। उनके लिए प्रियकर है, सत्य। इसलिए वह सत्य नारायण हैं। मानस में सत्य और अहिंसा दोनों की बड़ी चर्चा है। *धर्म न दूसर सत्य समाना।* सत्य के समान कोई दूसरा धर्म ही नहीं है। यह उद्घोष है मानस में। इसी तरह अहिंसा सम्बन्धी कथन है–*परम धरम श्रुति विदित अहिंसा।* अहिंसा सबसे बड़ा धर्म है *अहिंसा परमो धर्मः श्रुत्युक्म : स्मार्त् एवं च।।* यह इनकी निधियाँ हैं। इनके साथ चलती हैं।

रामचरितमानस (रामायण) मनुष्यता का सर्वश्रेष्ठ ग्रन्थ है। जहाँ इसका प्रवचन होता है, जहाँ हम बैठकर इसका पारायण करते हैं, वहाँ वस्तुतः इस लोक में होकर भी हम लौकिक, पारलौकिक, अलौकिक सभी प्रकार के सुखों का बोध करने लगते हैं। इसलिए दुनिया के सभी देशों में रामायण पढ़ने का, लिखने का, सुनने का, समझने का, विधान आदिकाल से रहा है। सभ्यता, संस्कृति, कला के जितने भी स्वरूप हैं सबको समाहित करता हुआ यह ग्रन्थ दुनिया के विभिन्न देशों में पाया जाता है। दुनिया के जितने भी सद्ग्रन्थ हैं इससे किसी–न–किसी रूप में अनुप्राणित हैं। 'मानस' में हम भगवान का स्वरूप देखते हैं। 'रामचरितमानस' दुनिया का इकलौता ग्रन्थ है जिसका श्रीगणेश जिस अक्षर से होता है, समापन भी उसी अक्षर से होता है। *वर्णानां अर्थसंघानां, रसानां छन्दसामपि। मंगलानां च कर्तारौ वंदे वाणीविनायकौ।* 'व' से शुरू होता है और समापन भी 'व' अक्षर से होता है।

श्रीभद्रामचरित्रमानसमिदं भक्त्यावगाहन्ति ये।
ते संसार पतंगघोरकिरणैर्दहयन्ति नो मानवाः।।

अद्भुत दुर्लभ, अनुपम ग्रन्थ जिसका कोई जवाब नहीं। वाल्मीकि ने इसे रामायण के रूप में लिखा। इसकी एक बात आज के सन्दर्भ में बहुत प्रासंगिक है, जहाँ भगवान राम, लक्ष्मण से कहते हैं। *अपि स्वर्णमयी लंका न में लक्ष्मण रोचते। जननी जन्मभूमिश्च स्वर्गादपि गरीयसी।।* –हे लक्ष्मण यह (लंका) स्वर्ण के समान है फिर भी मेरे लिए प्रिय नहीं है, क्योंकि जननी और जन्मभूमि स्वर्ग से भी श्रेयस्कर है। जो हमारी जन्मभूमि है,

जिसके कारण हमारी पहचान है, जिसके चलते हनें स्वरूप, आकार और विस्तार मिलता है, जिसके कारण हम हैं उस जन्मभूमि को निरन्तर नमन। हमारे होने का मूल कारण हमारी जननी और यह जन्मभूमि है। राम और सीता का जहाँ ध्यान होता है वहाँ दुनिया का सकल ज्ञान प्रवाहित होने लगता है। निरन्तर कल्याण होता है।

जब भी रामकथा कहीं होती है अथवा रामायण पर चर्चा होती है, तो उसे सुनना और उसमें सम्मिलित होना हमारे जैसे व्यक्ति के लिए सौभाग्य का विषय होता है। कारण कि राम ही इस संसार के अवलम्ब हैं और हम जो कुछ भी हैं, हमारे अस्तित्व के नियामक, नियन्त्रक, निर्देशक, निर्धारक सब कुछ राम ही हैं। इस पूरी धरा में, इस पूरे ब्रह्माण्ड में 'सीताराम–सीताराम' ही सब जगह हैं। बिना उनके इस संसार की या इस ब्रह्माण्ड की कल्पना नहीं हो सकती। न ही व्यष्टि की और न ही समष्टि की चर्चा हो सकती और न ही सृष्टि की या परमेष्टि की। इसलिए जहाँ भी सियाराम का सन्दर्भ आता है, यह हम सभी के जीवन की सार्थकता का परिचायक हो जाता है। जहाँ तक रामायण का प्रश्न है, इसमें प्रभु राम के बारे में कथा श्रवण का पूर्ण सुख निहित है–उनका चरित्र, उनका व्यक्तित्व, उनका कृतित्व अथवा उनसे सम्बन्धित जितने भी प्रकरण हैं, प्रसंग हैं, कवियों ने, कथाकारों ने, साहित्यकारों ने, अपने–अपने हिसाब से देखा है, लिखा है, वर्णन किया है, प्रस्तुत किया है, अभिव्यक्ति दी है। इन सभी से अपने को सम्बद्ध करना यह अतिशय भाग्य का विषय होता है। हमारे लिए सम्बल होता है, प्रेरणा होती है और जिसे हम विवेक कहते हैं उसका विस्तार होता है। यही हमारी अन्तर्दृष्टि भी है। सब कुछ राममय है। इसलिए राम शास्त्र का वाचन, रामकथा का श्रवण, रामचरित का अंकन या मंचन और राममूर्ति का दर्शन, सब एक समान गुणकारी हैं, आह्लादकारी हैं और तृप्तिदायी हैं। सब कुछ हमें उसी से मिलता है। हम कह सकते हैं पूरे ब्रह्माण्ड की छवि उसमें से दिखायी देने लगती है, उभर जाती है जिसे देखकर हमारी आत्मा में निखार आता है। हमारी बुद्धि विमल हो जाती है और हमारे अन्दर जो आशावादिता है वह सही रूप में व्यक्त होने लगती है। हमारी जिजीविषा का कारक और कारण ही राम का ध्यान है, श्रीसीताजी का ध्यान है। इसलिए हमारे यहाँ मान्यता है *सीयराममय सब जग जानी। करउँ प्रणाम जोरि जुग पानी*।

हम सृष्टि के शाश्वत महानायक के रूप में राम का ध्यान करें, ईश्वर के रूप में राम का ध्यान करें और अपने को ताक़त देने के लिए तथा स्वयं प्रकाशवान होने के लिए हम राम का ध्यान करें। राम शक्ति के आधार हैं। उनसे हमें बल मिलता है, सम्बल मिलता है, हमें सन्तोष मिलता है, सुख मिलता है। आज जो साहचर्य है समाज के अन्दर, परिवार के अन्दर, उसमें हम अपनी भूमिका का किस तरह निर्वहन करें, इस सबका ज्ञान रामायण मिलता है।

आज जो आपदा है इससे हम कैसे बाहर निकलें? आपद धर्म से बचने के उपाय क्या हैं? ऐसी आपदा में हम किस तरह से संयमित रह सकते हैं। हम किसका सहयोग लें? किसकी परीक्षा लें? किसके साथ आगे बढ़ें? यह विचारणीय हो जाता है। मानस में एक बहुत सुन्दर उक्ति है–*धीरज, धर्म, मित्र अरु नारी, आपद काल परखिए चारी* अर्थात् जब भी कोई संकट का समय हो अथवा असुविधा, असन्तोष, अव्यवस्था या अकुलाहट की स्थिति हो, तो हमें चार चीजों का ध्यान आता है। धैर्य, धर्म, सुहृद अथवा मित्र और परिवार। नारी का यहाँ केवल पत्नी से ही आशय नहीं है। जहाँ महिला शक्ति है, वहाँ पुरुष से आशय है। इसका अर्थ सहचर से है, सहचरी से है। हमें इन चार का विशेष रूप से ध्यान रखना पड़ता है क्योंकि यही चार ऐसे हैं, जो किसी भी आपदा से निकालने में समर्थ होते हैं। कहा जाता है कि परीक्षा इन्हीं की होती है कि आपके पास धैर्य कितना है, आपका जो धर्म है जिसे हम धारण करते हैं, उसका आप कितना पालन कर रहे हैं। धर्म जिसमें हमारे आचरण के नियम, हमारा दायित्व समाहित है। 'धर्म इति धारयति' जिसे हम धारण करते हैं। अर्थात् हमारा दायित्व जो हमारे लिए निर्धारित कर्तव्य है। हमारे मित्र, सहयोगी कैसे हैं और हमारे परिवारी जन कैसे हैं। इसकी हम परीक्षा लेते हैं अथवा कह लीजिए परीक्षा के काल में यही हमारे साथ खड़े होते हैं। संयम और आत्म नियन्त्रण की भी इसी समय परीक्षा होती है क्योंकि यही दोनों हमें विशेष बल प्रदान करते हैं। इसलिए हमें छह बातों का विशेष ध्यान रखना चाहिए। हमारे पास धैर्य कैसा है। हम अपने लिए निर्धारित दायित्व का कितना पालन कर रहे हैं। हमारे मित्र कैसे हैं और हमारे परिवारी जन कैसे हैं। परिवार केवल पति, पत्नी, बच्चे, माता–पिता तक ही सीमित नहीं रहता। परिवार हमारा समाज है, हम तो पूरी धरा को परिवार मानते हैं, 'वसुधैव कुटुम्बकम्' का सिद्धान्त हम देते हैं।

महोपनिषद में उल्लेख कि *अयं निजः परोवेति गणना लघुचेतसाम, उदार चरितानां तु वसुधैव कुटुम्बकम।।* हिन्दुस्तान तो उदार चरित्र वालों का देश है। इसलिए पूरी धरा ही हमारे लिए परिवार है। हम सबका ध्यान रखते हैं। आपत्तिकाल में इन्हीं के माध्यम से हम समस्याओं का समाधान करते हैं। हम उन्मुक्ति का दूसरा आशय न लें। हम नियमबद्धता को बन्धन न मानें और हम आत्मिक सुरक्षा को किसी भी प्रकार का दबाव न मानें। आज की जो स्थिति है इस संशयग्रस्त माहौल से निकलकर ही हम आगे जा सकते हैं। इस पूरी यात्रा में हमारे लिए सम्बल तो बस रामनाम है, ईश्वर का ध्यान है, वही हमारा धर्म है, वही हमारा सत्य है, वही हमारे कर्म बोध का प्रकाश है और उसी से हम चलते रहते हैं। परीक्षा के साथ ही कुछ परीक्षण भी होता है।

परीक्षा और परीक्षण दोनों अलग दिशाओं में चलते हैं। परीक्षण किया जाता है सामर्थ्य का, शक्ति का, योग्यता का और पात्रता का। विशेष परीक्षण आज के दौर में हमारी सामर्थ्य का हो रहा है, हमारी शक्ति का हो रहा है। हमारी सामर्थ्य हमें किस तरह खड़ा रख सकती है और हमारी शक्ति किस तरह देश को, राष्ट्र को, सुरक्षित रखकर विकास के पथ पर ले चल सकती है और किस तरह आज जो संकट का दौर है उससे निष्कण्टक बना सकती है। इसे राष्ट्र शक्ति कहते हैं। इन सन्दर्भों में हम बहुत कुछ रामायण से सीख सकते हैं, रामकथा से सीख सकते हैं, राम के चरित्र से सीख सकते हैं और राम के प्रसंग से सीख सकते हैं। हम अपनी जिजीविषा के माध्यम से, धैर्य और सम्बल के माध्यम से और हमारे लिए जो निर्धारित दायित्व हैं, उनके निर्वहन के माध्यम से किसी भी कठिनाई से निकलकर एक निष्कंटक व्यवस्था में प्रवेश कर सकेंगे, जिसमें किसी भी प्रकार की बाधा नहीं होगी, किसी प्रकार का भय नहीं होगा, किसी भी प्रकार का अभाव नहीं होगा। सर्वत्र मनुष्य और मनुष्य के बीच लगाव होगा और यही मनुष्य का स्वभाव होना चाहिए। रामायण से निरन्तर हमें ऐसा सन्देश, निर्देश और उपदेश मिलता है।

राम का वनवासी प्रेम

भगवान राम ने अपने वनवासी जीवन का अधिकाधिक समय आदिवासियों के साथ बिताया और प्रभु राम की सफलता में जो साधन बने वह इसी समुदाय के सम्मानित सदस्य थे जो प्रकृति के बहुत निकट थे। भगवान राम स्वयं सहजता, सरलता और सौम्यता के प्रतीक हैं। उनके सान्निध्य में जो रह जाये वह ऐसा क्यों न हो जाये। इसलिए आदिवासी समुदाय भी सहजता, सरलता और सौम्यता के प्रतीक माने जाते हैं। यह समुदाय निष्कलुष, निष्पाप समुदाय है, निरन्तर कर्मशील समुदाय है और सन्तोषी समुदाय है। भगवान राम के सान्निध्य का यह सुफल है। इसलिए भगवान राम अपनी पूरी वनगमन की प्रक्रिया में इन्हीं के साथ रहे, इन्हीं से संवाद किया और इन्हीं से सहयोग भी लिया। न केवल सहयोग के लिए इनसे प्रभु ने संवाद किया अपितु इनका निरन्तर महत्त्व वर्धन भी किया। यह प्रकृति पुत्र कहे जाते हैं। प्रकृति की पहली सन्तान कहे जाते हैं। जैसे उत्तराखण्ड में गंगोत्री से माँ गंगा का इस धरा पर अवतरण होता है वैसे ही रेवा खण्ड पर माँ नर्मदा की कृपा बरसती है। यह वनवासी बहुल क्षेत्र है। अरण्य क्षेत्र है। भगवान राम अपनी पूरी यात्रा में प्रकृति के जितने उपादान हैं उनका सम्मान करते हुए चलते हैं। जल, जंगल, ज़मीन, जीव, पहाड़, प्रकृति, परिवेश हमारी संस्कृति में हमारी परम्परा में वन्दनीय हैं। इनकी उपासना की जाती है। प्रभु राम जब आगे चलते हैं तो इनका सम्मान करते हुए, इनकी वन्दना करते हुए चलते हैं। भगवान राम ने जब अपनी यात्रा आरम्भ की तो शृंगवेरपुर पहुँचना हुआ। अयोध्याकाण्ड में इसका वर्णन विस्तार से है। शृंगवेरपुर में पहुँचकर पहले निषादराज फिर इसी यात्रा में केवट सबके साथ संवाद और सबका सम्मान ऐसा प्रसंग मिलता है।

सीता सचिव सहित दोउ भाई। सृंगबेरपुर पहुँचे जाई।।
उतरे राम देवसरि देखी। कीन्ह दण्डवत हरषु बिसेषी।।

वनगमन की कड़ी में श्रृंगवेरपुर पहुँचना हुआ भगवान राम का। वहाँ सुरसरि अर्थात् गंगा जी का दर्शन हुआ। रथ पर से भगवान राम उतरे और दण्डवत किया गंगा जी को। फिर सीता जी, सचिव सुमन्त और लक्ष्मण जी सहित वन्दना की और गंगा के महत्त्व के बारे में बताया। गंगा का वर्णन करते हुए उन्होंने कहा– *गंग सकल मुद मंगल मूला। सब सुख करनि हरनि सब सूला।।* अर्थात् गंगा जी सब सुखों को प्रदान करने वाली हैं और सारी पीड़ाओं का हरण करने वाली हैं। *कहि कहि कोटिक कथा प्रसंगा। रामु बिलोकहिं गंग तरंगा।।* राम अनेक प्रकार से गंगा की महिमा का वर्णन करते हैं। गंगा जी से सम्बन्धित विवरण देकर और उनकी तरंगों को देखकर वे हर्षित हो रहे हैं। अपने मन्त्री, अपने छोटे भाई लक्ष्मण और श्रीसीता जी सभी को उन्होंने देव नदी गंगा जी की बड़ी महिमा सुनायी। उसके बाद वे आगे बढ़ते हैं।

जब यह सूचना निषादराज को मिलती है कि भगवान राम लक्ष्मण और सीता जी सहित श्रृंगवेरपुर में पधारे हैं तो निषादराज अपने सम्पूर्ण समाज के साथ, बन्धु–बान्धवों के साथ उनके पास पहुँचते हैं। यह प्रसंग सिर्फ़ इसलिए कि किस तरह से भगवान राम निषादराज को सम्मानित करते हैं। निषादराज जो भी उनके पास उपहार हैं *यह सुधि गुहँ निषाद जब पाई। मुदित लिए प्रिय बन्धु बोलाई।। लिए फल मूल भेंट भरि भारा। मिलन चलेउ हियँ हरषु अपारा।।* लेकर उनके पास पहुँचे। भगवान राम का उनके प्रति यह भाव विचारणीय है और आज श्रवणीय, और कथनीय अनुकरणीय भी है–

कृपा करिअ पुर धारिअ पाऊ। थापिय जनु सबु लोगु सिहाऊ।।
कहेहु सत्य सबु सखा सुजाना। मोहि दीन्ह पितु आयसु आना।।

जब निषादराज ने उनसे कहा कि हे प्रभु, आप श्रृंगवेरपुर में पधारिए। आपके पधारने से हम सबकी शोभा बढ़ जायेगी। हमारा भाग्य ऐसा हो जायेगा जिसकी चर्चा सर्वत्र होगी। इस पर प्रभु राम ने निषादराज जी को *हे सुजान सखा* कहकर सम्बोधित किया और गले लगाकर बोले कि आप सुविज्ञ मित्र हैं। त्रिलोक के स्वामी ने यह प्रदर्शित किया कि सम्मान कैसे दिया जाता है। पूरी धरा पर रहने वाले महत्त्वपूर्ण पद पर आसीन महानुभावों को यह सिखाया कि आमजन को कैसे महत्ता प्रदान की जाये, कैसे उनका सम्मान किया जाये। इस भाव में उन्होंने निषादराज को *सुविज्ञ सखा* कहा और कहा आप तो जानते हैं कि किन कारणों से हमारा वन नें आना हुआ।

मेरा आपके साथ शृंगवेरपुर में रहना तो सम्भव नहीं है लेकिन आपकी मैत्री मेरे लिए फलदायी है और इसका सुफल मुझे आगे मिलना है। इस प्रकार श्रीराम ने बार–बार उनका महत्त्ववर्धन किया।

भगवान राम जब आगे चलने लगते हैं तो निषादराज को उनकी दशा देखकर थोड़ा कष्ट होता है। वे मित्र भाव में हैं इसलिए लक्ष्मण जी से वह बातचीत करते हैं। राम से तो बातचीत नहीं कर रहे हैं लेकिन लक्ष्मण जी से उस स्थिति में निषादराज ने बात की जब उन्होंने देखा कि राम और सीता धरती पर सो रहे हैं। *रामचन्द्र सोपति वैदेही। सोवत् महि विधि बाम न केही।।* उनके मन में यह भी आया कि जिसके पति रामचन्द्र जी के समान हों वह ज़मीन पर सो रही हैं, यह विधाता किसके प्रतिकूल नहीं हो सकता। ऐसा सोचकर उन्होंने कहा कि माँ कैकेयी को ऐसा नहीं करना चाहिए था उनके कारण ही शायद ऐसा हो रहा है। लक्ष्मण जी ने उनको सन्तोष दिलाया और कहा, *काहु न कोउ सुख दुख कर दाता। निज कृत करम भोग सबु भ्राता।।* हे भ्राता, कोई भी किसी को सुख और दुख नहीं देता। अपने किये हुए कर्मों का फल सबको भोगना पड़ता है। हम लोगों के साथ भी ऐसी ही स्थिति है। हम लोगों के कोई ऐसे कर्म रहे होंगे इसके भी दो अर्थ हैं–एक तो हम लोग अपने कर्म के चलते यहाँ आये और दूसरा यहाँ रहने वाले लोगों का भाग्य उदित हो रहा है जिनके समीप स्वयं भगवान पहुँच आये हैं। लोग तो प्रयत्न करते हैं कि ईश्वर के पास पहुँचे और यह बिल्कुल विशेष स्थिति है जिसमें परमात्मा स्वयं लोगों के पास पहुँच रहे हैं। *निज कृत कर्म भोग सुन भ्राता।।* भगवान राम ने उन्हें मित्र कहा लक्ष्मण जी ने निषादराज को भाई कहा और यह सन्देश दिया कि आपकी दृष्टि में जो हमारा कष्ट है यह हम लोगों के कर्मों का फल है। दूसरा भाव यह है कि आप से साक्षात परमात्मा मिल रहे हैं आगे आने वाले लोगों से परमात्मा मिलेंगे यह उनके कर्मों का फल है सभी अपने–अपने कर्मों का फल पाते हैं।

प्रभु राम सीता जी एवं लक्ष्मण जी सहित आगे बढ़कर गंगा के किनारे पहुँचते हैं। इस यात्रा में भगवान राम जो पूरी धरा को तीन पग में नाप चुके हैं, त्रिलोक के स्वामी हैं, भवसागर से सबको पार उतारते हैं, वह प्रभु राम केवट के पास जा करके केवट से नदी पार कराने का निहोरा कर रहे हैं। आप मुझे गंगा पार करा दो–*जासु नाम सुमिरत एक बारा। उतरहिं नर भवसिन्धु अपारा।। सोइ कृपालु केवटहि निहोरा। जेहिं जगु किय तिहु पगहु ते थोरा।।* वह भगवान राम जिन्होंने वामन अवतार में पूरी

धरा को तीन पग में ही नाप दिया और यह ब्रह्माण्ड छोटा पड़ गया, वह केवट, से आज अनुरोध कर रहे हैं कि हे केवट मुझे गंगा के पार पहुँचा दो। आशय सिर्फ़ इतना है कि भगवान राम केवट से अनुरोध करते हैं और केवट के बड़प्पन को और बड़ा कर देते हैं। केवट का महत्त्व बढ़ाते हैं। भगवान राम के चरित्र से यह सन्देश और संकेत भी मिलता है जो हम सबके लिए अनुकरणीय है। भगवान राम जो कर देते हैं वह सबके लिए अनुकरणीय है। किसी को छोटा या बड़ा नहीं समझना चाहिए। सबको महत्त्व देना चाहिए। भगवान राम केवट से अगाध प्रेम करते हैं। मानस में केवट एकमात्र वह पात्र है जो सबसे पहले कहता है कि *कहहि तुम्हार मरमु मैं जाना* वह भगवान राम के मर्म को समझता है। केवट भगवान राम को गंगा पार कराते हैं। माँ जानकी और भगवान राम उन्हें कुछ देने की बात करते हैं। तब केवट कहते हैं कि आप जब हमें 'पार कराइएगा' तब हमसे मत लीजिएगा क्योंकि आप भी पार कराते हैं और हम भी पार करा रहे हैं। दोनों का एक ही कर्म है। एक ही जैसे कर्म करने वाले पारस्परिक कुछ लेन–देन नहीं करते। इसलिए हमारा सम्बन्ध लेन–देन का नहीं है। यह प्रेम का सम्बन्ध है। यही केवट भी करते हैं और यही भगवान राम भी करते हैं।

निषादराज को सम्मान और केवट को सम्मान देकर वह आगे प्रयाग में भरद्वाज आश्रम पहुँचते हैं फिर भरद्वाज जी से अनुमति लेकर वह यमुना के किनारे पहुँचते हैं। फिर जमुना का नमन, जमुना का सम्मान, जमुना की वन्दना और उसके बाद जो वनवासी समुदाय के लोग हैं उनके साथ हो लेते हैं उनका सम्मान करते हैं। हर तरह से वन में रहने वाले लोगों का वह सम्मान करते हैं। भगवान राम वनवासी राम हैं। जब वन में रहते हैं, चित्रकूट में रहते हैं तो वनवासी राम हैं। इस प्रकार सबको सन्देश देते हुए, सबको सुख देते हुए भगवान राम आगे बढ़ते हैं। भगवान राम वन में रहते हुए फिर चित्रकूट पहुँचते हैं। वहाँ मन्दाकिनी का नमन जिसे अनसूया ने बुलाया था, और गोदावरी का नमन जिसे सीता जी ने बुलाया था। इस तरह वहाँ रहते हुए अपनी कुटी में कोल भील से मिलते हैं। चित्रकूट के कोल भील को मानस में देवी–देवताओं का स्वरूप कहा गया है और उसी भाव से भगवान राम उनका उपहार ग्रहण करते हैं। वह जो फल ले आते हैं, जो कुछ ले आते हैं, भगवान राम लेते हैं और जैसे ही स्पर्श करते हैं वह सब फल मूल प्रसाद बन जाता है।

कोल किरात बेष सब आये। रचे परन तृन सदन सुहाए।।

कोल भीलों से मिलने भगवान राम वहाँ पहुँचे। पर्णकुटी बनायी, जहाँ भगवान राम निवास करने लगे कोल किरात से भेंट करने के लिए। बाद में जनक जी भी आये और उन्हें पता हो गया कि कोल किरात साधारण लोग नहीं हैं। जिनका भगवान राम नमन वन्दन कर रहे हों वे साधारण लोग नहीं हैं, वे अद्‌भुत लोग हैं। हमें यह ध्यान रखना चाहिए जितने भी प्रकार के आदिवासी समुदाय हैं यह सब सतत वन्दनीय हैं क्योंकि इनकी वन्दना भगवान राम ने की है। यह हमें विस्मरण नहीं करना चाहिए।

फिर आगे की यात्रा में भगवान राम दण्डक वन में प्रवेश करते हैं। दण्डकारण्य में रहते हुए भी वनवासी राम हैं। उसके बाद किष्किन्धा पर्वत पर रहते हैं तो वनवासी भी हैं और गिरिवासी भी जिसे आदिवासी कहा जाता है। प्रभु राम स्वयं मूलवासी बन कर जीवन यात्रा कर रहे हैं।

गोदावरी के किनारे पर्णकुटी में भगवान राम रहते हैं। इसी यात्रा में जटायु से मिलन होता है–*गीधराज सै भेंट भइ बहु बिधि प्रीति बढ़ाइ। गोदावरी निकट प्रभु रहे परन गृह छाइ।।* जटायु से दो बार मिलन होता है। एक बार पंचवटी में रहते समय और दूसरा तब जब माँ सीता जी को रावण श्रीलंका लेकर चला गया। माँ सीता जी को मुक्त कराने के लिए, जो स्वयं मुक्तिदायिनी हैं उन्हें मुक्त कराने के लिए जटायु ने प्रयत्न किया और अधम रावण पर प्रहार किया। रावण के प्रहार से फिर ज़मीन पर आ गिरे। इस समय भगवान राम दुबारा जटायु से मिले। इस तरह दो बार जटायु से मिलन होता है। पहली बार जटायु भगवान राम को समझते हैं, वन्दना करते हैं, माँ जानकी जी की वन्दना करते हैं, सबको देखते हैं यह सारा वृत्तान्त संकेत रूप में मानस में है। आगे के लिए उन्हें भगवान राम ने विशेष दायित्व दिया था। जटायु ने राम के भाव को समझा। भगवान शिव यह सारा प्रसंग देख रहे हैं, क्या कुछ इससे आगे होगा, समझ रहे हैं। तुलसी के माध्यम से वह सन्देश हम लोगों के पास पहुँच रहा है। जब पंचवटी से माँ सीता का श्रीलंका के लिए प्रस्थान होता है उसके बाद प्रभु राम मानव रूप में विलाप करते हैं। इसके कई प्रसंग हैं। इस विलाप का एक विशेष सन्देश है। इस विलाप यात्रा में भगवान राम पशु–पक्षियों से और लताओं से संवाद करते हैं। इस विशेष सन्दर्भ में जल, जीव, जंगल, जन्तु सबका विचार है। राम का यह महती सन्देश है आज के मानव के लिए।

राम का व्यक्तित्व, उनका चरित्र स्मरणीय भी है, अनुकरणीय भी, ध्यातव्य भी और ध्यानस्थ करने वाला भी। उनके बारे में जब हम चिन्तन करते हैं तो लगता है कि इस ब्रह्माण्ड के वह सर्वश्रेष्ठ अभिनेता हैं। एक ऐसा अभिनेता जो जब संवाद करता है तो प्रकृति भी बोलने लगती है। माँ सीता ने हरि इच्छा से अग्नि में प्रवेश किया और माया रूप में पुनः बाहर आयीं और उनका हरण हुआ। उसके बाद प्रभु राम नरलीला करने लगे और उस नरलीला के क्रम में अरण्य क्षेत्र में सर्व संवाद की भाषा विकसित हुई। प्रभु श्रीराम प्रकृति के सभी उपादानों से संवाद करते हैं *हे खग मृग, हे मधुकर श्रेणी, तुम देखी सीता मृगनैनी।* वह खग–मृग से संवाद करते हैं, पक्षियों से, मृग से, वनस्पतियों से, और लताओं से संवाद करते हैं, इसलिए कि वह प्रभु राम हैं। मृग और वनस्पतियों पर उनकी माया का प्रभाव नहीं है। इसलिए कोई डर कर उनसे भागता नहीं है। उनके पास धनुष–बाण भी है, कोई नहीं भागता सब उनके करीब जाना चाहते हैं। सब उनका स्पर्श करना चाहते हैं। सब उनका ध्यान कर रहे हैं। उनका गुणगान कर रहे हैं और प्रभु राम उनसे दो प्रकार के प्रश्न पूछते हैं कि क्या आपने सीता जी को देखा है और दूसरा क्या आप सीता जी को देख रहे हैं? क्योंकि जब राम चलते हैं तो माँ सीता भी साथ ही चलती हैं। वह अलग नहीं हैं। उनसे पूछ रहे हैं कि तुम भी सीता के सौन्दर्य के बारे में बताओ कि देखा तुमने कैसी आँखें हैं उनकी। ***कैसा अनुपम स्वरूप है उनका क्या तुम उन्हें देख पा रहे हो।*** ऐसा इसलिए कि उनका स्वरूप, श्रीसीता का, प्रभु राम का, इस लोकनेत्र में समाने योग्य नहीं है। श्रीराम जी संवाद करते हैं, उनसे वनस्पतियाँ बात करती हैं, उनसे खग बात करते हैं, उनसे मृग बात करते हैं।

हे खग मृग हे मधुकर श्रेनी। तुम्ह देखी सीता मृगनैनी।।

खग, मृग, मधुकर श्रेणी अर्थात् पशुओं से पक्षियों से, लताओं से, वृक्षों से भगवान श्रीराम संवाद करते हैं। इसका आशय है कि भगवान राम इन सबका सम्मान करते हैं क्योंकि इनसे बहुत कुछ सीख सकते हैं और बहुत कुछ जान सकते हैं। इसीलिए हमारी संस्कृति में प्रकृति वन्दन की परम्परा है। हमें निरन्तर प्रकृति का वन्दन करना चाहिए। जीवन और उसका संरक्षण तो प्रकृति के कारण ही हो पाता है। इसलिए हमें प्रकृति के साथ संवाद करना चाहिए, उसका सम्मान करना चाहिए। यदि पर्यावरण शुद्ध रहेगा, सुरक्षित रहेगा तो हमारा जीवन भी सुरक्षित रहेगा।

पर्यावरण, परिवेश को गिरिवासी और वनवासी को विशेष सम्मान देते हैं। हमें उनके इस भाव को ग्रहण करना चाहिए। वृक्षों को नमन करना चाहिए, संरक्षण करना चाहिए, पूजन और वन्दन करना चाहिए।

इस यात्रा में पशु–पक्षियों से संवाद करने और लताओं का सम्मान बढ़ाने के बाद श्रीराम की पुनः जटायु से मुलाक़ात होती है। जटायु ने भगवान राम को रावण के कुत्सित प्रयास और उससे हुए संघर्ष की पूरी बात बतायी। यह पहला प्रसंग है वनगमन के अनन्तर जब भगवान राम स्वयं जटायु का विशेष सम्मान करते हैं। शायद किसी को ऐसा सौभाग्य मिले कि वह भगवान राम की गोद में पहुँच जाये। भगवान राम पूरी कथा जटायु से सुनते हुए उन्हें अपनी गोद में लिए रहते हैं और बार–बार उनकी ओर देखते हैं–

कर सरोज सिर परसेउ कृपासिन्धु रघुबीर।
निरखि राम छबि धाम मुख बिगत भई सब पीर।।

जटायु पीड़ित हैं, उन्हें चोट लगी हुई है। ज्यों ही भगवान राम ने उनको देखा, अपनी गोद में लिटाया तो उनकी सारी पीड़ा समाप्त हो गयी। उन्होंने फिर यह प्रसंग बताया कि रावण माता सीता को कहाँ लेकर गया। वह दक्षिण दिशा में गया है। आप उस दिशा में जाइए। हे प्रभु, आपका मनोरथ अवश्य पूर्ण होगा। मनोरथ के भी यहाँ दो भाव हैं–एक यह कि सामान्य जन के लिए माँ जानकी पुनः भगवान राम के पास आयेंगी और दूसरा कि इस संसार में जितनी कुरीतियाँ हैं, कुपथ पर चलने वाले लोग हैं, कुमार्गी हैं और इनमें जो सबसे ज़्यादा भयंकर है रावण, अब उसका विनाश होने वाला है। जब ऐसा जटायु ने श्रीराम से कहा तब प्रभु राम ने कहा कि अगर आप कहें तो मैं पुनः आपको आपके पूर्ण स्वरूप में ला दूँ। आपके अन्दर जो भी पीड़ा है समाप्त हो जायेगी। आप जो चाहे, प्राप्त कर सकते हैं। आप प्रसन्नवदन मेरे धाम में जा सकते हैं। जिसने भगवान राम को देख लिया वह स्वतः पूर्णकाम हो जाता है। उसकी सारी कामनाएँ पूरी हो जाती हैं। जटायु ने कहा कि हे नाथ, अब मुझे रहने की इच्छा नहीं है! अब आपने मुझे गोद में ले लिया आपकी गोद छोड़कर मैं जाऊँ तो जाऊँ कहाँ? भगवान राम ने उन्हें अपने धाम भेजा और एक अनुरोध किया। प्रभु राम बहुत कम अनुरोध करते हैं। भगवान राम ने कहा कि जब वहाँ जाइएगा तो पिताजी से जानकी हरण की बात मत कहिएगा।

जैसा भगवान राम ने सन्देश दिया वैसा ही जटायु ने किया। राम ने उनका अतिम संस्कार किया।

गीध देह तजि धरि हरि रूपा। भूषन बहु पट पीत अनूपा।।
स्याम गात बिसाल भुज चारी। अस्तुति करत नयन भरि बारी।।

जटायु भगवान राम की स्तुति करते हैं। उनके सद्गुण स्वरूप को देखते हैं और इस तरह से वह प्रस्थान कर जाते हैं।

आगे की यात्रा में शबरी मिलन होता है। शबरी का भी भगवान राम ने बहुत सम्मान किया। बहुधा कहा जाता है और सत्य ही कहा जाता है कि भगवान राम को 'प्रेम' बहुत ज़्यादा प्रिय है।

जूठे फल शबरी के खायो साग विदुर घर खाई।
सबसे ऊँची प्रीति सगाई।।

राम शबरी से मिलते हैं। शबरी के जूठे बेर खाते हैं और यह बताते चलते हैं कि हमारे लिए केवल प्रेम बड़ा है। हमारे लिए केवल आस्था बड़ी है। हमारे लिए केवल श्रद्धा बड़ी है। हमारे लिए केवल विश्वास बड़ा है। यह तीनों जिसके पास हों तो राम उसका जूठन भी खाते हैं। राम उसके वश में हो जाते हैं। यह राम हैं जो और किसी के नहीं, प्रेम रस के वश में हो जाते हैं।

भगवान राम ने शबरी का जूठा फल खाया और इतनी प्रशंसा की जिसका कोई अनुमान भी नहीं लगा सकता। यह भगवान रान हैं जो शबरी का सम्मान करते हैं, जूठे फल खाते हैं। ऐसा कहा जाता है कि भगवान को जो चढ़ाया जाता है वह प्रसाद हो जाता है। भगवान राम प्रसाद के कारक और कारण दोनों हैं। वह प्रसाद देते हैं और यहॉ भगवान राम स्वयं शबरी से प्रसाद ले रहे हैं। आदिवासी समुदाय को कैसे सम्मान दिया जाये यह हमें भगवान राम से सीखना चाहिए। शबरी का जूठन भगवान राम के लिए प्रसाद है। यह भाव सबको स्मरण रखना चाहिए कि कोई छोटा–बड़ा नहीं होता है। हर व्यक्ति में सद्गुण ही सद्गुण होते हैं। हमें उसके गुणों को देखना चाहिए और उसके महत्त्व को स्वीकार करना चाहिए। शबरी जैसा भाग्य किसका होगा जिसके गुरु मतंग ऋषि रहे हों, जो साक्षात भगवान राम को खिला रही हैं, भगवान राम से संवाद कर रही हैं, वह भगवान राम से 'नवधा भक्ति' के मर्म सुन रही हैं। पूरे मानस में शबरी अद्भुत पात्र हैं। इस तरह भगवान राम ने उनके ऊपर कृपा की वर्षा कर दी।

उनके जूठन को प्रसाद मानकर खाया। इस रूप में प्रसाद जगन्नाथ पुरी में मिलता है। हम लोग उसी को प्रसाद के रूप में ग्रहण करते हैं। प्रसाद कहीं भी व्यर्थ नहीं होता। प्रसाद का वितरण होता है, उसे ग्रहण करना चाहिए, उसे जूठा नहीं मानना चाहिए।

प्रभु राम की आगे की यात्रा में सहयोगी बनते हैं वानर और रीछ। वानर माने बन्दर नहीं, वानर माने उस प्रकार के लोग जो ऊँचे शिखर पर रहते हैं। ऊँचे पेड़–पौधों पर रहते हैं और वे सब मनुष्य की भाषा बोलते हैं। मनुष्य की एक प्रजाति रीछ, जो गुफा में रहते हैं, जो कन्दरा में रहते हैं, वह रीछ जो अपनी सुरक्षा के लिए बड़े–बड़े बाल धारण करते हैं। यहाँ भी प्रभु श्रीराम इन सब से संवाद कर लेते हैं। पेड़ पर रहने वाले जो मनुष्य हैं, एक विशेष आवरण बनाते हैं शाखा मृग का। इन लोगों से संवाद करते हैं प्रभु। जो वास्तविक बन्दर हैं उनसे भी संवाद करते हैं। जो उस प्रकार के नर हैं उनसे भी बात करते हैं। रीछ प्रजाति से भी संवाद करते हैं। रीछ मनुष्य से भी संवाद करते हैं। यह राम हैं जो सभी से उनकी भाषा में संवाद करते हैं। संवाद और संचार की ऐसी भाषा राम के कारण, राम के समय उपलब्ध है।

'किष्किन्धाकाण्ड' में भगवान राम का हनुमान से मिलन होता है। शबरी ने बताया था कि जब आप आगे जायेंगे तो ऋष्यमूक पर्वत आयेगा और वहाँ आपकी मुलाकात हनुमान से होगी–

आगे चले बहुरि रघुराया। रिष्यमूक पर्बत निअराया।।
तहँ रह सचिव सहित सुग्रीवा। आवत देखि अतुल बल सींवा।।

इसका आशय इस प्रकार से है कि सुग्रीव, हनुमान और जामवन्त, वानर और रीछ जाति के लोग हैं। इनको भी भगवान राम ने किस तरह से सम्मान दिया। जब वे ऋष्यमूक पर्वत के निकट पहुँचे तो भयग्रस्त सुग्रीव ने हनुमान जी को दूत बनाकर भेजा कि पता करो कि धनुष–बाण लेकर जो दो लोग तपस्वी भेष में आ रहे हैं वह किस प्रकार के लोग हैं, कौन लोग हैं, क्या आशय है उनका, यह पता कर लेना बहुत ज़रूरी है क्योंकि ऋष्यमूक पर्वत पर सुग्रीव सुरक्षित थे। उन्हें लगा कि इस क्षेत्र में आने वाला व्यक्ति कोई साधारण व्यक्ति नहीं होगा। तब हनुमान जी उन लोगों के पास साधु वेश में पहुँचे और पूछने लगे कि आप लोग कौन हैं? भगवान राम ने अपना साधारण परिचय दिया। राम अपना सहज परिचय ही देते हैं।

भगवान राम के विशेष परिचय को तो जो हनुमान जी की तरह साधक, सिद्ध, सुजान और शुद्ध हो, वही पहचान पायेगा। उन्होंने अपने विषय में बताते हुए कहा कि–

कोसलेस दसरथ के जाये। हम पितु बचन मानि बन आये।।

हम तो कौशलेश दशरथ के पुत्र हैं। राम–लक्ष्मण नाम है हमारा। पिता का आदेश मानकर हम वन में आये। वन क्षेत्र में भ्रमण करते समय–

इहाँ हरी निसिचर बैदेही। बिप्र फिरहिं हम खोजत तेही।

यहाँ राक्षसों ने देवी जानकी का हरण कर लिया है। हे विप्रदेव, हम उन्हीं को खोज रहे हैं। दूसरा यहाँ *इहाँ हरी निसिचर वैदेही* का एक और तात्पर्य है कि यहाँ हरि भी हैं, निशाचर भी हैं और वैदेही भी हैं। यह भी संकेत देना चाहते हैं कि राम से पृथक कभी वैदेही हो ही नहीं सकतीं। निशाचर और कुमार्गी समाज में देखे ही जाते हैं। मूल भाव यही है कि यहाँ निशाचर लोगों ने और निशाचरों में जो शीर्षस्थ निशाचर है–रावण, उसने सीता जी का हरण कर लिया है। उन्हीं की तलाश में हम लोग भटक रहे हैं। लेकिन हे विप्रदेव, अब आप अपना परिचय बतायें। इतना कहकर प्रभु राम ने अपनी माया खींच ली। माया के प्रभाव में शिव के अंश हनुमान, जिनका धरती पर इसीलिए आना हुआ था कि राम के कार्य में सम्मिलित हों, मायापति श्रीराम को पहचान नहीं सके थे। जैसे ही भगवान राम की माया हटी हनुमान जी ने भगवान राम को पहचान लिया। उनके पैर पकड़ लिए। जैसे ही पैर पर गिरे भगवान राम ने उठाकर उनको गले लगा लिया और कहा–

सुनु कपि जियँ मानसि जनि ऊना। तैं मम प्रिय लछिमन ते दूना।।

हे हनुमान जी, आप मुझे लक्ष्मण से भी ज़्यादा प्रिय हैं। यह भाव केवल भगवान राम ही रख सकते हैं। अरण्य क्षेत्र में निवास करने वाले लोगों को अपने सहोदर से भी बढ़कर स्थान देना, सम्मान देना यह प्रभु श्रीराम की प्रवृत्ति है। यह भगवान राम का स्वभाव है। इस तरह उन्होंने हनुमान को महत्त्व दिया और बाद में फिर लक्ष्मण जी ने हनुमान जी से बहुत सारी परिचर्चा की। हनुमान जी ने कहा कि आप लोग मेरे कन्धे पर बैठ जाइए। भगवान राम कहाँ–कहाँ बैठ सकते हैं, भगवान राम कहाँ–कहाँ निवास कर सकते हैं यह सब मानस में अंकित है। भक्तों का निर्मल और

शुद्ध ह्रदय उनका निवास स्थान है। वह स्थान जिसे शिवजी प्रेमपूर्वक देखते हैं, वह भी राम के बैठने का स्थान है। हनुमान जी उसी भाव में हैं निरन्तर निर्मल ह्रदय और जिस पर हमेशा भगवान शिव की दृष्टि है जो शिव के अंश हैं तो उनके कन्धे पर राम जी बैठते हैं और ऋष्यमूक पर्वत पहुँचते हैं, जहाँ सुग्रीव थे। यह प्रसंग इसलिए कि वहाँ जाकर हनुमान जी ने दोनों की कथा एक–दूसरे को बतायी–

तब हनुमंत उभय दिसि की सब कथा सुनाइ।
पावक साखी देइ करि जोरी प्रीति दृढ़ाइ।।

हनुमान जी ने दोनों को एक–दूसरे के बारे में बताया और अग्नि का साक्षी मानकर मैत्री भाव में उन्हें बँधवाया। भगवान राम ने सुग्रीव को मित्र मान लिया। इस तरह से भगवान राम अपनी पूरी अरण्य यात्रा में जो वनवासी और गिरिवासी हैं, उनका महत्त्व वर्धन करते हैं, उनका सम्मान करते हैं, इनका सहयोग लेते हैं। पुण्य कार्य में किसी का भी सहयोग अवश्य लिया जाना चाहिए। सहयोग करने वाला हमेशा बड़ा होता है और जिसकी सहयोग वृत्ति है वही आपके साथ खड़ा होता है, आपके पास खड़ा होता है।

इसी क्रम में भगवान राम फिर आगे पहुँचे। सागर वन्दन किया। लक्ष्य पूर्ति हेतु शिव का ध्यान करते हुए रामेश्वरम् की स्थापना की। लंका में प्रवेश किया तथा असुरों का निर्मूलन कर माँ जानकी को साथ लेकर अयोध्या आगमन किया। रामकथा आगे चलती रहती है, चलती रहेगी। हमें प्रभु राम के उन कार्यों का ध्यान रखना है, स्मरण करना है, श्रवण करना है, वाचन करना है जिसमें आदिवासी समुदाय के लोगों को अतिशय सम्मान भगवान राम ने प्रदान किया। उनकी पहचान को महत्त्व दिया। उनके और उनके स्थान को महत्त्व दिया। इस समुदाय के पास अथाह ज्ञान है, देशज ज्ञान, प्राकृतिक ज्ञान, वन औषधियों का ज्ञान यहाँ तक कि धरा पर हाथ फेर कर उसके स्पन्दन को समझने का ज्ञान भी उनके पास है। यह ज्ञान उनके पास इसलिए है कि उन्हें भगवान राम का सान्निध्य मिला, माँ जानकी का सान्निध्य मिला, लक्ष्मण जी का सान्निध्य मिला। इस प्रकार से अपने सान्निध्य से हर क्षेत्र को पवित्र करने वाले, पवित्रता में अभिवृद्धि करने वाले भगवान राम हम सबके ऊपर निरन्तर कृपा करें। और अन्त में–

सीयराममय सब जग जानी,
करहु प्रणाम जोरी जुग पानी।।

केवट का मर्म बोध

राम की वनयात्रा का एक महत्त्वपूर्ण पड़ाव है केवट से मिलकर गंगा पार कराने का आग्रह करना। एक ऐसा व्यक्ति जो संसार का तारणहार है, माँ गंगा को पार करने के लिए वह केवट की मनुहार करता है। वह केवट भी साधारण व्यक्ति नहीं है। जो राम किसी की शर्त में नहीं बँधते हैं, वे केवट की शर्तें मान लेते हैं। क्या ताक़त है उस केवट की, क्या पहुँच है उस केवट की, कितना ज्ञान है उस केवट के पास। जिस राम के बारे में नारद, सुकदेव, व्यास, वाल्मीकि जैसे महाज्ञानी, सप्तऋषि मण्डल, भरद्वाज सुतीक्ष्ण और अगस्त्य जैसे मुनिश्रेष्ठ भी पूरा नहीं जान पाये। उन राम से केवट कहता है, *माँगी नाव न केवट आना, कहहिं तुम्हार मरम मैं जाना।* मर्म तो वही जानता है जिसकी आत्मा किसी भ्रम का शिकार न हो। जो किसी भ्रम में न हो।

राम की कथा यात्रा में लोग कई बार भ्रमीभूत हुए हैं और भ्रम में आये हैं। इसके प्रसंग बहुत रोचक हैं। भगवान राम श्रीसीता जी से कभी अलग नहीं हो सकते। उनकी मायारूपी सीता थोड़ी अलग हैं। वन यात्रा में नारद जी उनके समीप गये। उन्हें लगा था कि उनके कारण ही भगवान राम दुखी हैं जब वह उनसे वार्ता करने लगे तो भगवान राम तो परम प्रसन्न हैं, जानकी जी तो उनके साथ ही रहती हैं। नारद जी ने कहा कि प्रभु मेरी एक विनती स्वीकार कर लीजिए। मैंने श्राप तो दिया था, लेकिन मेरी यह विनती स्वीकार कर लीजिए कि आपके नाम 'राम' जैसा मन्त्र कोई दूसरा न हो। इसका महत्त्व स्थायी होता है। यह नारद की विनती और प्रार्थना का सुफल है कि रामनाम से ही हम पूरा भवसागर पार कर सकते हैं। 'भ्रमित हुए नारद, भ्रम में आये काकभुशुंडि' राम अवतार के समय काकभुशुंडि अयोध्या में यह देखने के लिए आये कि बालरूप में दिखने वाले प्रभु राम कैसे हैं। वह उनके हाथ की रोटी खाने के लिए बार–बार दौड़ते,

रोटी लेकर खाते भी। एक बार रोटी लेकर जब काकभुशुंडि जी वहाँ से उड़ चले तो भगवान राम रोने लगे। उनके रोते ही काकभुशुंडि जी जैसा ज्ञानी जो खगेश, गरुड़ को पढ़ाते हैं, भ्रमित हो गये। सोचा, अगर यह भगवान राम होते तो रोटी के लिए नहीं रोते। रोटी के लिए भला भगवान राम क्यों रोयेंगे? रोटी के लिए तो सामान्य मनुष्य प्रयास करता है और प्राप्त नहीं होने पर अधीर होता है और कभी–कभी रुदन भी करता है। जैसे ही उनके मन में यह भाव आया तो उड़ चले कि लगता है कि अभी प्रभु राम नहीं आये हैं। जैसे ही वह उड़े तो पीछे से बालक भगवान राम का हाथ उनके पीछे बढ़ने लगा जब पीछे मुड़कर काकभुशुंडि जी देखते हैं, तो हाथ पीछे–पीछे। पूरे त्रिलोक का भ्रमण कर लिया काकभुशुंडि जी ने और थक कर उनके पैरों पर गिर गये। भ्रम तो काकभुशुंडि को भी हुआ। भ्रम तो गरुड़ को भी होता है। जब लंका में श्रीराम जी नागपाश में बँध गये तो हनुमान जी ने गरुड़ को बुलाया। नागपाश काटने के बाद गरुड़ जो प्रभु राम के परम भक्त हैं और स्वयं भी प्रभुपद प्राप्त हैं, को शंका हो गयी। यह प्रभु हैं तो नागपाश काटने के लिए मुझे क्यों आना पड़ा। भ्रम माँ सती को भी हुआ जब भगवान राम नरलीला कर रहे थे। जब सीता का वियोग दिखलाते हुए चल रहे थे तो शिव ने उनका स्मरण किया, स्तवन किया, प्रणाम किया, वन्दन किया। माँ सती ने पूछा कि आप किसका ध्यान कर रहे हैं, किसका नमन कर रहे हैं। शिव जी ने कहा, मेरे आराध्य हैं जिनका नमन कर रहा हूँ, तो माँ सती को भी भ्रम हो गया था। वह पता करने चली गयीं कि यही वह राम हैं जिनका नमन हमारे प्रभु करते हैं। वहाँ जाकर उन्होंने माँ सीता का वेश बना लिया और जब राम जी के सामने गयीं तो देख रही हैं कि राम, लखन, सीता चारों तरफ़ दिखलाई दे रहे हैं। फिर भगवान राम ने जब माया हटायी तब उनका भ्रम टूटा। माँ सती ने उनकी वन्दना की और भगवान शिव के पास लौटीं। इन सभी को भ्रम हो जाता है।

केवट जैसे व्यक्ति को भ्रम ही नहीं हुआ। वह घोषणा करता है कि तुम्हारा मर्म मैं जानता हूँ। वह राम का मर्म जानता है। राम का मर्म वही जानता है जो केवट की तरह है। जो निष्कलुष होता है, निष्पाप होता है, निष्काम होता है और निस्पृह होता है। इसलिए वह राम का मर्म जानता है। जिसके पास इस प्रकार के सद्‌गुण होंगे वही राम को जान पायेगा। अन्यथा वह जान पायेगा राम को जिसे स्वयं भगवान राम बता देंगे,

कि राम कौन हैं और जो राम को जान जाता है वह तो राम ही हो जाता है। केवट कितना महान व्यक्तित्व है। वह क्या है? यह समझना बड़ा मुश्किल है। केवट ने कहा कि पार तो आप तभी जायेंगे जब हम आपके पग पखार लेंगे। जो राम किसी की शर्त नहीं मानते, वह उसकी शर्त में बँध जाते हैं। *सुन केवट के बैन प्रेम लपेटे अटपटे बोले करूणाअयन चितइ जानकी लखन तन।।* जब केवट ने प्रेम पूर्वक अटपटे वचन, अटपटे ही तो, राम से कहे कि मैं आपका मर्म जानता हूँ। केवट जैसा एक साधारण मनुष्य कहे राम से कि आपका मर्म मैं जानता हूँ, आपका गूढ़ार्थ जानता हूँ, आपका तत्त्वार्थ जानता हूँ, आपका यथार्थ जानता हूँ, आपका निहितार्थ जानता हूँ, यही तो मर्म जानना होता है। केवट राम से ऐसा कह सकता है। भगवान राम केवट को जानते हैं इसलिए माँ सीता और लक्ष्मण जी की तरफ़ देखकर मुस्कराने लगते हैं और उसकी शर्तों में बँध जाते हैं। अपना पैर धुलवाये।

केवट क्या केवल पैर धोता है। यह विचारणीय है। केवट कितना बड़ा है और उसके आराध्य राम कितने बड़े हैं यह अनुमान में नहीं आ सकता। ज्ञान, ध्यान, अनुमान सब वहाँ जाकर थक जाते हैं। राम का चरण धोना अर्थात् उस स्थान को धोना जहाँ से पतित पावनी गंगा निकलती हैं, जो सबको पवित्र करती हैं। एक ही साथ कितने काम कर दिये उसने प्रभु राम के पैर धोकर। यह सौभाग्य जो माँ जानकी के अतिरिक्त शायद ही किसी को प्राप्त हुआ हो। दूसरा कि उसने माँ गंगा को अपनी कठौती में भर लिया। गंगोत्री से लेकर गंगासागर तक जितनी गंगा जी प्रवाहित हैं, वह एक कठौती में तो नहीं आ सकतीं, लेकिन राम के पैर धोते ही वह एक कठौती में सिमट गयीं। गंगोत्री भी वहीं, गंगासागर भी वहीं, पूरी गंगा नदी भी वहीं, यह केवट की सिद्धि और भक्ति है *पग पखार पय पान करहि आप सहित परिवार।* यह जो केवट का 'आप' है, वो क्या है। जो लक्ष्मण जी के ताप से नहीं डरता, जो किसी भी प्रकार के ताप से नहीं डरता, जो किसी भी प्रकार के सन्ताप में नहीं आता, वह है केवट का आप। ऐसे केवट से भगवान राम पैर प्रक्षालन करवाते हैं। जो संसार के खेवनहार हैं, जो संसार रूपी नैया की पतवार हैं, उनको नदी पार कराता है केवट। केवट साधारण व्यक्ति नहीं है। इसलिए वह भी नित्य नमन करने योग्य है। वह महानतम व्यक्ति है। साधक, सिद्ध, सुजान, सन्त की कोटि से बहुत ऊपर के हैं 'मानस' के केवट। यह भगवान राम का प्रभुत्व है,

यह भगवान राम का ममत्व है जिसके अन्तर्गत उन्होंने केवट को विशेष स्थान दिया। यह राम की जीवन यात्रा का महत्त्वपूर्ण पड़ाव है। ऐसे अनेक पड़ावों पर प्रभु राम जानकी जी एवं लक्ष्मण जी सहित विचरण करते हैं, असुरों का संहार करते हैं।

लेकिन राम घट–घट व्यापी हैं। राम अविनाशी हैं। राम हमारी चेतना के मूल में हैं। राम के द्वारा ही पूरा ब्रह्माण्ड सृजित और संचालित है। कितने रामलोक हैं, कितने राम के काव्य हैं, हम इनकी गणना नहीं कर सकते। हम तो बस राम की कृपा के अभिलाषी हो सकते हैं। राम की प्रार्थना कर सकते हैं और इस प्रार्थना के साथ उन सद्ग्रन्थों का नमन कर सकते हैं, जिनसे हमें ज्ञान और विवेक मिलता है। कहा जाता है कि *बड़े भाग्य मानुष तन पावा सुर दुर्लभ सद्ग्रन्थहि गावा।* तुलसीकृत 'रामचरितमानस' ऐसा ही सद्ग्रन्थ है। इसका गायन बहुत सौभाग्य से मिलता है। इसमें जिन प्रभु राम का चित्रण है, जिनके बारे में लिखा गया है, उन्हीं के माध्यम से चारों पदार्थ मिलते हैं। धर्म, अर्थ, काम, मोक्ष, इन सभी पदार्थों के नियामक हैं राम। राम के कारण ही पंचतत्त्व हमें काया प्रदान कर देते हैं। उनके भी नियामक हैं राम। वह रिद्धि–सिद्धि, समृद्धि, सबके कारण हैं, पुंज हैं। राम इसीलिए करुणानिधान हैं और सद्गुणों की खान हैं। ऐसे राम में हमारी निरन्तर आस्था होनी चाहिए। रामचरितमानस में अपनी भावाभिव्यक्ति की पूर्णता के समय तुलसीदास जी ने बहुत अच्छी बात कही है कि हमारी आस्था भगवान राम में किस प्रकार से हो। उस आस्था के अभिव्यक्तिकरण में तुलसीदास जी ने लौकिक मान्यताओं और पारलौकिक मान्यताओं दोनों को समेट लिया है। क्या कहा, देखिए–

कामहि नारी पियारि जिमि, लोभिहि जिम प्रिय दाम।
तिमि रघुनाथ निरन्तर, प्रिय लागहु मोहि राम।।

हे प्रभु, आप मुझे उसी तरह प्रिय लगिए जिस तरह एक कामी व्यक्ति को कामिनी, लोभी व्यक्ति को वैभव, उपभोग, दाम प्रिय है। उसी तरह हे रघुनाथ जी, हे श्रीराम जी, आप मुझे प्रिय लगें। राम का प्रिय लगना बड़ा गूढ़ भाव है। हम राम के प्रिय हों तुलसी इसकी वन्दना करते हैं। तुलसीदास जी कहते हैं, हे प्रभु, आप मुझे प्रिय लगिए अर्थात् हमारी जितनी इन्द्रियाँ हैं वह आप में केन्द्रित हों। संसार में जितने सद्गुण केन्द्रित हैं वह सब हमें प्रिय लगें। प्रिय लगना अर्थात् आपका प्रिय हो जाना। यह इसका लौकिक सन्दर्भ है।

कामिहि नारि पिआरि जिमि का एक अलौकिक सन्दर्भ भी है। तुलसीदास जी जब कोई दृष्टान्त देते हैं, तो वह भी विचारणीय हो जाता है। *कामिहि नारि पिआरि जिमि* का आशय गूढ़ है कामी माने कामना करने वाला, नारी माने न अरि (शत्रु)। कामना करने वाले के लिए जिस तरह कोई अरि न हो। न अरि की कामना करे। अरि क्या–क्या हैं– काम, क्रोध, मद, लोभ, यह चार हमारे शत्रु हैं। जो इनसे मुक्त हैं वह सिर्फ़ श्रीराम हैं। तो कामना करें तो श्रीराम की करें, जो अरि नहीं हैं। भगवान राम कभी अरि हो ही नहीं सकते। *लोभिहि जिमि प्रिय दाम* भी गूढ़ है। लोभी माने लालसा करने वाला। लालसा करने वाले के लिए क्या प्रिय है। धन, वैभव, दाम नहीं। दाम का अर्थ है विभूति। भगवान राम परम विभूति हैं तो लालसा करने वाले के लिए प्रियकर हैं, परम विभूति प्रियकर हैं, प्रभु राम। कामना करने वाले के लिए जिस तरह न अरि अर्थात् जो सदा हमारे मित्र हैं, सदा हमारे साथ हैं, सदा हमारे पास हैं, सदा हमारे खास हैं, सदा हमारे विश्वास हैं, उसी तरह परम विभूति श्रीराम की लालसा हमारे अन्दर हो। उसी तरह से हे रघुनाथ जी, हे श्रीराम जी, मैं आपका प्रिय हो जाऊँ और आप मेरे प्रिय हो जाओ। यह अन्योन्याश्रित सन्बन्ध है। *उठा बगूला प्रेम का तिनका उड़ा आकाश। तिनका तिनके से मिला तिनका तिन के पास।।* हे प्रभु, आप मुझे अपनी कृपादृष्टि में, प्रेम दृष्टि में स्थान दें और हमेशा प्रियकर लगें। आपसे इतर, आपसे अलग मैं न कुछ सोच सकूँ, न मैं कुछ देख सकूँ। कबीर बहुत अच्छी बात कहते हैं *नैना अन्दर आव तू, नैन ढापि तोहि लेहुँ, ना मैं देखूँ और को, ना तोहिं देखन देहुँ* यह राम हैं। एक बार अगर वह आ गये हमारे ध्यान में तो दूसरा कुछ देखना ही नहीं है। इसलिए उनको ध्यान में लाना है। संसार सागर को वही पार कराने वाले हैं। संसार के जितने सागर हैं, सब रामसागर में विलीन होते हैं। ठीक उसी तरह जितने राम काज हैं वह राम राज में विलीन होते हैं और एक दिव्य और भव्य व्यवस्था स्थापित होती है। जहाँ न कोई कलह होता है, न कोई क्लेश होता है, न ईर्ष्या होती है और न द्वेष होता है। इस व्यवस्था का हम ध्यान करें और राम जी की कृपा से हर देश की व्यवस्था रामराज्य की व्यवस्था बन जाये। इसकी हम कामना करें, प्रार्थना करें और उन सद्ग्रन्थों का ध्यान करें जिसनें प्रभु राम का वर्णन है, विवरण है, चित्रण है।

भरतहिं होय न राजमद

मानस में राम और भरत मिलन की अत्यन्त भावपूर्ण अभिव्यक्ति है। अयोध्याकाण्ड में ही प्रभु राम जंगल के लिए प्रस्थान कर गये। चित्रकूट में भरत और राम का मिलन हुआ। अपनी चित्रकूट तक की यात्रा में भगवान राम ने गंगा पार की, गंगा पार आकर भरद्वाज जी से मिले फिर जमुना पार करके चित्रकूट गये। ध्यातव्य है कि रास्ते में उन्होंने धरा की वन्दना की। वैसे तो पूरी धरा उन्हीं की है, पूरा विश्व ब्रह्मण्ड उन्हीं का है। जगत् के कल्याण हेतु एक लीला करते हुए वे यहाँ तक आये थे। जैसे ही उन्होंने जमुना जी को पार किया तो धरा को नमन किया और विनती की। प्रभु राम ने धरा से कहा कि आपसे विनती है कि इधर से जब भरत आयें तो आप कोमल हो जाना क्योंकि यह जो धरा के कण हैं अगर भरत को चुभ गये तो वह अपने को नियन्त्रित नहीं रख पायेगा। धरा कोमल हो गयी। राम के चरण जहाँ पड़ते हैं धरा पवित्र हो जाती है, कोमल हो जाती है। इस तरह राम धरा को सन्देश व संकेत देकर चित्रकूट पहुँचे जहाँ उन्होंने विश्राम किया। भरत कहते किसे हैं? जब नामकरण समारोह हो रहा था तो वशिष्ठ जी ने कहा—

जगत् भरण पोषण कर जोई। ताकर नाम भरत जस होई।।

जो इस संसार का भरण और पोषण करने का सामर्थ्य रखता है और करता है, वही भरत है। अर्थात् भरत राम की तरह ही हैं। यही उनका स्वरूप है और उनके बारे में स्वयं भगवान राम ने चित्रकूट में बताया। ऐसे भरत जब ननिहाल से अयोध्या आते हैं तो पुत्र का जो दायित्व है उसे पूरा करते हैं। उन्हें राजगद्दी को लेकर जो कहना है उन्होंने कैकेयी से कहा, फिर भगवान राम से विनय के लिए चले ताकि उन्हें वापस लायें। वह उसी पथ से आये जिस पथ से भगवान राम गये थे। रास्ते में निषाद और केवट मिले। भरद्वाज आश्रम से होते हुए जमुना पार करके चित्रकूट पहुँचे।

प्रयाग में गंगा–जमुना–सरस्वती का उन्होंने वन्दन किया। एक विशेष प्रसंग प्रयाग का है जिस पर एक क्षेपक कथा आती है। ऐसी कथा भी आती है कि भरत जी ने संगम पर स्नान नहीं किया। इसके पीछे यह मान्यता रही कि यहाँ माँ सरस्वती भी हैं। भरत जी को सब पता है कि माँ सरस्वती किसके निर्देश का पालन करती हैं। स्नान इसलिए नहीं किया कि वो सरस्वती जी से थोड़ा असन्तुष्ट थे। यहाँ उन्होंने कहा कि माँ आप ने चाहा होता तो न मन्थरा की मति ख़राब होती और न माँ कैकेयी की आपने ऐसा नहीं चाहा इसलिए मैं आपके जल में स्नान नहीं करने वाला हूँ। एक असन्तोष था उनके हृदय में जिसकी अभिव्यक्ति उन्होंने की। लेकिन वन्दना की गंगा–यमुना–सरस्वती सबकी। वह सब किया जो–जो राम जी ने किया था। जैसे ही भरद्वाज आश्रम से आगे बढ़कर जमुना जी के पार गये तो पहला काम भरत जी ने किया कि तट के बालू को उठाकर अपनी आँख में डाला की बालू कठोर है या नहीं। आगे जाकर कई जगह उन्होंने मिट्टी के कण भी उठाये और आँख में डाले। हाथ से नहीं मसला। आँख में जाकर जैसे काजल कोमल हो जाता है उसी तरह वे रजकण भी भरत की आँखों में जाकर कोमलता से ज़्यादा कोमल हो गये। भरत जी ने मान लिया कि प्रभु राम जिस पथ से गये हैं वह कंटकाकीर्ण नहीं रहा होगा।

जब भरत जी चित्रकूट के निकट पहुँच गये तो उस समय की विवशता एवं अधीरता को शब्दबद्ध नहीं किया जा सकता है। कैसे भरत सबको लेकर आ रहे हैं। एक स्थान पर सबको विश्राम दिया। प्रभु राम से मिलने के लिए अकेले चल पड़े भरत और शत्रुघ्न। निषाद तो विदेह हो गया। विदेह का उल्लेख दो जगह 'मानस' में हुआ है एक तो जनक जी के लिए कि देह धारण करते हुए भी वो विदेह थे, बिना देह के थे अथवा विशिष्ट देहधारी थे अथवा देह होते हुए भी इस देह के बन्धन में नहीं थे। ऐसी देह को विदेह कहा जाता है। विदेह उसे कहा जाता है जो ज्ञाता, ज्ञान और ज्ञेय की त्रयी के ऊपर हो। जनक जी ऐसे ही थे। दूसरी बार इस शब्द का प्रयोग तुलसीदास जी ने निषाद के लिए चित्रकूट में किया। भरत की दशा देखकर निषाद तो विदेह हो गया। विदेह होना मतलब तन की सुध–बुध खो देना। ऐसे थे भरत, भगवान राम के अनुरक्त भक्त। भरत की भक्ति अनुरक्ति का प्रतिमान है।

भरत जी जब चित्रकूट पहुँचे तो लक्ष्मण जी बाहर सुरक्षा में तत्पर थे। भगवान राम की सुरक्षा में, जो जगत् को सुरक्षा देते हैं उनकी सुरक्षा के लिए लक्ष्मण जी खड़े थे। उन्हें पता चला कि इतने सैन्य बल के साथ भरत आ रहे हैं, तो उन्होंने अपना मन्तव्य बताना शुरू किया। यद्यपि सेवक को बहुत नहीं बोलना चाहिए लेकिन स्थिति ऐसी थी उन्हें लगा कि भरत राजगद्दी पा गये हैं और हम लोग जंगल में हैं तो उनके मन में यह भाव आ गया होगा कि यही समय है कि अपनी सारी बाधाएँ दूर कर दें। हो सकता है राम भविष्य में बाधा बनें, इसलिए उस बाधा से मुक्त होने का उपाय लेकर, वो सैन्य बल के साथ आ रहे हैं। प्रभु श्रीराम से लक्ष्मण बोले–मैं आपसे कुछ कहना चाहता हूँ। मैं आपका संकल्प लेकर कहता हूँ कि उनका यह मनोरथ पूरा नहीं होगा क्योंकि नीति ऐसा कहती है। लक्ष्मण के वक्तव्य के साथ तीन प्रकार की चीज़ है–नीति, रीति और प्रीति। लक्ष्मण ने नीति की बात कही कि नीति यह कहती है कि बैरी को और ऋण को कभी छोड़ना नहीं चाहिए। अर्थात् किसी को अपने ऊपर ऋण लेकर नहीं जाना चाहिए, ऋण से हमेशा मुक्त होना चाहिए और बैरी से भी। इन दोनों को कभी मुक्त नहीं करना चाहिए, इनसे मुक्त हो लेना चाहिए। नीति कहती है कि यही सोच कर भरत जी आ रहे हैं। आज मैं आपका संकल्प लेता हूँ, सौगन्ध खाता हूँ कि स्वयं भगवान शिव भी उनके साथ आयें तो भी मैं इन लोगों को छोड़ने वाला नहीं हूँ ऐसी नीति है। उसी समय आकाशवाणी हुई जिसने रीति का उल्लेख किया। लक्ष्मण जी हर तरह से सामर्थ्यवान हैं लेकिन रीति यह कहती है कि कुछ भी करने से पहले विचार कर लेना चाहिए। बिना विचारे किया गया कार्य पश्चात्ताप का कारण बनता है। अतः इस पर पूरा विचार करके ही लक्ष्मण जी अपनी बात को आगे बढ़ाया, यही रीति है। फिर भगवान राम ने प्रीति की बात लक्ष्मण से कही और लक्ष्मण से भरत के बारे में बताया कि भरत क्या हैं? उन्होंने कहा, लक्ष्मण–

भरतहिं होय न राजमद, विधि हरि हर पद पाइ।
कबहुँ कि काँजी सीकरनि, क्षीर सिन्धु विनसाइ।।

हे लक्ष्मण, तुम्हारा सोच, तुम्हारा चिन्तन अपने स्तर पर ठीक है लेकिन भरत क्या हैं इसे भी जानो। तुमने बताया कि नीति यह कहती है कि जब व्यक्ति राजमद में चूर होता है तो अपने रास्ते में आने वाली बाधाओं को दूर करता है। निश्चय ही राजमद सबसे कठिन मद है

लेकिन किसके लिए जो इस धरा का राजा हो, इस धरा के राज्यों का राजा हो। यह सब भरत के लिए नहीं है क्योंकि भरत को राजमद हो ही नहीं सकता। ब्रह्मा, विष्णु, महेश तीनों के पद भी अगर भरत को मिल जायें तो भी उन्हें राजमद नहीं होगा। जैसे कि एक घड़े भर खट्टे पानी से क्षीरसागर (दूध का सागर) में दूध और पानी विलग नहीं हो सकते वह सागर फट नहीं सकता। इतनी ताक़त घड़े के खट्टे जल में नहीं है। उसी तरह से जो राजमद है वह भरत के लिए बूँद से भी छोटा है। वह भरत के स्वरूप को, भरत के सागर रूपी नीति नैपुण्य को, त्याग को, अनुराग को कभी ख़त्म कर ही नहीं सकता। उनका पद ब्रह्मा, विष्णु, महेश सभी से ऊपर है। ऐसे हैं भरत। इसका हम सभी को निरन्तर ध्यान करना चाहिए। जब भरत राम के निकट पहुँच रहे थे तो आश्रम में प्रवेश के पहले ही धरा पर लेट गये। तब लक्ष्मण को लगा कि रीति सही है, प्रीति सही है पर नीति–बोध सदा सही नहीं होता। फिर उन्होंने राम को बताया कि भरत जी लेटे हुए हैं। लक्ष्मण की बात सुनते ही राम जी इस तरह से उठकर भरत की तरफ़ दौड़े कि उनको इसका भी ध्यान नहीं रहा कि उनके हाथ में रहने वाली शोभा कन्धे पर रहने वाली शोभा क्या है। उनकी दशा भरत की ही दशा हो गयी। मानो राम और भरत एक ही हो गये। दोनों प्रबल प्रेम के प्रवाह की भाँति मिले जिसमें मन, बुद्धि, चित्त और अहंकार को भूलकर मिला जाता है। मन, बुद्धि, चित्त और अहंकार को केवल परमात्मा ही भूल सकते थे, मनुष्य के वश में ऐसा कर पाना नहीं है। तुलसीदास जी इस माध्यम से इस बात का वर्णन करते हैं कि भरत वही हैं जो राम हैं। राम–भरत का इस तरह से मिलन हुआ।

राम–भरत के मिलन में मन गतिशून्य हो गया। मन का स्वभाव है–संकल्प, विकल्प और चांचल्य। इन तीनों से मन मुक्त हो गया और स्वयं वहाँ स्थिर हो गया। ऐसी प्रीति का प्रदर्शन भरत और राम के मिलन में हुआ और इस प्रीति की गहराई, ऊँचाई और व्यापकता का वर्णन स्वयं ब्रह्मा, विष्णु, महेश भी नहीं कर सकते। वहाँ तक अनुमान भी नहीं पहुँच सकता। इस तरह से दोनों मिले। दोनों के अश्रुधार की और विचार की धारा एक ही थी। सोच की और साधना की धारा एक ही थी। लक्ष्य की धारा भी एक ही थी। इस धरा का कल्याण, मनुष्यता का कल्याण, प्रकृति का कल्याण, परिवेश का कल्याण ये उनका ध्येय था जिसके लिए दोनों ने फिर आगे की यात्रा की। यह मिलन, त्याग और अनुराग की पूर्णता

का मिलन था, आसक्ति और विरक्ति की पूर्णता का मिलन था। एक ऐसा प्रेमालाप जिसमें बन्धुता एक प्रमाण बन जाती है एक आदर्श बन जाती है। एक ऐसा प्रेमालाप जो देखा जा सकता है, अनुभव भी किया जा सकता है पर जिसका वर्णन नहीं किया जा सकता। वहाँ तक किसी की विमल मति नहीं पहुँच सकती। वहाँ तक पहुँच केवल भगवान की कृपा से ही सम्भव है। उत्तर प्रदेश की प्रचलित लोकगायन शैली चैता में गाया जाता है, *भरत चले चित्रकूट हो रामा राम को मनाने* राम जो रमापति हैं उनको मनाने के लिए रामानुज पहुँचे हुए हैं।

अथाह भक्ति के प्रतीक लक्ष्मण

राम का ध्यान होते ही वह सहज भाव उत्पन्न हो जाता है जिसमें आत्मा अपने को आत्म तीर्थ में उपस्थित पाती है। आत्मा का प्रक्षालन होता है। यद्यपि आत्मा सदैव शुद्ध है लेकिन जब रामकथा, राम प्रसंग, रामायण का वर्णन होता है तो यह आत्मा अपने आप को धन्य मानने लगती है। यह धन्यता ही प्रभु से मिलन का परमात्मा तक पहुँचाने का मार्ग बनाती है। यह पूरा संसार ही राममय है।

सीयराममय सब जग जानी। करउँ प्रनाम जोरि जुग पानी।

पूरा संसार, जड़–चेतन सहित पूरी प्रकृति व पूरा ब्रह्माण्ड, पूरी सृष्टि ही राममय है। इसलिए जब भी राम का ध्यान हो राम का स्तवन हो तो हम लोग वस्तुतः एक पुण्य लोक में रहने लगते हैं, पवित्र रूप में हो जाते हैं। दुनिया के जिन देशों में प्रभु राम से सम्बन्धित विवरण, प्रतीक चिन्ह अथवा अवशेष हैं और जिनमें रामत्व विद्यमान है हमें सभी का ध्यान करना है। ऐसे अवशेषों का जो स्तम्भ के रूप में हैं, भित्ति चित्र के रूप में हैं, लोक कथाओं के रूप में हैं, लोक गीतों के रूप में हैं उनका अवगाहन करें। इससे विश्व संस्कृतियों का समेकन होगा। राम ज्ञान की विविध धाराओं का मिलन होगा। हम सब सियाराममय होंगे। इससे पूर्णता प्राप्त होती है, परमानन्द की अनुभूति होती है। रामकथा का हर प्रसंग एक से बढ़कर एक है। कौन ज़्यादा उत्तम है यह कह पाना कठिन है। हर प्रसंग सर्वोत्तम है।

भक्त वह होता है जिसके पास कोई अहंकार वृत्ति नहीं होती है। भक्त वह होता है जो केवल और केवल अपने आराध्य से मिलन चाहता है, उसका सामीप्य चाहता है और उसका अनुग्रह चाहता है। भक्त वह होता है जो निरन्तर आराध्य में अनुरक्त होता है। भक्त वह होता है जो अपने आराध्य के अतिरिक्त न ही कोई भाव समझता, न ही कोई भाव रखता और न ही कोई भाव देखता है। इसलिए उसका चिन्तन सर्वत्र

आराध्य के प्रति होता है, आराध्य के लिए होता है और उसकी चित्तवृत्तियाँ आराध्य में ही निहित होती हैं। भक्तों की पूर्णता के मुक़ाम तक पहुँचने के कई केन्द्र हैं। प्रथम केन्द्र आस्था का केन्द्र है। जिसका हम ध्यान करते हैं उसमें हमारी आस्था होनी चाहिए और यह आस्था अटूट होनी चाहिए, बिना शर्त की होनी चाहिए। इसमें केवल और केवल अपने आराध्य से जुड़ने का भाव ही होना चाहिए। इसे ही आस्था कहते हैं। आस्थावान वह है जो अपने हर कर्म के पीछे अपने आराध्य की प्रेरणा मानता है। अपने सामर्थ्य में केवल और केवल अपने आराध्य की शक्ति मानता है। ऐसा सर्वत्र 'मानस' में दिखलाई देता है। जितने भी भक्त हैं इसी भाव को लेकर चलते हैं। आस्था के साथ आवश्यक है कि भक्तों में अनुरक्ति का भाव हो, भावना हो। यह दूसरा केन्द्र है। भक्तों को आस्था के साथ–ही–साथ अनुरक्त होना चाहिए। आराध्य के प्रति, उसकी शक्तियों के प्रति, उसकी कृपा के प्रति और उसकी करुणा के प्रति। अनुरक्ति में करुणा का विशेष भाव होता है। अनुरक्ति में समर्पण का विशेष भाव होता है। अनुरक्ति में यह भाव निहित होता है कि जिसके प्रति हम अनुरक्त हैं उसकी निरन्तर दृष्टि हमारे ऊपर है। यह अनुरक्ति भाव अपने आराध्य की दृष्टि से निरन्तर आवृत्त होने का भाव है। इसलिए उसके ऊपर कलिमल का दोष चढ़ता ही नहीं। इसलिए उस पर कोई ऐसी बात नहीं आती जिससे वह माया, मोह, लोभ में फँस जाये। अनुरक्ति इन तीनों से दूर करती है। यह भाव सर्वत्र 'मानस' में दिखलाई देता है। इसका तीसरा केन्द्र अनुनय–विनय का होता है। हम जिसमें आस्था रखते हैं, जिसके प्रति अनुरक्त होते हैं हम केवल और केवल उससे अनुनय–विनय ही करते हैं कि आपकी दृष्टि हमारे ऊपर हो, आपकी कृपा हमारे ऊपर हो और आपका स्नेह सदैव हम पर बना रहे। यह अनुनय–विनय हमें उस मुक़ाम तक पहुँचा देती है जहाँ हम 'होकर भी नहीं होने' का भाव रखने लगते हैं। 'नहीं होने' का भाव रखने का आशय यह है कि हम सांसारिक वृत्तियों से ऊपर उठ जाते हैं। हम मान लेते हैं कि हमारी मूल चेतना सिर्फ़ और सिर्फ़ हमारे आराध्य से ही सम्बधित है। यह भक्तों की यात्रा का तीसरा केन्द्र है। इसके बाद का चौथा केन्द्र अपने आराध्य से अनुग्रह की याचना का होता है। इस तरह आस्था, अनुरक्ति, अनुनय–विनय और अनुग्रह भक्ति के चार प्रमुख केन्द्र हैं। हम अपने ईश्वर से, प्रभु से अपने आराध्य से अथवा उनसे जिनसे हम संचालित हैं जिनसे हम सम्बधित हैं अथवा जिनके कारण हम सक्रिय हैं

अथवा जिनके कारण हम जड़–चेतन को समझ पाते हैं अथवा जिनके कारण हम पुरुष प्रकृति के सन्बन्धों का भाष्य करने की स्थिति में होते हैं उनसे हम निरन्तर अनुग्रह की याचना करते हैं कि हे प्रभु! मेरे ऊपर आप अनुग्रह करिए तभी हम आपको जान पायेंगे और आपकी सृष्टि को जान पायेंगे क्योंकि–

सोइ जानइ जेहि देहु जनाई।
जानत तुम्हहि तुम्हइ होइ जाई।।

यह याचना बहुत महत्त्वपूर्ण होती है अनुग्रह की कामना और अनुग्रह की याचना से ही प्रभु का अनुग्रह बरसने लगता है। जब अनुग्रह बरसता है तो अनन्य भाव पैदा होता है। उसमें फिर कोई दुराव नहीं रह जाता, निरन्तर लगाव ही होता है। यह लगाव अद्वैत की स्थिति में ले जाता है। जहाँ आत्मा और परमात्मा का मिलन होता है जैसा कबीरदास जी कहते हैं–

जल में कुम्भ, कुम्भ में जल है, बाहर भीतर पानी।
फूटा कुम्भ जल जलहिं समाना यह तथ कह्यौ गयानी।।"

कुम्भ, जिसके अन्दर आत्मा रूपी जल है, जब टूटता है तो परमात्मा रूपी सागर में विलीन हो जाता है। आत्मा और परमात्मा का मिलन होता है। यही अनन्य भाव है, अद्वैत भाव है। यही भक्तों का पूर्णत्व है। इस तरह हम भक्त बन जाते हैं। भक्त बनने के केन्द्र आसान नहीं हैं, सुगम नहीं हैं लेकिन *अलभ्य* भी नहीं हैं। वहाँ पहुँचा जा सकता है लेकिन वह मार्ग बहुत जटिल है। जब ध्यान, ज्ञान और भक्ति की त्रिवेणी मिलती है तब कोई भक्त पूर्णता को प्राप्त करता है। ऐसा 'मानस' में कई जगह दिखता है, इसका उल्लेख मिलता है। इस सन्दर्भ में लक्ष्मण जी का चरित्र एवं भक्ति भाव अनुपम है, अद्वितीय है। लक्ष्मण जी सदैव प्रभु राम के साथ ही रहते हैं। इनके बारे में भरत जी द्वारा 'मानस' में कही गयी यह सबसे अच्छी पंक्ति है–

अहह धन्य लछिमन बड़भागी।
राम पदारबिन्दु अनुरागी।।

बहुत भाग्यशाली हैं लक्ष्मण। अनेक भक्तों का उल्लेख 'मानस' में हुआ है लेकिन लक्ष्मण जैसा कोई भक्त नहीं है। इसलिए वे श्रेष्ठ हैं और भाग्यशाली हैं कि उन्हें राम के पद का वन्दन करने का निरन्तर सौभाग्य प्राप्त है।'

अहह धन्य लछिमन बड़भागी। राम पदारबिन्दु अनुरागी। राम के कमलवत चरणों में उनका अनुराग भाव निरन्तर बना रहता है। इसलिए 'मानस' के भक्त प्रसंगों की शृंखला में लक्ष्मण जी बहुत महत्त्वपूर्ण हैं। बालकाण्ड में जब वशिष्ठ जी द्वारा इनका नामकरण किया गया तो प्रसंग विशेष है–

लच्छन धाम राम प्रिय सकल जगत् आधार।
गुरु बसिष्ठ तेहि राखा लछिमन नाम उदार।।

अर्थात् जो शुभ लक्षणों के धाम हैं, श्रीराम जी के प्यारे और सारे जगत् के आधार हैं गुरु वशिष्ठ ने ऐसा मानकर उनका नाम लक्ष्मण रखा। सारे जगत् के आधार इसलिए हैं कि क्षीरसागर में भगवान विष्णु जब विश्राम करते हैं तो शेषनाग जी ही उनकी शैया होते हैं। प्रभु राम स्वयं ब्रह्माण्ड हैं वे जिस पर आसन ग्रहण करें, सोये तो ऐसे शेषनाग जी के अवतार तो जगत् के आधार हो ही जायेंगे। लक्ष्मण निरन्तर भगवान राम के साथ ही यात्रा करते हैं। इस यात्रा में कहीं उनका अनुराग, कहीं आक्रोश, कहीं उनका योग भाव, कहीं उनका सन्देश भाव और कहीं उनका प्रभु से भक्त की तरह आराधन और ज्ञान की याचना यह सब लक्ष्मण जी के यात्रा पथ में उनके सहयात्री हैं। कभी–कभी कुछ ऐसे प्रश्न उठते हैं कि वनवास चौदह वर्ष का ही क्यों? एक क्षेपक कथा है कि मेघनाद को यह वरदान था कि मेघनाद का अन्तिम प्रस्थान वही व्यक्ति करा सकेगा जिसने चौदह वर्ष तक विशेष प्रकार की घोर तपस्या की हो–

नींद, नारि, भोजन, परिहरहिं। चौदह बरस तपस्या करहीं।

अर्थात् जिसने नींद का परित्याग कर दिया हो। नारी का परित्याग कर दिया हो। भोजन का परित्याग कर दिया हो और चौदह वर्ष तक निरन्तर तपस्या की हो, ऐसा भक्त ही मेघनाद जो इन्द्रजीत है उसके समापन का कारण बन सकता है। इसीलिए लक्ष्मण जी वनगमन में प्रभु राम के साथ होते हैं। बहुत कुछ कहते चलते हैं, बहुत कुछ करते चलते हैं, बहुत कुछ पूछते चलते हैं और अन्त में एक पड़ाव ऐसा भी आता है जब यह अनन्यता पूर्ण होती है जब वह प्रभु राम की जाँघ पर सोये हुए होते हैं। (लंका में शक्तिबाण लग जाने पर वह प्रभु राम की गोद में अचेतावस्था में हैं) ऐसे लखन जी हैं। 'बालकाण्ड' में लक्ष्मण जी के व्यक्तित्व में बहुत कुछ दिखता है। कभी–कभी जब भक्त ईश्वर का अनन्य हो जाता है, तो ईश्वर भी अपने भक्तों का आश्रय लेता है। सबको आसरा देने वाला भी

आश्रय लेता है। पूरे 'मानस' में एक विशेष पात्र हैं लक्ष्मण जी, जिनके नाम पर प्रभु अपना काम निकाल लेते हैं। पहला प्रसंग पुष्प वाटिका का है। प्रभु राम को जनकपुर देखना है। वहाँ वे लक्ष्मण जी का प्रसंग लाते हैं और विश्वामित्र जी से कहते हैं कि–

लखन हृदयँ लालसा बिसेषी।
जाइ जनकपुर आइअ देखी।।

हे मुनिवर, लखन के मन में विशेष लालसा है। अगर आप कहें तो हम सभी जाकर जनकपुर देख आते। प्रभु राम ने एक प्रतीक ले लिया, लक्ष्मण जी का अवलम्ब ले लिया। भक्त अपने ईश्वर का अवलम्ब भी बनता है। लक्ष्मण जी का यही अवलम्ब भाव जनकपुर के निरीक्षण में दिखलाई देता है फिर पुष्प वाटिका में राम के साथ होने पर और विशेषकर जब यह अनन्य भाव आता है तो एक अद्भुत भरोसा उत्पन्न हो जाता है कि मैं जो चाहूँ कर सकता हूँ क्योंकि हमारे ऊपर तो प्रभु की विशेष कृपा है और जब प्रभु राम की कृपा हो तो लक्ष्मण जैसा भक्त क्या नहीं कर सकता। जगत् जननी माँ सीता के स्वयंवर में विद्यमान सारे राजा जब हार गये तो उस समय विदेह–जो ज्ञान और ज्ञेय की अवस्था के ऊपर हैं; जिन्हें सब कुछ दिखता है, निराश हो गये। वह विदेह निराश हो गये जिन्हें पता है कि सीता क्या हैं? ऐसे में कहने लग गये कि लगता है कि यह धरा वीर विहीन है और समस्त नृपों (राजाओं) से कह उठते हैं कि–

तजहु आस निज निज गृह जाहूँ। लिखा न बिधि बैदेहि बिबाहू।।

यह सुनकर लक्ष्मण जी उस समय आक्रोश में आ जाते हैं कि जहाँ रघुकुल परम्परा के पोषक बैठे हों वहाँ इस प्रकार की बात नहीं की जाती कि धरा वीर विहीन है। अगर प्रभु राम आदेश कर दें तो–

जौं तुम्हारि अनुसासन पावौं।
कंदुक इव ब्रह्माण्ड उठावौं।।

यह कहने के पीछे भी यही भाव था कि यह धनुष साधारण धनुष नहीं है। शिव धनुष है जो ब्रह्माण्ड ही है। अगर भगवान राम की अनुमति मिल जाये तो कन्दुक की तरह इसे उठाया जा सकता है। एक अन्य प्रसंग में भी लखन जी ने आक्रोश व्यक्त किया जब प्रभु राम द्वारा धनुष टूटने के बाद भगवान परशुराम का आगमन होता है और वे अपना क्रोध व्यक्त करते हैं।

उस समय थोड़ा चिढ़ाने का भाव भी लक्ष्मण जी रखते हैं। भक्त को जब अपने ऊपर ज़्यादा भरोसा हो जाता है और कोई प्रतिस्पर्धी उसे सामने दिखता है तो उसकी आलोचना करने में वह विलम्ब नहीं करता। ऐसे में वे बोलते हैं कि आप तो अपने मुख से अपनी ही प्रशंसा कर रहे हैं–

अपने मुँह तुम्ह आपनि करनी। बार अनेक भाँति बहु बरनी।।

परशुराम जी, यहाँ कोई ऐसा नहीं कि आप उँगली दिखायेंगे और वह अचेत हो जायेगा। आप अपने को पहचानिए। इसके बाद श्रीराम जी द्वारा परशुराम को संकेत और सन्देश एवं परशुराम जी का सन्तुष्ट होना। इस तरह लक्ष्मण जी की यात्रा आगे बढ़ती है। 'अयोध्याकाण्ड' में भक्त लक्ष्मण का वह स्वरूप दिखलाई देता है जो विरल है। यहाँ एक ही साथ वे ज्ञान, वैराग्य और भक्ति रस से परिपूर्ण हो जाते हैं। जब भगवान राम श्रीसीता जी और निषाद के साथ आगे बढ़कर रात्रि में धरा पर विश्राम करते हैं तो निषाद को अपार कष्ट होता है। वह अपना कष्ट व्यक्त करता है–

रामचन्द सो पति बैदेही। सोवत महि बिधि बाम न केही।।
सिय रघुबीर कि कानन जोगू। करम प्रधान सत्य कह लोगू।।

ये सीता राम क्या वन जाने योग्य हैं। भाग्य ही प्रबल है, ऐसा लोगों का कहना सत्य है। राम के समान पति होने पर भी धरा पर सोना पड़ा माँ जानकी को, विधाता किसके विपरीत नहीं हो सकता। आगे इसी क्रम में निषाद ने कहा कि माँ कैकेयी ने कैसा कष्ट दे दिया है। जैसे ही माँ कैकेयी का शब्द सुना लक्ष्मण जी ने, तो उन्होंने भक्ति की पराकाष्ठा की अभिव्यक्ति कर दी। जो लक्ष्मण जी जनक की सभा में परशुराम जी के साथ आक्रोश भाव में थे वह यहाँ अमृतवाणी की वर्षा करने लगे। अमृतवाणी किसे कहते हैं? जिसमें ज्ञान, भक्ति, वैराग्य तीनों का समेकन हो तो ऐसी वाणी को अमृतवाणी कहते हैं। उन्होंने निषाद को ज्ञान की बात करके अपनी मृदु वाणी से सन्तुष्ट किया–

बोले लखन मधुर मृदु बानी। ग्यान बिराग भगति रस सानी।।
कोउ न काहु सुख दुख कर दाता। निज कृत कर्म भोग सुन भ्राता।।

सब अपने–अपने कर्मों का भोग करते हैं। कोई किसी को सुख या दुख देने वाला नहीं होता। एक सन्देश देते हैं लक्ष्मण जी कि आप सत्कर्म करिए तो सदैव अच्छा ही होगा। अब प्रश्न यह है कि क्या माँ जानकी और राम को कर्मों के बन्धन में बाँधा जा सकता है? उनके कर्म केवल

उनके कर्म नहीं हैं। वह बहुतों के कर्म के कारण कर्मशील दिखलाई देते हैं। बहुतों के ऐसे कर्म हैं जिसके लिए प्रभु को कभी धरा पर सोना है, कभी नंगे पाँव चलना है और कभी शस्त्र उठा लेना है। यह मनुष्य के लिए आवश्यक है कि वह सोचे कि उसे क्या करना है। प्रभु तो सोते ही नहीं हैं, वह तो हमेशा जाग्रत अवस्था में होते हैं। माया कभी विश्राम की स्थिति में नहीं होती, सदा सक्रिय होती है। इस तरह निषाद को सन्तुष्ट करने का प्रयत्न लक्ष्मण करते हैं। निषाद सन्तुष्ट भी होते हैं। और इस रूप में लक्ष्मण अपने योगत्व का परिचय देते हैं। एक बहुत अच्छा प्रसंग है–

एहिं जग जामिनि जागहिं जोगी। परमारथी प्रपंच बियोगी।।
जानिअ तबहिं जीव जग जागा। जब जब बिषय बिलास बिरागा।।

इस जगत् रूपी रात्रि में जोगी कभी नहीं सोता। ऐसे ही योगी लक्ष्मण जी हैं वह कभी सोते नहीं। वह केवल परमार्थ में लीन हैं, प्रभु भक्ति में लीन हैं। इसीलिए वे प्रपंच से मुक्त हैं। ऐसे लक्ष्मण जी भक्त की श्रेष्ठता के द्योतक हैं। कभी–कभी भक्त भी जब बहुत ज़्यादा आसक्त हो जाता है तो नीति की बात करता है। जो अनन्य भक्त है वह ईश्वर से केवल प्रीति की बात करता है, वह नीति की बात नहीं करता। भरत जब चित्रकूट नें आते हैं प्रभु राम की वन्दना करने, उनसे निवेदन करने तो उस समय लखन जी ने नीति की बात की थी। भक्त जब अनुरक्त होकर अविभक्त होने की स्थिति में आता है तो वह जिज्ञासु हो जाता है। अरण्यकाण्ड में पंचवटी प्रसंग के अनन्तर प्रभु राम आमोद की मुद्रा में हैं। चिन्तन की वृत्ति से ऊपर उठकर सहज भाव में हैं। ऐसे में लक्ष्मण जी उनसे कुछ प्रश्न करते हैं। हे प्रभु! ज्ञान क्या है? वैराग्य क्या है? ईश्वर क्या है? जीव क्या है? भक्ति क्या है? रास्ता बताइए कि मोह क्या है? माया क्या है? हमें वह मार्ग भी बताइए जिससे निरन्तर आपके चरणों में प्रीति होती हो। शोक, दुख, भय, मोह, लोभ यह सब विनष्ट हो जाता हो। इस पर प्रभु राम ने बहुत विस्तार से उनको ज्ञान दिया जिसकी एक पंक्ति बहुत ही अर्थपूर्ण है–

मैं अरु मोर तोर तैं माया। जेहिं बस कीन्हे जीव निकाया।

यह मेरा है, यह तुम्हारा है, यह मेरे लिए है, यह तुम्हारे लिए है यह सब माया के अधीन स्थिति है और इसी में पूरा ब्रह्माण्ड निवास करता है, रहता है और गतिशील दिखलाई देता है। जगत् के अनेक प्रपंच होते हैं,

इनसे मुक्त होना ही भक्ति का भाव है और इस भाव को प्राप्त करने के बहुत सारे रास्ते हैं जिन्हें क्रमशः प्रभु श्रीराम ने लक्ष्मण जी को बताया। इस तरह भक्त की यात्रा आगे की तरफ़ बढ़ी। 'किष्किन्धाकाण्ड' और 'सुन्दरकाण्ड' में भी सम्बन्धित प्रसंग हैं। भक्त जब बहुत ज़्यादा ईश्वर में लीन हो जाता है तो एक ही चीज़ की माँग करता है कि प्रभु मेरे लिए क्या आदेश है। भक्त ईश्वर को शर्त में नहीं बाँधता। वह स्वयं उसके प्रेम में बँधा होता है, उसके लगाव में बँधा होता है और इसलिए एक ही माँग करता है प्रभु मुझे आदेश प्रदान करें। हनुमान जी भी आदेश माँगते हैं लक्ष्मण जी भी आदेश माँगते हैं। इसीलिए दोनों एक–दूसरे को भाई भी कहते हुए चलते हैं। जब सुग्रीव विलास करने लगे तो प्रभु राम से उन्होंने कहा, मुझे आदेश दें कि सुग्रीव को जाकर समझाऊँ और फिर जाकर समझाया भी और फिर सुग्रीव तत्काल अभियान के लिए तत्पर हुए। इसी तरह जब समुद्र के किनारे बैठना हुआ और भगवान राम ने विभीषण की बात मानकर सागर से अनुरोध किया कि आप मुझे पथ प्रदान करें अथवा उपाय बतायें उस क्रम में लक्ष्मण जी ने कहा–

कातर मन कहुँ एक अधारा। दैव दैव आलसी पुकारा।।

अर्थात् भक्त उस सीमा पर पहुँच जाता है कि ईश्वर से बराबरी का संवाद करने लगता है। हे प्रभु! आप तो सर्वसमर्थ हैं और दैव–दैव पुकारने का यह स्वभाव तो ऐसे लोगों का है जो बहुत लाचार और कमज़ोर होते हैं। ऐसी स्थितियों में अपनी शक्ति का प्रदर्शन भी करना होता है। लेकिन प्रभु राम तो ठहरे करुणानिधान। सारे रास्ते अपनाने पर भी जब करुणा के पथ से सहयोग की बात नहीं बनती है तो फिर सामर्थ्य का प्रदर्शन किया जाये। ऐसा भी लक्ष्मण जी राम से कहते हैं। यह भक्ति की पराकाष्ठा है जिसमें भक्त कोई सीमा मानता ही नहीं। लंकाकाण्ड में प्रवेश और लक्ष्मण जी को शक्ति लगना, यह रामायण का एक निर्णायक मोड़ (टर्निंग पॉइंट) है जहाँ भक्त उस मुक़ाम पर पहुँच जाता है जहाँ भगवान उसे अपनी गोद में रख लें। राम की गोद में पहुँचना यह किसी साधारण भक्त के लिए सम्भव नहीं हुआ। यह मात्र लक्ष्मण जी के लिए सम्भव हुआ। शक्तिबाण लगने पर जब वे धराशायी हो गये तो हनुमान जी उनको लेकर राम जी के पास आये और संजीवनी बूटी की तलाश में हिमालय चले गये। रात्रि का पहर क्रमशः बीतने लगा तो उनका सिर, अपनी जंघा पर रख कर राम विलाप करने लगे। राम जो मायापति हैं, राम जिन्हें पता है कि लक्ष्मण मर नहीं सकते हैं।

शिवजी भवानी से कहते हैं कि हे पार्वती! लक्ष्मण का युद्ध में गिर जाना, मेघनाद द्वारा आहत हो जाना, यह बहुत आश्चर्य की बात है। जिनकी स्तुति निरन्तर देव, नर, किन्नर, मुनि, साधक करते रहते हैं जिनकी फूँक मात्र से चौदह भुवन जलकर नष्ट हो सकते हैं ऐसे लक्ष्मण जी धरा पर गिरे हुए हैं। इसकी माया तो सिर्फ़ राम ही बता सकते हैं अथवा वह जान सकता है जिस पर प्रभु राम की कृपा हो। इस स्थिति में वह क्यों गिरे हैं? यह वह भाव है केवल लक्ष्मण को ही प्राप्त होना है। प्रभु की गोद में सोना यह दुर्लभ योग है। ऐसा सुना नहीं गया आज तक। लक्ष्मण राम की गोद में सोये हुए हैं, विश्राम कर रहे हैं और राम दुनिया को अपना विलाप सुना रहे हैं, लक्ष्मण के बारे में अपने भाव सुना रहे हैं–

सुत बित नारि भवन परिवारा। होहिं जाहिं जग बारहिं बारा।
अस बिचारि जियँ जागहु ताता। मिलइ न किन्तु सहोदर भ्राता।

संसार में सब कुछ हो सकता है लेकिन लक्ष्मण जैसा भाई इस संसार में दुर्लभ है। हे लक्ष्मण! यह विचार करके तुम जाग जाओ क्योंकि बिना लक्ष्मण के राम कहाँ खड़े होंगे? विष्णु सोयेंगे कहाँ? भगवान विष्णु हमेशा शेषनाग पर विश्राम करते हैं, आज उन्होंने शेषनाग को विश्राम का अवसर दिया। हनुमान जी इस भाव के दर्शक हैं, जामवन्त सहित पूरी वानर सेना, सुषेण वैद्य और सारे देवता दर्शक हैं। भगवान शिव माँ पार्वती को दिखला रहे हैं कि लक्ष्मण की ऊँचाई क्या है? एक ऐसी ऊँचाई जिसमें प्रभु उनको अपनी गोद में रखे हुए हैं। जो स्थिति प्रह्लाद को मिलती है वही लक्ष्मण जी को मिलती है। प्रह्लाद को गोद में बैठाया, दुलारा और यहाँ अपनी गोद में लिटा कर उनके बाल सहलाये। यह राम का माहात्म्य है और यह लक्ष्मण की पहुँच है। इस तरह लक्ष्मण जी भक्ति की उस ऊँचाई तक पहुँचते हैं जहाँ पहुँचना हर किसी के लिए सम्भव नहीं है। ऐसा भक्त केवल ईश्वर की तरफ़ देखता है जैसे चकोर चन्द्रमा की तरफ़ देखता है।

एक अन्तिम प्रसंग। अयोध्या में भगवान राम ने काल को कह रखा था कि मेरे द्वारा भू–लोक में रहने का निर्धारित समय पूरा होने पर बता देना क्योंकि कभी–कभी धरा पर ऐसे कार्य हो जाते हैं जिसमें यह विचार करने का समय नहीं मिलता कि समय पूरा हुआ कि नहीं हुआ। ऐसे में आकर संकेत दे देना, ऐसी कथा मिलती है। ऐसा कहे कौन प्रभु राम से कि समय पूरा हो रहा है तो इसके लिए दुर्वासा को अधिकृत किया गया कि जब आप आयेंगे तो मान लिया जायेगा कि वह पल आ गया है।

जब स्वयं 'समय' एक विशेष भेष में मिलने आया समय के स्वामी से अर्थात् राम से तो राम जी ने लक्ष्मण से कहा कि लक्ष्मण निगरानी करना कोई हमारे उस कक्ष में न आये जहाँ इस विशेष स्वरूप (समय) से मेरा संवाद होगा और अगर कोई आ गया तो मेरे आदेश का उल्लंघन होगा और फिर इसकी सज़ा हमारा–तुम्हारा बिछोह होगा। लक्ष्मण जी रखवाली करने लगे, लेकिन राम ने तो स्वयं समय निर्धारित कर रखा था। उसी समय दुर्वासा जी आये क्योंकि काल (समय) कह ही नहीं पा रहे थे कि प्रभु आपने ऐसा (अर्थात् इस समय आने के लिए) कहा था। उन्होंने सिर्फ़ इतना कहा, प्रभु! आगे आपका क्या आदेश है? अभी राम विचारते हैं तब तक लक्ष्मण दुर्वासा के कोप से रघुकुल समाप्त न हो जाये उसे बचाने के लिए राम के पास आये। उन्होंने बस इतना ही कहा, प्रभु, दुर्वासा! रामजी ने लक्ष्मण की आँख में देखा। उस समय राम की आँखें लाल थीं और आँख से आँख मिलते ही लक्ष्मण की आँखें जलमग्न हो गयी। प्रभु राम कुछ कहें इससे पहले ही लक्ष्मण जी ने सरयू में जाकर जल समाधि ले ली। समाधि इसलिए ले ली कि प्रभु राम के प्रस्थान का समय आ गया है और सागर में उनका आसन तैयार होना है। उनसे विदा लेकर उन्होंने सागर में अपना स्थान लिया फिर प्रभु राम समय अनुसार वहाँ पहुँचे। इतना मोह हो गया प्रभु को अपने भक्त से कि कहा, अच्छा लक्ष्मण! अब तक तो तुम हम से आदेश लेते रहे लेकिन चलो कृष्णावतार में तुम हमें आदेश दोगे, तुम बड़े भाई बनोगे हम छोटे भाई बनेंगे और इस तरह हम लोगों का बड़े–छोटे का जो लगाव है वह चलता रहेगा। कृष्णावतार में लक्ष्मण बड़े भाई की भूमिका में आये। कहा जाता है–

त्रेता युग का लघु भ्राता इस बार बड़ा होकर आया।
इसलिए न केवल राम रहा बलराम जगत् में कहलाया।

ऐसे लक्ष्मण जी को नमन। उनकी कृपा हम सबके ऊपर निरन्तर बनी रहे।

नीलाम्बुजश्यामलकोमलाङ्गं सीतासमारोपितवामभागम।
पाणौ महासायकचारूचापं नमामि रामं रघुवंशनाथम।।

लोकमंगलकारी श्रीराम : नमामि भक्त वत्सलं

अयोध्याकाण्ड में वनगमन के क्रम में प्रभु राम वाल्मीकि जी से प्रश्न करते हैं कि मुझे आगे कहाँ जाकर रहना चाहिए और महामुनि वाल्मीकि जी ने उन्हें रहने का स्थान बताया और अन्त में कहा कि आप चित्रकूट जाइए जिसकी बहुत बड़ी महत्ता है–

चित्रकूट महिमा अमित कही महामुनि गाइ।
आइ नहाए सरित बर सिय समेत दोउ भाइ।

चित्रकूट वह स्थान है जहाँ पर कामतदेव पर्वत है, विन्ध्य पर्वत श्रृंखला है और सबसे महत्त्वपूर्ण बात वहाँ के लिए यह है कि आत्मैक्य, आत्मानन्यता, आत्मानुरक्ति और अनुपम भक्ति के प्रतीक और प्रमाण महामुनि अत्रि और माँ अनसूया वहाँ रहते हैं, उनका आश्रम है। ऐसी जगह पर जाने के लिए वाल्मीकि जी ने सन्देश दिया। माँ अनसूया के योग बल, तप बल और सतीत्व बल के चलते उनके आह्वान पर वहाँ मन्दाकिनी का आगमन हुआ। भगवान राम ने लक्ष्मण और माँ जानकी सहित मन्दाकिनी में स्नान किया और उसके किनारे पर्णकुटी में रहने का विचार किया। पर्णकुटी की रचना सभी देवताओं ने भी की, जो वहाँ कोल–भील के रूप में आये। चित्रकूट की उस कुटी में भगवान राम साढ़े ग्यारह बरस तक रहे। उनकी उपस्थिति में सारे देवी–देवता वहाँ निरन्तर जाकर उनका नमन–वन्दन करते रहे। उस क्षेत्र में निवास करने वाले जितने तपस्वी, ऋषि–मुनि, मनीषी थे, सबको क्रमशः बोध हो गया और वह सब लोग किसी–न–किसी रूप में भगवान के पास जाते थे। कोल–भील से भी प्रभु राम समभाव में मिलते रहे। समदर्शी हैं प्रभु राम। यह समदर्शी भाव वहाँ के लोगों को भी पता चल गया, इसलिए चित्रकूट में आसपास के जंगलों में रहने वाले जितने जीव–जन्तु, लगायें, सब उनके समीप पहुँचकर उनका आशीर्वाद लेने लगे, उन्हें देखकर तृप्त होने लगे और यह चर्चा होने लगी।

कोल–भील नाना प्रकार के फल–मूल लेकर आनें लगे और इस तरह जिसका जितना पुण्य था, उस अनुपात में प्रभु राम ने सबको तृप्त किया, आशीर्वाद दिया, मगन किया और उनके जीवन को धन्य किया।

वहाँ रहने के क्रम में प्रभु राम स्वयं बहुत विषयों का विचार करते रहे, माँ जानकी को और लक्ष्मण जी को, सनातन परम्परा के बारे में समझाते रहे। अपने विषय में बहुत सारी बातें बताते रहे और इस तरह यह समय का क्रम आगे बढ़ता चला गया। जैसे सती अनसूया के प्रताप से, उनकी इच्छा से उनके आमन्त्रण पर अलकनन्दा का आगमन हुआ, उसी तरह से सीता जी के लिए उसी स्थान पर गोदावरी का आगमन हुआ जहाँ माँ सीता जल आचमन से लेकर और सब जो भी उन्हें करना था, वह कर रही थीं, प्रभु के लिए भोजन बनाना और सारी व्यवस्था करना मन्दाकिनी के तट पर आश्रम में होता रहा। इस तरह मन्दाकिनी अनसूया के द्वारा और गोदावरी सीता जी के द्वारा वहाँ आमन्त्रित हुईं और दोनों आज भी हैं। गुप्त गोदावरी का दर्शन करने जो लोग चित्रकूट जाते हैं, कामतगिरि की परिक्रमा करते हैं। यह माना जाता है कि ऐसा करने से समस्त मनोरथ पूर्ण होते हैं। चित्रकूट वह धाम है, वह स्थान है जहाँ निरन्तर प्रभु राम निवास करते हैं। इसीलिए जब तुलसीदास जी रामचरितमानस का प्रणयन कर रहे थे, उनकी इच्छा हुई कि भगवान राम का दर्शन करें तो हनुमान जी उन्हें मन्दाकिनी के किनारे रामघाट पर ले गये और फिर भगवान राम का दर्शन उन्हें हुआ। तुलसीदास जी ने कहा–

चित्रकूट के घाट पर, भई सन्तन की भीर।
तुलसीदास चंदन घिसे, तिलक करे रघुवीर।

इस तरह भगवान राम का दर्शन तुलसीदास को हुआ। इस प्रकार का स्थान है चित्रकूट। ऐसी मान्यता है कि चित्रकूट में जाने पर सारे दोष समाप्त हो जाते हैं, स्थायी रूप से पुण्य लाभ होता है और मुक्ति का पथ प्रशस्त हो जाता है, अनायास ही भगवान राम की कृपा मिल जाती है। उस स्थान में ऐसी ऊर्जा है, देवत्व है, सन्तत्त्व है, जिसकी प्राप्ति बिना प्रयास के ही हो जाती है। एक मान्यता यह भी है कि प्रयागराज को भी शीतलता प्राप्त करने के लिए और अपने को और अधिक निर्मल बनाने के लिए एक समय में, एक बरस में एक बार चित्रकूट जाना होता है। ऐसी महत्ता है चित्रकूट की। तो ऐसे स्थान की महत्ता हो भी क्यों नहीं, जहाँ भगवान ने साढ़े ग्यारह बरस तक निवास किया हो माँ जानकी सहित और

शेषनाग के स्वरूप लक्ष्मण जी सहित। वहाँ रहने के अनन्तर भगवान राम को लगा कि अब उनके विषय में सभी जान गये हैं, इसलिए अब यहाँ से प्रस्थान करने का उचित समय हो गया है।

रघुपति चित्रकूट बसि नाना। चरित किए श्रुति सुधा समाना।।
बहुरि राम अस मन अनुमाना। होइहि भीर सबहिं मोहि जाना।।

सभी जान गये हैं मुझे अब भीड़ हो रही है, इसलिए अब यहाँ से चलना चाहिए और इस चलने के क्रम में पहला काम उन्होंने किया वह मुनिवर अत्रि के आश्रम गये। उन्हें बोध था कि यहाँ सती अनसूया हैं, महामुनी अत्रि हैं, भगवान राम को पता है कि अनसूया से आर्शीवाद लेना है सीता जी को, और अत्रि से बहुत कुछ सुनना है मुझे आगे के लिए और उनका भक्ति भाव भी देखना था, उन्हें बहुत ज़्यादा आशीर्वाद देना था और इस भाव से भगवान राम मुनि अत्रि के आश्रम में गये। उन्हें देखते ही पुलकित होकर मुनिवर अत्रि दौड़ पड़े–

पुलकित गात अत्रि उठि धाए। देखि रामु आतुर चलि आये।।
करत दण्डवत मुनि उर लाये। प्रेम बारि द्वौ जन अन्हवाए।।

मुनि की यह दशा और यह भाव देखकर भगवान राम और भी आतुर हो गये। उन्हें सीने से लगा लिया और एक तरह से विमल भक्ति का आशीर्वाद दिया और इसका अतिरेक उन्हें मिला। उन्हें देख कर वह बहुत मगन हो गये। मानस में तुलसीदास जी ने लिखा–

देखि राम छबि नयन जुड़ाने। सादर निज आश्रम तब आने।।
करि पूजा कहि बचन सुहाए। दिए मूल फल प्रभु मन भाये।।

प्रभु राम जी की अभ्यर्थना की और उनका सम्मान किया, उनके आहार का प्रबन्ध किया और एक बहुत अच्छी वन्दना की जिसकी दो पंक्तियाँ इस तरह से हैं–

नमामि भक्त वत्सलं। कृपालु शील कोमलं।।
भजामि ते पदांबुजं। अकामिनां स्वधामदं।।

इस तरह से *अकामिनां स्वधामदं* कहते हुए अत्रि ने उनकी बहुत अच्छी वन्दना की और फिर राम के गुण के बारे में बताया कि आप किस तरह से लोगों का कल्याण करने के लिए आये हैं, कैसे आप अकारण ही सबको धन्य करते चलते हैं, आप भक्तवत्सल हैं, आप कृपालु हैं,

आप कोमल स्वभाव के हैं, आपका बार–बार अभिनन्दन है, नमन है। आप निष्काम पुरुषों को अपना परमधाम यूँ ही प्रदान कर देते हैं, जो भी आपके चरणों को भजता है, आपके चरणों में आस्था रखता है। और इस तरह से भगवान राम उनकी वन्दना सुनते रहे और फिर इसी क्रम में उन्होंने जानकी जी को संकेत किया कि अब समय आ गया है, अब हम लोग ज़्यादा यहाँ नहीं रहेंगे। इसलिए अब अनसूया का आशीर्वाद लेना बहुत ज़रूरी है क्योंकि भगवान राम को पता है कि आगे क्या होना है, उसका प्रबन्ध पहले ही कर लेना है। इसलिए अनसूया के पास सीता जी गयीं और उनके चरण पकड़ कर प्रणाम किया–

अनसूया के पद गहि सीता। मिली बहोरि सुसील बिनीता।।
रिषिपतिनी मन सुख अधिकाई। आसिष देइ निकट बैठाई।।

उनका नमन किया माँ जानकी ने। जगत् जननी हैं लेकिन जगत् पिता और जगत् जननी अपने में आस्था रखने वाले लोगों का सम्मान बढ़ाते चलते हैं और स्वयं सती अनसूया का सम्मान बढ़ाना है ऐसा भाव है। उनके (अनसूया) सम्मान, उनके स्थान, उनकी महत्ता की स्वीकारोक्ति है सीता जी द्वारा उनका नमन, वन्दन और अभिनन्दन।

सती अनसूया के बारे में कई प्रसंग आते हैं। एक तो सतीत्व की शृंखला में वे श्रेष्ठतम देवी कही जाती हैं। यह दोनों अत्रि और अनसूया आत्मैक्य के द्योतक हैं, प्रतीक हैं, प्रमाण हैं। दोनों की आत्मा एक है। आत्मानन्यता, अनन्य भाव दोनों की आत्मा का, कोई विभेद नहीं है, अद्वैत हैं और दोनों का भाव समभाव कहा जाता है। आत्मानुरक्ति है, दोनों की एक–दूसरे में आदर्श अनुरक्ति है। इसीलिए दोनों को अनुपम भक्ति प्राप्त है भगवान राम की। जिसके ऊपर भगवान राम की कृपा हो जाये उसके लिए कहना ही क्या। पूरे प्रसंग में भगवान राम आश्रमों में जाते हैं, मुनिजन को धन्य करते हैं, उनका नमन करते हैं, उनसे आशीर्वाद लेते हैं। सती अनसूया का एक प्रसंग चित्रकूट में जाने पर दिखलाई भी देता है। उनका जो मन्दिर है उसमें विवरण भी है, वर्णन भी है, चित्र भी है।

एक बार की कथा है माँ लक्ष्मी, माँ पार्वती, माँ सरस्वती आपस में मन्त्रणा कर रही थीं कि त्रिलोक में उन लोगों से ज़्यादा महत्त्वपूर्ण और जिनके साथ वो लोग हैं, उन लोगों से ज़्यादा महत्त्वपूर्ण कोई है ही नहीं। ये अनुपम, अद्वितीय लोग हैं, शक्ति में, सौन्दर्य में। नारद जी उसी समय पधारे और उन्होंने कहा कि ऐसा नहीं है, इस धरा पर एक और विभूति हैं

जो शक्ति, सौन्दर्य, आराधना, अर्चना और साधना में अनुपम हैं और अद्वितीय हैं। यह कहकर उन्होंने सती अनसूया के सौन्दर्य, शक्ति और सतीत्व का वर्णन किया और कहा कि ऐसा न आज तक कोई हुआ है, न आगे आने वाले दिनों में कोई होगा, ऐसा सम्भव भी दिखलाई नहीं देता। जैसा कथा में वर्णित है क्रमशः लक्ष्मी जी ने विष्णु जी से, पार्वती जी ने शंकर जी से और ब्रह्माणी ने ब्रह्मा जी से कहा कि आप लोग जाइए और सती अनसूया की परीक्षा लीजिए और देखिए कि जो नारद ने कहा है उसमें कितनी सच्चाई है।

किसी भी युग में देवी शक्ति की इच्छा की अवहेलना सम्भव नहीं है। इसलिए त्रिदेव धरा पर आये और यति वेश में माँ अनसूया के आश्रम में पहुँचे। महामुनि अत्रि कहीं अन्यत्र थे। इन लोगों ने अपना मन्तव्य बताया और कहा कि आपके हाथ से हमें कुछ आहार ग्रहण करना है। देवी ने सादर उन्हें बुलाया। उनके अन्दर इतना तेज और तप था कि उन्हें अनुमान हो ही गया कि ये साधारण स्वरूप नहीं हैं। देवी अनसूया ने कहा यह तो मेरा परम सौभाग्य है और फिर उन त्रिदेवों ने एक शर्त रखी। यह अनसूया के महत्त्व का उल्लेख है। शर्त यह थी कि आपके हाथ से तो आहार हम तभी ग्रहण करेंगे जब आप अनावृत्त हों। सती को विस्मय हुआ त्रिदेव के बारे में विचार करके। उन्हें पता चल गया कि यह सन्दर्भ क्यों आ रहा है। उन्होंने अत्रि देव का ध्यान किया, उनकी अनुमति ली और फिर वह अपने कार्य में लग गयीं। उन्होंने भोजन बनाया और भोजन के बाद जब खिलाने का समय आया, उन्होंने मन्त्र का आश्रय लिया, हाथ में जल लिया और त्रिमूर्ति पर उस जल की बूँदें गिराईं और ब्रह्मा, विष्णु, महेश अचानक बाल रूप में आ गये। उन तीनों को अपनी गोद में लिया सती अनसूया ने, उन्हें भोजन कराया और फिर उनका मातृत्व भाव जाग्रत हुआ, तीनों को पयपान भी कराया। इस प्रकार का एकमात्र उदाहरण इस धरा पर मिलता है। शास्त्रों में ऐसा ही वर्णित है कि केवल सती अनसूया ही उस महत्ता को प्राप्त कर सकीं कि एक साथ बाल रूप में ब्रह्मा, विष्णु, महेश तीनों को अपनी गोद में रखने का सुख उन्हें मिला, उन्हें खिलाने का, उनके साथ खेलने का। यह अनुपम सुख केवल उन्हें ही मिला। इसीलिए कहा जाता है कि उनके पास अनुपम भक्ति की शक्ति है। उनके पास अनुपम भक्ति के प्रमाण अत्रि की शक्ति है, उनके पास अत्रि में आस्था की शक्ति है, परम सतीत्व की परम शक्ति उनके पास है। त्रिदेव उनके साथ रहने

लगे और यह मातृत्व का सुख प्राप्त करने लगे। अत्रि भी देखकर मगन होने लगे। जिसके परिवार में विधाता के सभी स्वरूप विद्यमान हों, वहाँ कहना ही क्या है।

अत्रि आश्रम में बालरूप में रहने से ब्रह्मा, विष्णु, महेश जो इस संसार के, इस ब्रह्माण्ड के तीन अधिपति हैं, उनके यहाँ चिन्ता हुई, देवताओं में चिन्ता हुई। अब इस समस्या का समाधान कैसे हो। फिर इन तीनों देवियों ने नारद से पूछा कि वे कहाँ गये, कोई उन लोगों को ले आये, पूरी कथा बताये। उसके बाद सब ऋषि अत्रि के आश्रम में आयीं, उनसे विनती की कि हमें आने दीजिए। एक तो जैसे ही उन तीनों ने अनसूया को देखा, उन्हें पता चल गया कि कभी इस बात का ध्यान नहीं रखना चाहिए कि हमसे बढ़कर कोई नहीं है। कोई ऐसा होता ही नहीं, ईश्वर को छोड़कर। न कि वह माया है और माया भी कभी–कभी स्वयं माया के बस में हो जाती है। उनसे अनुमति ली, अन्दर गयीं, उनका अनुनय–विनय किया, अपने किये पर पश्चात्ताप व्यक्त किया। अनसूया को सब पता था। उन और कहा इन तीनों ने अपने–अपने स्वामी की माँग की, जो पालने में झूल रहे थे तीनों को हमें दे दीजिए। अनसूया के मन में भी कौतुक भाव आया। उन्होंने कहा कि अपना–अपना पहचान कर आप लोग ले लें। तीनों एक स्वरूप थे, एक सदृश थे, एक जैसे थे, एक जैसी कान्ति, आभा, तेज का मण्डल, तीनों पर एक ही जैसा था, इसलिए पहचान करना कठिन हो गया। विष्णु जी कौन है, शंकर जी कौन हैं, ब्रह्मा कौन हैं। जब बिल्कुल असम्भव हो गया, उन लोगों को पता ही नहीं चला कि किसे उठा लें। तो उन्होंने अनसूया से पुनः प्रार्थना की और निवेदन किया कि आप संकेत बतायें और प्रतीक बतायें कि हम लोग पहचान सकें। फिर उन्होंने भगवान के सद्‌गुणों की चर्चा की, उनके प्रतीकों की चर्चा की और एक–एक करके दवियों ने उन्हें प्राप्त किया। अब मुश्किल थी कि वह मूल रूप में कैसे आयें। कैसे ब्रह्मा, विष्णु, शिव दिखें। पुनः प्रार्थना की। फिर अनसूया ने उन लोगों को उनके स्वरूप में वापस किया। जब यह तीनों वापस आ गये तो सती अनसूया से पूछा, कि हम आपको वरदान देना चाहते हैं। बतायें आपको हम कौन–सा वरदान दें। तो सती का मातृत्व उस समय प्रभावित था। उन्होंने कहा कि आप लोगों ने मुझे मातृत्व का जो दुर्लभ सुख दिया है, मेरा यह सुख बना रहे और आप सभी हमारी सन्तान के रूप में आयें। उसका सुपरिणाम निकला कि प्रजापति कर्दम और देवहूति

की नौ कन्याओं में से एक सती अनसूया के यहाँ तीन पुत्र आये। दत्तात्रेय जो विष्णु के अंश हैं, चन्द्रमा जो ब्रह्मा के स्वरूप हैं और दुर्वासा जिनमें शिवत्व है। तो इस रूप में वे लोग निरन्तर सती अनसूया की वन्दना करते हैं। यह सामर्थ्य केवल सती अनसूया का था। भगवान राम को पता है, इसलिए उन्होंने सीता को संकेत किया। सीता जी उनके पास पहुँचीं और फिर उनके चरण छूकर प्रणाम किया। उन्होंने उनको बहुत आशीर्वाद दिया और इस आशीर्वाद में आगे का भाव भी निहित था। एक तो जगत् पिता और जगत् जननी समय से बँधे हुए नहीं हैं क्योंकि समय का सृजन भी इन्हीं लोगों ने किया है। फिर भी सती अनसूया ने सीता जी को अखण्ड सौन्दर्य की औषधि प्रदान की, और कहा आपका सौन्दर्य अखण्ड रहेगा, कभी क्षरित नहीं होगा, कभी बाधित नहीं होगा और कभी इसमें मलिनता नहीं आयेगी। जो स्वरूप यदा–कदा लंका में दिखा वह वास्तविक नहीं था। और दूसरा अनसूया को पता था कि जगत् जननी को आगे कहाँ जाकर कुछ दिनों के लिए विश्राम करना है और वहाँ परिधान तथा आभूषण सम्बन्धी चिन्ता के लिए अवसर नहीं रहेगा। इसलिए दिव्य आभूषण और दिव्य वस्त्र उनको प्रदान किये।

दिब्य बसन भूषन पहिराए। जे नित नूतन अमल सुहाए।।
कह रिषिबधू सरस मृदु बानी। नारिधर्म कछु ब्याज बखानी।।

उन्हें दिव्य वस्त्र और आभूषण पहनाये, जो नित्य निर्मल और सुहावने बने रहते हैं, और इसके बाद उन्हें नारी धर्म की शिक्षा दी। उन्हें पता था कि आगे कुछ बाधाएँ आनी हैं, तो उन बाधाओं के बारे में भी उन्हें सचेत किया। पति का महत्त्व बताया, यानी साहचर्य का महत्त्व बताया, यह कहते हुए कि माता, पिता, हितैषी, बन्धु, मित्र से बढ़कर जो हमारे सहचर होते हैं, उनका स्थान होता है, यह माँ जानकी को विधिवत पता है लेकिन जब कोई अपने से श्रेष्ठ और सन्त होता है, उसकी बात सुनी जानी चाहिए भगवान राम ने बार–बार उनको श्रेष्ठता प्रदान की है, सीता जी का भी वही भाव है, तो इसी भाव से उन्होंने श्रवण किया, राम की महिमा सुनी। एक तरह से सती अनसूया राम की माहेमा ही बता रही थीं और फिर आगे के लिए संकेत किया कि हमेशा ध्यान रखना सीते–

धीरज धर्म मित्र अरु नारी। आपद काल परिखिअहिं चारी।।
बृद्ध रोगबस जड़ धनहीना। अंध बधिर क्रोधी अति दीना।।

आपत्ति काल में इन चार का परीक्षण होता है–धीरज, धर्म, मित्र और नारी। आप चारों की प्रतीक हैं। और इसलिए संकेत किया कि आने वाले दिनों में चारों की परीक्षा होनी है। आपको धैर्य रखना है और अपना धर्म बनाये रखना है। यानी जो आपका धर्म है, राम में अनुरक्ति और समाज का कल्याण, मानवता का कल्याण, इस धर्म को बनाये रखना है और मित्रभाव, माँ जानकी के एक ही मित्र हैं, वह हैं प्रभु राम और वह स्वयं नारी और नारीत्व का प्रमाण हैं, आदर्श हैं, तो इन सबका आगे परीक्षण होना है, इसका संकेत दिया सीता जी को और आश्वस्त भी किया कि आप हर परीक्षा में सफल होंगी। एक तरह से उन्हें शक्ति और सन्देश दोनों प्रदान किया अपने आशीष और उपहार के माध्यम से। फिर दोनों ने वहाँ प्रणाम किया। फिर चलने लगे। भगवान राम ने फिर अनुमति माँगी ऋषि अत्रि से। यह भगवान होने का आशय है। भगवान राम जाते हैं अपनी इच्छा से, उसके पास जिसके पास संकलित पुण्य होता है। लेकिन जब वहाँ से चलते हैं, तो उसकी इच्छा से चलते हैं, उससे अनुमति लेते हैं। यह एक सन्देश है मानव समाज के लिए कि आप जहाँ जाइए, जहाँ पहुँचिए, चलते समय उसे बताइए और उससे अनुमति लीजिए। कोई रोकता नहीं है, लेकिन उस अनुमति में शुभेच्छा होती है, सद्‌भावना होती है और शुभकामना होती है। यह सब कुछ बताते हुए भगवान राम चलते हैं और उनसे अनुमति लेते हैं कि मुनिवर, अब मुझे जाने की अनुमति दीजिए। उस समय अत्रि ऋषि के अन्दर जो भक्ति की प्रगाढ़ता है वह जाग्रत होती है, और अत्रि ने कहा–

केहि बिधि कहौं जाहु अब स्वामी। कहहु नाथ तुम्ह अन्तरजामी।।
अस कहि प्रभु बिलोकि मुनि धीरा। लोचन जल बह पुलक सरीरा।।

जैसे ही राम ने कहा कि अब मैं चलना चाहता हूँ, अनुमति दीजिए, तो ऋषि अत्रि बोले कि मैं कैसे कह सकता हूँ कि आप जायें। आप तो अन्तर्यामी हैं, मेरे मन के भाव जानते हैं। जो आपको देख लेता है, वह आपका हो जाता है, आपको पा लेता है। और फिर आप से कैसे अलग हो सकता है, आपके जाने की बात में कैसे कह दूँ। यह कहकर वो रोने लगे और उनकी आँखों से अश्रुधारा बह निकली। भगवान राम ने उनके प्रेम भाव को समझा उन्हें समझाया और फिर अनुमति माँगी आगे प्रस्थान करने के लिए क्योंकि आगे औरों के लिए भी प्रभु को समय देना था।

आगे चलकर प्रभु श्रीराम शरभंग आश्रम पहुँचे। यह कथा फिर आश्रमों से होती हुई आगे निकल गयी। इसमें कुछ मूल भाव निहित हैं। एक भाव तो यह कि अनुपम भक्ति की प्राप्ति जप, जोग (योग) और अपने धर्म से होती है, सदाचरण से होती है और शील से होती है। इसका हमें ध्यान रखना चाहिए। प्रज्ञा शक्ति इसके मूल में होती है। हमने विवेक और प्रज्ञा का आश्रय लिया तो प्रभु राम की कृपा बरबस हो ही जायेगी। उस राम की कृपा होगी जो मन, ज्ञान, गुण और इन्द्रियों से परे हैं। उनको इनसे प्राप्त नहीं किया जा सकता। इनको केवल श्रद्धा से, विश्वास से और समर्पण से प्राप्त किया जा सकता है। इस पूरे प्रसंग का यही आशय है। सबसे बड़ा आशय यह है कि भगवान राम के चरणों में आस्था रखने से, उनका स्मरण करने से, उनका भजन करने से ही इस कलियुग में हमें सफलता मिलेगी और भवबाधाओं से मुक्ति मिलेगी, क्योंकि इसमें धर्म, ज्ञान, योग, जप, तप का महत्त्व घटता है, समाप्त नहीं होता। सबसे बड़ा धर्म, सबसे बड़ा तप, सबसे बड़ा ज्ञान, सबसे बड़ा कर्म श्रीहरि के चरणों में आस्था है, उनकी आराधना है। यह महामुनि अत्रि ने बार–बार इसमें समझाया और इस तरह फिर उन्होंने राम से जाने के लिए नहीं कहा। जो राम को देख लेगा, राम को पा लेगा, वह रामत्व की प्राप्ति कर लेगा। वह भला जाने के लिए कैसे कहेगा। भगवान राम ने उन्हें सन्तुष्ट किया, आगे के लिए आश्वस्त किया और फिर प्रस्थान। यह क्रम आगे बढ़ता जाता है और इस तरह आशय यही है कि भगवान राम अपने में अनुरक्ति रखने वालों को निरन्तर अपनी भक्ति से तृप्त और सन्तृप्त करते रहते हैं। यही तृप्ति–सन्तृप्ति जप, योग, तप, ज्ञान और ध्यान किसी भी बाधा से मुक्त करने का उपाय होता है। आज हम जिस दौर में रह रहे हैं, कोरोना संक्रमण के दौर में इसमें सबकी बहुत बड़ी उपादेयता है–जप की, तप की, त्याग की, ध्यान की, संजम की, सहयोग की, सद्भावना की, शुभेच्छा की। इसी से कल्याण होगा, क्योंकि हमारे यहाँ यह मान्यता है–

सर्वे भवन्तु सुखिनः। सर्वे सन्तु निरामया।
सर्वे भद्राणि पश्यन्तु मा कश्चित् दुःखभाग् भवेत्।।

भगवान राम हमें शक्ति दें, बाधाओं से मुक्ति दें, पूरी मानवता का कल्याण हो, उद्धार हो।

पूछेहु मोहिं मनुज के नाईं

'रामचरितमानस' में प्रभु श्रीराम ने विभिन्न आश्रमों और सम्बन्धित आचार्यों को महत्त्व प्रदान करते हुए जीवन यात्रा की है। आरम्भ में 'बालकाण्ड' में गुरु वशिष्ठ, जिनके यहाँ वे शिक्षित होने के लिए गये–*गुरु गृह गये पढ़न रघुराई। अल्पकाल विद्या सब पाई।।* जो स्वयं विद्या के सागर हैं, जिनसे विद्या निःसृत होती है, जो विद्या का विधान करते हैं, वह भी गुरु का महत्त्व बढ़ाने के लिए गुरु वशिष्ठ के आश्रम में जाते हैं। गुरु वशिष्ठ सभी क्षेत्रों में अपना प्रभाव रखते हैं। सन्देश, आशीर्वाद और उपकार रखते हैं और यह सब कहते रहते हैं। 'बालकाण्ड' में दो आचार्यों से श्रीराम का सीधा सन्बन्ध, सम्पर्क और संवाद है–गुरु वशिष्ठ जी से और गुरु विश्वामित्र जी से। गुरु वशिष्ठ आरम्भिक संस्कार और क्या–क्या आगे करना है इसके बारे में जानकारी देते हैं। वह विश्वामित्र जी से शस्त्र विद्या और असुर संहार के लिए उपक्रम का ज्ञान प्राप्त करते हैं। यद्यपि प्रभु राम सब कुछ जानते हैं, विश्वामित्र जी ने ऐसा कहा भी। फिर भी उन्होंने उनके लिए जो सम्भव था, जो लगता था कि राम जी को बताना चाहिए, उन्होंने बताया।

'अयोध्याकाण्ड' में भरद्वाज मुनि से भेंट हुई। भरद्वाज मुनि ने उनकी अभ्यर्थना की। प्रभु राम ने उनसे आगे के लिए रास्ता पूछा। विश्वामित्र, भरद्वाज, वाल्मीकि ये सब कहीं–न–कहीं राम को कुछ–न–कुछ संकेत दे रहे होते हैं। इस कड़ी में भरद्वाज प्रभु के पथ प्रदर्शक बनते हैं। वे राम से विनत भाव से कहते है कि आप ही सब के लिए ज्ञान के ज्ञाता और ज्ञान के दाता हैं आपको रास्ता बताना मेरे लिए सम्भव तो नहीं है लेकिन मेरा महत्त्व बढ़ाने के लिए आप आगे की राह पूछ रहे हैं इसलिए आपके साथ ये चार बटुक लोग जायेंगे क्योकि इनका यह संकलित पुण्य है कि ये आपके साथ कुछ दूर राह में रहें। जितने समय के लिए इन्हें इस पुण्य का लाभ मिलना है ये आपके साथ रहेंगे और जमुना पार करायेंगे।

प्रभु जमुना पार कर आगे बढ़ते हैं और इस कड़ी में आगे जाकर उनकी भेंट वाल्मीकि से होती है।

बाल्मीकि बहुत ज्ञानी हैं। वे जानते हैं कि प्रभु श्रीराम किस कारण इस धरा पर आये हैं। प्रभु राम भी जानते हैं। माँ जानकी और लक्ष्मण जी सहित वे वाल्मीकि का नमन–वन्दन करते हैं और उनसे प्रश्न करते हैं कि हमारे लिए निवास का उत्तम स्थान बताइए। वाल्मीकि जी ने उनसे यह प्रतिप्रश्न किया कि प्रभु राम आप हमें यह बता दीजिए कि आप कहाँ नहीं रहते हैं फिर मैं आपको स्थान बताऊँ। राम ने संकेत किया कि अभी इस पर विचार का समय नहीं है, हमें साधारण मनुष्य मानकर आप बताइए। राम के देवत्व स्वरूप का उन्होंने वन्दन किया और बताया कि कहाँ–कहाँ भगवान राम निवास करते हैं। ऐसे व्यक्ति के अन्तःकरण में जिसका मन निर्मल है और काम, क्रोध, मद, लोभ, मोह, मत्सर, अहंकार से जिसका हृदय मुक्त है वहाँ निवास करते है। मुनिवर ने यह भी बताया कि आगे जाकर प्रभु राम को चित्रकूट में निवास करना है। राम चित्रकूट आये और वहाँ के मुनिगण और उस अंचल के निवासी कोल भील को मुदित किया। वहाँ से चलते समय फिर वे मुनि अत्रि के आश्रम गये। उनका आशीर्वाद लिया। वहाँ से प्राप्त विलक्षण ज्ञान को अपना सारथी बनाया। यहीं माँ जानकी के लिए माँ अनसूया से कुछ विशिष्ट परिधान और आभूषण मिलने थे उन्हें प्राप्त किया। संस्कार के सन्देश माँ अनसूया से स्वयं भी लिए और आगे बढ़े।

आगे बढ़कर शरभंग ऋषि के आश्रम में पहुँचे। और उनसे पुनः जीवन पथ पर आगे बढ़ने के लिए वार्ता की। उनका पुण्य सफल हुआ। ऋषि शरभंग ने कहा कि ब्रह्म लोक जाने के लिए मेरे प्रस्थान का समय हो गया था लेकिन चर्चा हुई कि प्रभु राम का आगमन होने वाला है तो रुक गया। आपका दर्शन पाया। मेरे पास जो कुछ भी है तप, ध्यान, विज्ञान, सब आपका ही दिया हुआ है। यह आप ही के लिए सुरक्षित है। उनकी वन्दना की और उनसे एक अनुरोध किया कि प्रभु, जब तक मैं यहाँ से प्रस्थान नहीं कर जाता तब तक आप यहाँ कुछ पल के लिए रुकिए। फिर ध्यानाग्नि, योगाग्नि, तपाग्नि संकलित चिता पर बैठे और प्रभु राम के लोक को प्रस्थान कर गये। वहाँ से प्रभु राम आगे बढ़ते हैं। मुनिगण उनके साथ होते हैं। रास्ते में उन्हें अस्थियों का ढेर दिखलाई दिया। थोड़ी जिज्ञासा हुई। प्रभु राम तो जानते ही हैं। मुनिगण ने उनकी जिज्ञासा को जानकर

बताया कि असुरों ने जो यहाँ के तपस्वी हैं मुनि हैं उनका वध करके यह पाप कर्म किया है। वहाँ प्रभु राम ने हाथ उठाकर संकल्प लिया कि मैं इस धरा को असुरों से मुक्त कर दूँगा–

निसिचर हीन करउँ महि भुज उठाइ पन कीन्ह।
सकल मुनिन्ह के आश्रमन्हि जाइ जाइ सुख दीन्ह।।

ऐसा संकल्प लेकर प्रभु राम आगे बढ़े और जितने भी तत्कालीन मुनि, आचार्य थे, ज्ञानी और उनके आश्रम में गये और सबको सुखी किया।

आश्रम यात्रा के क्रम में प्रभु राम आगे सुतीक्ष्ण के आश्रम में पहुँचे। यह मानस का बहुत विलक्षण प्रसंग है :

मुनि अगस्ति कर सिष्य सुजाना। नाम सुतीछन रति भगवाना।।
मन क्रम बचन राम पद सेवक। सपनेहुँ आन भरोस न देवक।।

वह मन, क्रम वाणी, संकल्प से प्रभु राम का ध्यान करते थे। स्वप्न में भी किसी अन्य देवता का विचार उनके मन में नहीं आता था। राम की गहन भक्ति में निरन्तर लीन रहते थे। प्रभु उनके यहाँ पहुँचे, जैसे ही उन्होंने प्रभु को देखा वह पुलकित हो गये। बार–बार उनकी वन्दना की और ऐसी स्थिति में पहुँच गये जिसका वर्णन कर पाना सम्भव नहीं है। मानस में एक प्रसंग है कि *निर्भर प्रेम मगन मुनि ज्ञानी। कहि न जाई सो दशा भवानी।।* शिव जी ने भवानी से कहा कि सुतीक्ष्ण जैसे ज्ञानी मुनि प्रभु राम को देखकर प्रेम में पूर्णतः निमग्न हैं, उनकी दशा अवर्णनीय हो गयी है। उनकी दशा विचित्र हो गयी है। ऐसी दशा कि वे दिशा और विदिशा भूल गये। दिशाएँ क्या हैं, दिशाओं के कोण क्या हैं, सब भूल गये। जाना किधर से है, आये किधर से हैं, सब भूल गये। ध्यान क्या है, ज्ञान क्या है, वन्दना क्या है, सब कुछ भूल गये। बस वे एकटक राम को देखने लगे, राम का ध्यान करने लगे। कभी वे नाचने लगते थे, कभी बैठ जाते थे, कभी प्रभु–चरणों पर गिर जाते थे। कभी उनके निर्गुण रूप का बखान करते थे तो कभी उनके सगुण रूप की चर्चा करते थे। वह क्या कर रहे थे, यह वे स्वयं भी नहीं जानते थे। इतने प्रेम मगन हुए कि अन्त में ध्यानस्थ होकर बैठ गये। भगवान राम ने उनकी दशा पर विचार किया और उनकी निर्मल भक्ति को स्वीकार किया।

यह पहला प्रसंग है जिसमें ध्यानमग्न ऋषि के हृदय में प्रभु अपने चतुर्भुज रूप का दर्शन कराते हैं। *मुनिहि राम बहु भाँति जगावा।*

जाग न ध्यान जनित सुख पावा।। भूप रूप तब राम दुरावा हृदय चतुर्भुज रूप देखावा।। भगवान के चतुर्भुज रूप के दर्शन से सुतीक्ष्ण इतने पुलकित हो गये कि वह उस तरह की ध्यानावस्था में पहुँच गये जहाँ आम आचार्य, सुधी ज्ञानी, सन्त, महाज्ञानी और जितने आश्रम हैं वहाँ के तपस्वी भी सहजता से पहुँच नहीं पाते। ऐसा हो भी क्यों नहीं। साक्षात भगवान उनके सामने थे। भगवान राम ने उन्हें उठाया। उठकर उन्होंने बहुत अच्छी बात कही। हे प्रभु, आपके बारे में मैं क्या कहूँ ! बस आप जिस रूप में दिख रहे हैं, माँ जानकी जी सहित, लक्ष्मण जी सहित, आप इसी रूप में हमारे हृदय में निवास करिए। बहुत अच्छी वन्दना प्रभु राम की उन्होंने की–*निर्गुण सगुण विषम सम रूपं। ज्ञान गिरा गोतीतमनूपं। अमलमखिलमनवद्यमपारं। नौमि राम भंजन महिभारं।।* हे प्रभु, आप सब कुछ करने वाले हैं आपको समझना सम्भव नहीं है। निर्गुण–सगुण, सम–विषम सब कुछ आप से ही है। ज्ञान, वाणी, दृष्टि आप तक पहुँच नहीं सकती लेकिन अब मुझे आपकी कृपा चाहिए, आशीर्वाद चाहिए। प्रभु राम ने उन्हें भक्ति, वैराग्य, गुण, ज्ञान का निधान बनाया। सुतीक्ष्ण ने कहा कि मेरी एक विनती है कि हे प्रभु, आप स्वयं माँ जानकी और लक्ष्मण जी सहित हमारे हृदय में निरन्तर निवास करिए। प्रभु श्रीराम ने तथास्तु कहा और आगे की यात्रा के लिए चले।

सुतीक्ष्ण ने कहा कि हमारे गुरु अगस्त्य जी आगे हैं। आपकी अनुमति हो तो मैं आपके साथ चलूँ। भगवान राम प्रसन्न हुए। सुतीक्ष्ण उनके साथ गये। यहाँ महत्त्व इस बात का है कि बड़े गुरु तक पहुँचने के लिए कभी–कभी उनके शिष्य को भी साथ लेना होता है। राम ने मानस में ऐसा सन्देश दिया कि गुरु तो गुरु है और गुरु तक पहुँचने के लिए भी एक गुरु आवश्यक होता है। इसलिए उसका सहयोग आप अवश्य लें। राम, लक्ष्मण, सीता सहित सुतीक्ष्ण जी चले और अगस्त्य मुनि के आश्रम में पहुँचे। जाकर अगस्त्य जी से कहा–

नाथ कोसलाधीस कुमारा। आये मिलन जगत् आधारा।।
राम अनुज समेत बैदेही। निसि दिनु देव जपत हहु जेही।।

हे प्रभु, जो जगत् के आधार हैं वे आपसे मिलने आ गये हैं। साथ में माँ जानकी और लक्ष्मण जी हैं। ऐसे प्रभु राम जिनकी आप निरन्तर वन्दना करते हैं। यह देख कर मुनि अगस्त्य ने प्रभु राम की अभ्यर्थना की, वन्दना की, अर्चना की और राम की कृपा का वर्णन करते हुए बोले, आप जैसा दूसरा कोई नहीं हो सकता है। आपको जो देख लेता है उसके जैसा

कोई सौभाग्यशाली नहीं हो सकता है। *पुनि करि बहु प्रकार प्रभु पूजा। मोहि सम भाग्यवंत ना दूजा।।* हे प्रभु, इस समय मेरे जैसा भाग्यशाली इस ब्रह्माण्ड में कोई नहीं है जिसके सामने आप साक्षात उपस्थित हैं, दर्शन दे रहे हैं, कृपा कर रहे हैं। वहाँ जितने भी मुनि लोग थे सब प्रसन्न हुए। भगवान राम ने पहले ही कह दिया था कि सारे आश्रमों में मुझे पहुँचना है मुनियों को सुख देने के लिए। भगवान का अवतरण भी इसी कारण हुआ है। अगस्त्य जी के आश्रम के आस–पास सभी मुनिगण प्रभु राम के आगमन की सूचना से एकत्र हुए। सब उनको देखने लगे। वन्दना में भगवान राम की महत्ता के बारे में अगस्त्य जी बहुत कुछ कह रहे थे लेकिन इतना ज़रूर छिपाना था कि प्रभु राम परमेश्वर हैं। केवल मुनि अगस्त्य जी यह रहस्य जानते थे। यह भी वे जानते थे कि इस रहस्य का उद्घाटन सबके सामने नहीं करना है। फिर प्रभु राम ने जितने मुनि एकत्रित हुए थे उनके ऊपर कृपा की। 'मानस' में कहीं–कहीं भगवान राम कौतुक प्रदर्शन करते हैं। एक कौतुक यहाँ पर भी उन्होंने किया है। बहुत आनन्दमय सन्दर्भ है–*मुनि समूह महँ बैठे सन्मुख सब की ओर। शारद इन्दु तन चितवन मानहुँ निकर चकोर।।* सारे मुनिगण बैठे थे और उनके बीच में प्रभु राम बैठ गये। कौतुक यह है कि प्रत्येक मुनि को लग रहा था कि राम उन्हीं की ओर देख रहे हैं। यहाँ पर राम प्रभु ने कौतुक दिखलाया और प्रत्येक मुनि के सामने अपने को रखा। वे बैठे एक ही स्थान पर थे लेकिन प्रत्येक मुनि को लग रहा था कि वह उन्हीं को देख रहे हैं। इस प्रकार सबको उन्होंने परम प्रसन्न किया, परम सन्तुष्ट किया। जो उन सबका पुण्य था उसका सुफल उनको प्रदान किया। ऐसा प्रतीत हो रहा था कि चकोरों का समुदाय शरद पूर्णिमा के चन्द्र की ओर निरन्तर टकटकी लगाये अपलक देख रहा है। इस तरह सभी को उन्होंने प्रसन्न किया, सबका मनोरथ पूर्ण किया। इसके बाद भगवान राम ने गुरु के महत्त्व का उल्लेख किया। प्रभु राम का स्वभाव है कि वह अपने सेवकों को, अपने भक्तों को बड़प्पन प्रदान करते हैं। इसी भाव से उन्होंने अपने परम भक्त मुनि अगस्त्य से कहा–*तब रघुबीर कहा मुनि पाहीं। तुम्ह सन प्रभु दुराव कछु नाहीं। तुम्ह जानहु जेहि कारन आयउँ। ताते तात न कहि समुझायउँ।।* हे मुनिवर, आप तो जानते हैं कि किस कारण मेरा आना हुआ है। आप से मेरा कोई दुराव नहीं है। आप मेरा भेद भी जानते हैं, मुझे भी जानते हैं। इसलिए अब आपसे एक अनुरोध है।

यह प्रश्न गूढ़ है और इस पर अगस्त्य जी और श्रीराम जी का संवाद विचारणीय है। *अब सो मन्त्र देहु प्रभु मोही। जेहि प्रकार मारौं मुनिद्रोही। मुनि मुसुकाने सुनि प्रभु बानी। पूछेहु नाथ मोहि का जानी।।* आरम्भ में जो संकल्प लिया था हाथ उठाकर कि निशाचर विहीन करूँगा इस धरा को, तो उन्होंने कहा कि आपसे एक अनुरोध है कि आप मुझे वह मन्त्र बताइए जिससे मैं मुनि द्रोहियों का समापन कर सकूँ। जितने मुनि द्रोही हैं सबको समाप्त कर सकूँ और इस धरा को भयमुक्त कर सकूँ। सभी प्रसन्न हों और सब धर्म की ओर बढ़ें, धर्म पथ पर चलें, धर्म का आचरण करें। इसके लिए उन्होंने ऋषि अगस्त्य से मन्त्र पूछा अर्थात् मन्त्रणा की, मन्त्र अर्थात् सलाह ली, युक्ति जाननी चाही। हमारे यहाँ लिखा है *ऋषियोः मन्त्र दृष्टाः* जो ऋषिगण हैं वे मन्त्र दृष्टा हैं। ऋषि आश्रम भी वैज्ञानिक आश्रम थे, वैज्ञानिक स्थल थे जहाँ मन्त्रों की साधना होती थी। मन्त्र वह फ़ार्मूला थे जिनका जनहित एवं राष्ट्रहित में प्रयोग किया जाता था और जन कल्याण के लिए उसे सुलभ कराया जाता था। मन्त्र से यही आशय था प्रभु राम का। उन्होंने कहा हे मुनिवर, आप उन आयुधों के बारे में भी बताइए और आगे जो हमें असुर मिलने वाले हैं, राक्षस मिलने वाले हैं उनके प्रकार भी बताइए और यह भी कि उनका संहार कैसे होगा। संकेत में प्रभु श्रीराम ने उनसे सब पूछ लिया। उनका प्रश्न सुनते ही अगस्त्य जी मुस्कराने लगे और कहा कि आपसे कुछ छिपा है क्या, ऐसा कोई शास्त्र है जो आपसे निःसृत नहीं है। ज्ञान की कोई ऐसी विधा है जो आप से निःसृत नहीं है, जो आपको बताया जाना शेष है। आप तो आचार्य कुल को हमेशा महत्त्व देते हैं। इसलिए ऐसा पूछ रहे हैं। *ते तुम सकल लोकपति साईं। पूछेहु मोहिं मनुज की नाईं।।* आप तो लोक पति हैं। आप तो ब्रह्माण्ड के स्रष्टा हैं। आप तो सब कुछ हैं और फिर भी मुझसे पूछ रहे हैं। फिर उन्होंने राम की अभ्यर्थना की तथा सीताजी और लक्ष्मण जी सहित उन्हें अपने हृदय में सदा निवास करने हेतु वर माँगा। ऐसे प्रभु जो सबको ज्ञान, बुद्धि, चेतना देते हैं, गति देते हैं, सद्‌गति देते हैं और सद्‌गति देने के लिए ही इस धरा पर आये हैं, सामान्य मनुष्य की तरह प्रश्न पूछ रहे हैं। अगस्त्य जी ने सारे उपायों और प्रकरणों के बारे में उन्हें बताया जिससे आगे चलकर असुरों का संहार होना है। अगस्त्य जी ने प्रभु राम के भक्तवत्सल स्वरूप की, उनकी दिव्यता और भव्यता की अभ्यर्थना की और बार–बार उनसे निवेदन किया कि मुझे आप अपने चरणों

की अटूट अनुरक्ति प्रदान कीजिए, भक्ति प्रदान कीजिए, वैराग्य प्रदान कीजिए, सत्संग प्रदान कीजिए। यह सब कुछ भगवान राम से उन्होंने माँगा और भगवान राम ने उन्हें यह सब कुछ दिया। मुनि अगस्त्य आगे एक बार और मिलते हैं लंका में तथा राम द्वारा सूर्य की आराधना करवाते हैं। अगस्त्य जी से जो जिज्ञासा थीं, सब पूरी हुईं। उसके बाद आगे के लिए उन्होंने मार्ग बता दिया था। उन्होंने कहा कि आपको पंचवटी में निवास करना है और वहाँ जाकर आपको बहुत सारे कार्य करने हैं। *हे प्रभु परम मनोहर ठाऊँ। पावन पंचबटी तेहि नाऊँ। दंडक बन पुनीत प्रभु करहू। उग्र शाप मुनिबर कर हरहू।।* आपको गोदावरी के तट पर पंचवटी में निवास करना है। वहाँ आप निवास करें यह परम मनोहर स्थान है। दण्डक वन का ये सबसे सुन्दर स्थान है। इसे आपकी उपस्थिति से पवित्र होना है। हे प्रभु इस दण्डक वन को आप ही पवित्र करेंगे। गौतम जी के कठोर श्राप से इस दण्डक वन को मुक्त करना है। *बास करहु तहँ रघुकुल राया। कीजो सकल मुनिन्ह पर दाया। चले राम मुनि आयुष पाई। तुरतहिं पंचवटी नियराई।* उन्होंने मुनि अगस्त्य जी से अनुमति ली। यात्रा पथ पर सफलतापूर्वक चलने का यह एक उपक्रम रहता है। जब आचार्य के पास पहुँचें, गुरु के पास पहुँचें, किसी ज्ञानी या सन्त के पास पहुँचें तो चलने से पहले उनकी अनुमति लें और कहें कि आपकी अनुमति हो तो आगे प्रस्थान करूँ। फिर वह वहाँ पहुँच गये जहाँ जाकर निवास करना था। पंचवटी निकट थी। यहीं पर गिद्धराज जटायु से उनकी पहली मुलाकात हुई। *गिद्धराज से भेंट भई बहु विधि प्रीति बढ़ाइ। गोदावरी निकट प्रभु रहे परन गृह छाइ।।* इसका आशय यह है कि जटायु से उनका संवाद हुआ, प्रीति बढ़ी। जटायु से सूचना लेनी थी। जटायु से आगे कार्य लेना था। इसलिए जटायु के लिए संकेत हो गया कि आगे आपका दायित्व क्या है। प्रभु राम पंचवटी में निवास करने लगे। पंचवटी में प्रभु को अनुकूल देख कर लक्ष्मण जी ने ज्ञान, वैराग्य, माया और भक्ति के विषय में जिज्ञासा की। उनके प्रश्नों का उत्तर प्रभु ने दिया। पंचवटी में सूर्पनखा का प्रसंग आता है जिसमें प्रभु राम ने उसे संकेत किया, विवाहित हूँ लक्ष्मण जी से संवाद करो वह यहाँ अकेले हैं। कुमार का एक अर्थ अकेला रहने से होता है। यह विनोद का भाव है। जब भक्ति अनन्यता में बदल जाती है तो भक्त और भगवान का भेद तिरोहित हो जाता है। इसलिए लक्ष्मण जी ने भी विनोद भाव से कहा कि प्रभु राम तो समर्थ हैं, राजा हैं और वे जो

कुछ करें उन्हें ही शोभा देता है। सूर्पनखा कुपित हुई। उसने सीता जी को डराने का प्रयत्न किया। लक्ष्मण जी ने उसकी अवज्ञा की, उसका अपमान किया, उसको कठोर वचन कहे। नाक–कान काटने का आशय कठोर वचन से था, अपमानित करने से था। वहाँ से दुखी और आहत होकर वह अपने भाई खर–दूषण के पास गयी। विलाप किया।

खर–दूषण ने तैयारी की कि ऐसे तपस्वी लोगों के दण्ड का कुछ विधान करना चाहिए। तीनों भाई खर, दूषण और त्रिशिरा ने 14,000 सैनिकों का सैन्य बल लिया और सभी वहाँ पहुँचे। पहले खर–दूषण ने अपने मन्त्रियों से कहा कि जाकर उनसे कहो कि वह क्षमायाचना करें सीता जी को लेकर आयें। प्रभु राम को पता था कि अब कुछ घटना होने वाली है। इसलिए लक्ष्मण जी से कहा कि आप जानकी जी सहित एक गुफा है उसमें कुछ देर के लिए चले जायें। मुझे कुछ कार्य करना है। जब सैन्य बल सजा कर खर–दूषण और त्रिशरा चले तो मन्त्रियों से सलाह लेकर सन्देश भेजा। प्रभु राम ने कहा कि हम क्षत्रिय राजकुमार हैं और वन में आखेट करने के लिए आये हैं। असुरों का समय भी निकट है। भगवान राम ने उन्हें समझाया कि संघर्ष का ही रास्ता है। आप संघर्ष करें। हम यहाँ से जाने वाले नहीं हैं। फिर खर–दूषण और त्रिशरा अपने सैन्य बल के साथ आक्रामक हुए। पहले तो जितने सैनिक थे, राम को देखने के बाद वे सब यह भूल गये कि हम संघर्ष करने के लिए आये हैं कि इन्हें देखने के लिए आये हैं। इतना अद्भुत सौन्दर्य उन्होंने देखा नहीं था। नर, नाग, देव, जितने भी इस धरा पर हैं किसी में इतना सौन्दर्य तो आज तक देखा नहीं गया। यह साधारण पुरुष तो नहीं हो सकते हैं। खर–दूषण ने उन्हें धमकाया कि जाकर लड़ो नहीं तो हमारे द्वारा मारे जाओगे। फिर सारे सैनिक युद्धरत्त हो गये। राम के धनुष की टकार से कुछ मुर्च्छित हुए, कुछ गिरे, कुछ उठे लेकिन संख्या में वे इतने ज़्यादा थे और मायावी कि मारे नहीं मर रहे थे। उनका स्वयं एक–दूसरे के द्वारा वध होना था। राम ने फिर यहाँ कौतुक का प्रदर्शन किया। जो 14,000 सैनिक थे सभी को लगा कि जो सामने वाला सैनिक है वह राम है। सब एक–दूसरे को राम समझ कर मारने लगे। इस तरह सारे सैनिकों का नाश हुआ। फिर खर–दूषण का संहार हुआ। त्रिशिरा का संहार हुआ। प्रभु राम ने किया। सैनिक तो आपस में ही मर गये। अद्भुत बात यह थी कि सारे सैनिकों को एक–दूसरे में राम ही दिखलाई दे रहे थे।

कुछ जगहों पर भगवान राम के ऐसे कौतुक दिखते हैं या वे दिखाते हैं। यहाँ भी सारे राक्षस राम–राम करके मरे और सभी ने सद्गति प्राप्त की। भगवान राम ने रास्ते में आचार्य अगस्त्य से जो शिक्षा ली थी, जो युक्ति पूछी थी उनमें से एक युक्ति यह भी थी कि जो मायावी राक्षस हैं इनके लिए कभी–कभी माया का प्रयोग भी करना होता है। प्रभु राम निरन्तर आचार्यों का सम्मान करते हैं। उनका आशीर्वाद लेकर बढ़ते हैं। ऐसे प्रभु राम और उनके सभी आचार्य हम सभी का मंगल करें, भारत को दुनिया का महानतम राष्ट्र बनायें और सकल मानवता का कल्याण करें।

सुनहु राम अब कहहुँ निकेता

प्रभु राम के विषय में चर्चा ही सत्संग है। उनके जीवन यात्रा के अथवा यात्रा से सम्बन्धित जो भी स्थल हैं, वहाँ पहुँच जाना ही सततीर्थ का दर्शन है। इनका लाभ सहज ही प्राप्त होता जाता है। इसलिए पूरे जीवन क्रम में प्रभु राम जहाँ–जहाँ भी पधारे, जहाँ–जहाँ भी गये अथवा जहाँ–जहाँ प्रभु राम के चरण–कमल पहुँचे, उन स्थलों को भी नमन। जो लोग उनका कीर्तन, वन्दन और उनकी कथा का श्रवण करते हैं, ऐसे सभी लोगों का अभिनन्दन। प्रभु राम जब अयोध्या से वनगमन करते हैं तो केवट से उनका संवाद होता है, विशेषकर जब गंगा पार करनी होती है। वही केवट जो यह घोषणा करता है कि प्रभु राम, मैं तो आपके मर्म को जानता हूँ। ऐसी घोषणा करने वाले कहाँ मिलेंगे। क्योंकि यह तो वही जान सकता है जिस पर भगवान राम की अतीव कृपा हो। वही उनके मर्म को जान सकता है, उनके बारे में जान सकता है। गंगा पार कर राम प्रयागराज में भरद्वाज आश्रम तक पहुँचे।

भरद्वाज मुनि के आश्रम में प्रभु राम ने रात्रि विश्राम किया और प्रातः पुनः प्रयागराज का वन्दन करके चले। चलते समय एक गूढ़ प्रश्न किया प्रभु राम ने भरद्वाज मुनि से। हे प्रभु, मुझे आगे जाने का रास्ता बताइए। भरद्वाज जी मुस्कराये कि जो सारे ब्रह्माण्ड का पथ निर्मित करते हैं, पथ पर कैसे चलें यह निर्देशित करते हैं और पथ पर चलने का पाथेय प्रदान करते हैं, वह प्रभु आज मुझसे पथ पूछ रहे हैं। भरद्वाज ने मुस्कुराकर कहा, प्रभु कौन–सा मार्ग है जो आपसे अबूझ है, जिसे आप नहीं जानते हैं। आप तो जिधर देख लेते हैं, जिस मार्ग की ओर देख लेते हैं वह सन्मार्ग हो जाता है। फिर भी आपकी इच्छा का मुझे बोध है। ऐसा आप क्यों कह रहे हैं इसका भी मुझे बोध है। आप तो त्रिकालदर्शी हैं। आप सब कुछ जानते हैं और त्रिकाल की रचना करने वाले हैं। ऐसे प्रभु को मार्ग बताना नितान्त जटिल कार्य है।

फिर भी आपने कहा है तो मैं आपको सहयोग करने के लिए अपने आश्रम के चार बटुक आपके साथ कर देता हूँ। मुझे पता है कि सब पथ आपको प्राप्त हैं, ज्ञात हैं और आप ही के द्वारा निर्मित हैं। फिर भी ये चार बटुक आपके साथ जायेंगे। इसके मूल में भाव यह था कि ये जो चार आपके साथ जा रहे हैं, इनका बड़ा संकलित पुण्य है। कुछ दूर तक, कुछ देर तक आपके सान्निध्य में रहकर अपनी इस पुण्यराशि को और बढ़ाने वाले हैं और बिना माँगे ही सब कुछ पा जाने वाले हैं। तत्पश्चात् प्रभु राम प्रयागराज से आगे बढ़ते हैं, जमुना पार करते हैं, बटुक लोगों को वापस भेजते हैं। इनका मनोरथ सिद्ध होता है प्रभु राम के साथ चलने का और फिर आगे एक तपस्वी का आगमन होता है। यह विशेष प्रसंग है मानस में। इसके बाद जब प्रभु राम आगे बढ़ते हैं तो इस पूरे मानस यात्रा में प्रभु का पूरा प्रसंग ही अमृत मानसरोवर है और हर कदम पर इस अमृत की धारा प्रवाहित होती है। इसी यात्रा में प्रभु राम वाल्मीकि आश्रम पहुँचते हैं, और वाल्मीकि की वन्दना करते हैं। यह वही वाल्मीकि हैं जो प्रभु राम के सम्पूर्ण चरित्र को देख रहे होते हैं। क्या अतीत में है, क्या वर्तमान में है और क्या आगे होने वाला है, सब कुछ वाल्मीकि रामायण में पहले ही चर्चित किया, अंकित किया, वर्णित किया महामुनि वाल्मीकि ने और फिर उनके पास जाकर जब भगवान राम ने उनकी अभ्यर्थना की, जैसा कि वह करते ही रहते हैं, आश्रम में जाकर मुनिगण का, सिद्धजन का तो इसी भाव से उनके पास जाकर उन्होंने कहा–

तुम्ह त्रिकाल दरसी मुनिनाथा। बिस्व बदर जिमि तुम्हरें हाथा।
अस कहि प्रभु सब कथा बखानी। जेहि जेहि भाँति दीन्ह बनु रानी।

उनको त्रिकालदर्शी कहते हुए, यहाँ तक पहुँचने की पूरी कथा उन्होंने बताई और उसके बाद जो रोचक प्रसंग है, वह आरम्भ होता है। मूलतः भक्ति की श्रेष्ठता क्या है भक्त कौन होता है, मन किसका निर्मल है और हृदय किसका स्वच्छ यह सब व्यक्त हो रहा है। पूरे मानस में प्रभु के निवास स्थान, निर्मल मन, स्वच्छ हृदय में प्रभु राम के लिए स्थान बताये गये हैं। बहुधा प्रभु राम वहीं रहते भी हैं। इसलिए प्रभु राम ने वाल्मीकि जी से एक सुन्दर प्रश्न किया। उनकी अभ्यर्थना की, वन्दना की और फिर कहा कि, हे प्रभु, मैं तो आपके पास आया हूँ यह जानने कि यह पथ कैसे प्रशस्त हो, तो इसके लिए मुझे कुछ स्थान की जानकारी चाहिए।

अस जियँ जानि कहिअ सोइ ठाऊँ। सिय सौमित्रि सहित जहँ जाऊँ।।
तहँ रचि लचिर परन तृन साला। बासु करौ कछु काल कृपाला।।

हे मुनिवर, आप तो सिद्ध हैं। आपको तो सब पता है। मेरे ऊपर आप अनुग्रह करें और मुझे कोई ऐसा स्थान बता दें जहाँ सौमित्र अर्थात् लक्ष्मण के साथ और अपनी संगिनी जानकी जी के साथ कुछ दिन तक मैं निवास करूँ। ऐसा प्रश्न सुनते ही वाल्मीकि जी विह्वल हो गये, और वह स्वयं प्रभु राम जी की वन्दना करने लगे और वन्दना में बहुत कुछ कहने के बाद उन्होंने कहा–

राम सरूप तुम्हार बचन अगोचर बुद्धिपर।
अबिगत अकथ अपार नेति नेति नित निगम कह।

हे प्रभु, आपका स्वरूप, वाणी, गोचर, बुद्धि से परे अव्यक्त, अकथनीय और अपार है। वेद निरन्तर उसे नेति–नेति कहकर वर्णन करते हैं अर्थात् सादर, सिद्ध, सुजान, सब आपकी वन्दना में आपके पास तक पहुँचने की कोशिश करने के साथ ही, जानने के बाद भी कहते हैं कि प्रभु आप इतना ही नहीं, आप बहुत कुछ हैं। इस 'बहुत कुछ' का वर्णन कर पाना सबके लिए सम्भव नहीं है। वही बखान कर पायेगा जिसे आप चाहेंगे–

सोइ जानइ जेहि देहु जनाई। जानत तुम्हहि तुम्हइ होइ जाई।
तुम्हरिहि कृपाँ तुम्हहि रघुनन्दन। जानहिं भगत भगत उर चन्दन।

हे प्रभु आपको वही जान सकता है जिसे आप स्वयं बता दें और जिसे आप अपने विषय में बोध करा देंगे वह स्वयं आप (राम) ही हो जायेगा। जिसके ऊपर आपकी कृपा हो जाये उसका हृदय चन्दन के समान हो जायेगा और वह आपको जानने लगेगा। इस प्रकार का व्यक्ति निर्मल भक्ति भाव प्राप्त कर लेता है।

आप तो अपने भक्तों के हृदय को शीतल करने वाले हैं। प्रभु आपको समझ पाना सम्भव नहीं है। आप ही सब को समझा सकते हैं और जिसने आपको समझ लिया वही 'आप' हो जाता है। इसलिए ऐसे आपको मैं अब क्या बताऊँ। उन्होंने वन्दना करते हुए बहुत कुछ कहा। मानस में दो प्रसंग ऐसे आते हैं, जिसमें प्रभु राम संकेत करते हैं कि अब आप अपनी वाणी को थोड़ा व्यवस्थित कर लीजिए। एक प्रसंग आता है, जब प्रभु राम का अवतार होता है, भगवान शिव और काकभुशुंडी उन्हें देखने अयोध्या पहुँचते हैं। भगवान शिव साधु वेश में हैं। माँ कौशल्या की अनुमति से भगवान

राम के पास जाकर उनके विषय में बताना शुरू करते हैं एक ज्योतिषी की तरह। बोलते–बोलते जब यह बात बोलते हैं कि माँ, आपका बालक तो साक्षात्... जैसे शिव 'साक्षात्' कहते हैं तो प्रभु राम उनको संकेत करते हैं कि बस अब इसके आगे नहीं, भेद खुल जायेगा। दूसरा प्रसंग आता है मानस में, अयोध्या काण्ड में। प्रयागराज के बाद जब आगे निकलते हैं प्रभु राम वाल्मीकि आश्रम पहुँचते हैं और उनसे अपने लिए स्थान पूछते हैं। हे मुनिवर, मेरे लिए स्थान बताइए तो वहाँ पर भगवान राम को संकेत करना पड़ता है–

पूँछेहु मोहि कि रहौं कहँ मैं पूँछत सकुचाउँ।
जहँ न होहु तहँ देहु कहि तुम्हहि देखावौं ठाउँ।

आप मुझसे पूछ रहे हैं कि मैं कहाँ रहूँ, परन्तु मैं यह पूछने में आपसे संकोच कर रहा हूँ कि हे प्रभु, आप वह स्थान मुझे बता दीजिए जहाँ आप न हों, तब मैं आपके रहने के लिए स्थान बताऊँ। यह कहके मुनिवर कुछ और कहने वाले थे–

सुनि मुनि बचन प्रेम रस साने। सकुचि राम मन महुँ मुसुकाने।
बाल्मीकि हँसि कहहिं बहोरी। बानी मधुर अमिअ रस बोरी।

जैसे ही वाल्मीकि जी ने कहा कि मुझे आप बताइए आप कहाँ नहीं हैं, तो उनके प्रेम रस से भीगे हुए वचन सुनकर प्रभु राम जान गये कि कहीं आगे ये कुछ और न कह दें, तो जो उनका दिव्य स्मित होता है, उसे उन्होंने व्यक्त किया। वाल्मीकि जी ने समझ लिया कि भगवान राम इसके आगे कहने की अनुमति उन्हें नहीं दे रहे हैं। फिर उन्होंने अपनी मीठी वाणी से प्रभु राम को बताना शुरू किया कि प्रभु राम आप कहाँ–कहाँ रहेंगे। जो सबसे प्रमुख बात थी वह यह थी कि श्रीराम से अपने पूरे संवाद में वाल्मीकि जी ने मन और हृदय को उनके लिए स्थान बताया और फिर चित्रकूट में निवास करने की बात कही। वाल्मीकि जी ने कहा–

सुनहु राम अब कहउँ निकेता। जहाँ बसहु सिय लखन समेता।
जिन्ह के श्रवन समुद्र समाना। कथा तुम्हारि सुभग सरि नाना।

हे प्रभु राम, अब मैं आपके लिए स्थान बता रहा हूँ। आप वहाँ सीता जी और लक्ष्मण जी के साथ निवास करिए। जो श्रवण करते समय अर्थात् जिनकी श्रवण शक्ति अथवा जिनका कान अथवा कान में जाने वाली

वाणियों का पुंज समुद्र के समान हो, और उसमें आपकी कथा से सम्बन्धित ध्वनियाँ जाती हों, कथामृत पहुँचता हो। ऐसा समुद्र हो जो कभी भरे ही नहीं, अर्थात् जिनके कान आपकी कथा सुनने से कभी तृप्त नहीं होते, उनका हृदय ही आपके लिए सुन्दर घर है।

भरहिं निरन्तर होहिं न पूरे। तिन्ह के हिय तुम्ह कहुँ गृह रूरे।
लोचन चातक जिन्ह करि राखे। रहहिं दरस जलधर अभिलाषे।

जिनके नेत्र आपके लिए चातक बने हुए हैं। जो आपके दर्शन रूपी मेघ को देखने के लिए सदैव चातक भाव में रहते हैं। जिनकी एक ही आकांक्षा रहती है कि आपकी कृपा का एक बूँद भी उनके नैत्रों में पहुँच जाये। जो ऐसा भाव रखते हैं, आप उनके हृदय में निवास करिए–

निदरहिं सरित सिन्धु सर भारी। रूप बिन्दु जल होहिं सुखारी।
तिन्ह कें हृदय सदन सुखदायक। बसहु बन्धु सिय सह रघुनायक।

जो भारी नदियों, समुद्रों और सरोवरों का बहुत सम्मान नहीं करते। केवल आपके सौन्दर्य रूपी मेघ की एक बूँद की ही लालसा करते हैं जो आपके दिव्य सच्चिदानन्दमय स्वरूप के किसी एक अंग की जरा–सी झाँकी के सामने स्थूल, सूक्ष्म और कारण तीनों जगत् के अर्थात् पृथ्वी, स्वर्ग और ब्रह्मलोक तक के सौन्दर्य को कुछ नहीं समझते, हे रघुनाथ जी, उन लोगों के हृदय रूपी सुखदायी भवन में आप भाई लक्ष्मण जी और सीता जी सहित निवास कीजिए। आगे कहा–

जसु तुम्हार मानस बिमल हंसिनि जीहा जासु।
मुकताहल गुन गन चुनइ राम बसहु हियँ तासु।

हे प्रभु आपके यशरूपी निर्मल मानसरोवर में, जिनकी जिह्वा हंसिनी बनकर आपके गुण समूह मोतियों को चुगती है, उसे प्राप्त करने की कोशिश करती है, साधना करती है, ऐसे व्यक्तियों के हृदय में आपको निवास करना है।

प्रभु प्रसाद सुचि सुभग सुबासा। सादर जासु लहइ नित नासा।
तुम्हहि निबेदित भोजन करहीं। प्रभु प्रसाद पट भूषन धरहीं।

जिनकी नासिका आपके पवित्र और सुगन्धित सुन्दर प्रसाद को नित्य आदर सहित ग्रहण करती हैं, अर्थात् आप जहाँ भी होते हैं, वायु सुगन्धित हो जाती है, परिवेश सुगन्धित हो जाता है, शुद्ध हो जाता है,

परिष्कृत हो जाता है। जो ऐसे परिवेश की वायु को ग्रहण करने वाले हैं, जो भोजन करते समय आप ही को अर्पित करते हैं, आपका निवेदन करते हैं–''त्वदीयं वस्तु गोविन्दं तुभ्यमेव समर्पयेत...।।''

हे प्रभु, यह आप ही ने दिया है, इसलिए आप ही को समर्पित है, और पुनः उसे आपका प्रसाद मान कर के ग्रहण करते हैं। जो आवरण भी आप ही का धारण करते हैं, जो कुछ भी वह धारण करते हैं, वस्त्र उनका जो भी होता है, वह मानते हैं कि आपके प्रसाद के स्वरूप ही ये वस्त्र हैं और उस रूप में आपका स्मरण कर लेते हैं। यह भाव जिसके साथ हो, हे प्रभु, आप उसके हृदय में निवास करिए।

सीस नवहिं सुर गुल द्विज देखी। प्रीति सहित करि बिनय बिसेषी।
कर नित करहिं राम पद पूजा। राम भरोस हृदयँ नहिं दूजा।

जिनके मस्तक देवता, गुरु और ज्ञानियों के समक्ष सम्मान सहित झुकते हैं, जो निरन्तर आपका ही वन्दन करते हैं, जो स्वयं आपके चरणों में आस्था रखते हैं और जिनके हृदय में आपका ही भरोसा है, उस हृदय में जाकर के आप निवास करिए। तुलसीदास जी ने एक जगह लिखा है--

रामनाम अवलम्ब बिनु परमारथ की आस।
तुलसी बारिद बूँद गहि चाहत चढ़न अकास।

अगर राम के चरणों का अवलम्ब न हो और फिर हम परमार्थ की कामना करें तो यह ठीक उसी तरह से है कि बारिश की बूँद को पकड़कर हम आसमान में चढ़ना चाहें। इसलिए अगर राम में भरोसा है, राम के चरणों में भरोसा है तो कोई भी लक्ष्य अलभ्य नहीं है। हमें हमेशा प्रभु राम के चरणों में ही आस्था रखनी चाहिए और उन्हीं का भरोसा रखना चाहिए।

चरन राम तीरथ चलि जाहीं। राम बसहु तिन्ह के मन माहीं।
मन्त्रराजु नित जपहिं तुम्हारा। पूजहिं तुम्हहि सहित परिवारा।

हे प्रभु, जो सदैव आपसे सम्बन्धित स्थलों पर जाने के लिए तत्पर रहते हैं और जाते हैं, क्योंकि आपके वे सारे तीर्थ हैं। आप उनके मन में निवास करिए जो नित्य आपके मन्त्र का जाप करते हैं, श्रेष्ठ मन्त्र है रामनाम, श्रेष्ठतम मन्त्र है रामनाम। जो इस मन्त्र का जाप करते हैं, सपरिवार आपकी पूजा करते हैं, हे प्रभु, आप उनके हृदय में निवास करिए।

तरपन होम करहिं बिधि नाना। बिप्र जेवाँइ देहिं बहु दाना।।
तुम्ह तें अधिक गुरहि जियँ जानी। सकल भायँ सेवहिं सनमानी।।

हे प्रभु, जो अनेक प्रकार से तर्पण करते हैं, हवन करते है, ज्ञानियों को, द्विजों को भोजन करा कर उन्हें यथोचित दान दक्षिणा देते हैं, अर्थात् सम्मान करते हैं, और जो गुरु को हृदय में आप से भी अधिक सम्मान देते हैं। मानस में सर्वत्र इस प्रकार का भाव है। प्रभु स्वयं भी ऐसा कहते हैं कि हम से आगे बढ़ कर गुरु का ध्यान करना चाहिए, उनसे ज्ञान लेना चाहिए। जो ऐसा भाव रखते हैं, उनका हर प्रकार से सम्मान करते हैं, गुरु की सेवा करते हैं, आप उनके हृदय में निवास करिए।

सबु करि मागहिं एक फलु राम चरन रति होउ।
तिन्ह कें मन मन्दिर बसहु सिय रघुनन्दन दोउ।

जो अपने सभी कर्मों का केवल एक ही फल माँगते हैं, कि हे प्रभु आपके चरणों में मेरी प्रीति हो, ऐसे लोगों के मन मन्दिर में हे प्रभु, आप सीता जी सहित निवास करिए। आगे वाल्मीकि जी ने उस यथार्थ की ओर संकेत किया है जो हम सब को विशेष रूप से ध्यान में रखना है–

काम कोह मद मान न मोहा। लोभ न छोभ न राग न द्रोहा।
जिन्ह कें कपट दम्भ नहिं माया। तिन्ह कें हृदय बसहु रघुराया।

अर्थात् जो काम मुक्त है, क्रोध मुक्त है, मद रहित है, मान मुक्त है, मोह मुक्त है, छोह मुक्त है, राग मुक्त है, द्रोह मुक्त है, अर्थात् काम, क्रोध, मद, लोभ, राग, द्वेष, छल, कपट, दम्भ, माया सबसे जो मुक्त है. हे प्रभु, वहाँ रहिए। इसमें से कोई भी एक जब मनुष्य के साथ जुड़ जाता है तो उसकी शुचिता बाधित होती है। अर्थात् इनसे रहित व्यक्ति ही शुचितापूर्ण व्यक्ति होता है और भगवान राम तो वहीं निवास करते हैं जहाँ शुचिता होती है। जहाँ सारे शील होते हैं, भगवान राम का निवास वहीं होता है। इसलिए हमें काम, क्रोध, मद, मोह, लोभ, क्षोभ, राग, द्वेष, कपट, दम्भ और माया इनसे हमेशा विरत होना चाहिए, दूर होना चाहिए–

सब के प्रिय सब के हितकारी। दुख सुख सरिस प्रसंसा गारी।
कहहिं सत्य प्रिय बचन बिचारी। जागत सोवत सरन तुम्हारी।

जो सबके प्रिय और सबका हित करने वाले हैं, जिन्हें दुख और सुख तथा प्रशंसा और निन्दा एक समान लगती है अर्थात् जो इन सबसे ऊपर हैं, जो सदैव विचार करके सत्य और प्रिय वचन बोलते हैं और सदैव प्रतिपल, जागते, सोते कहीं भी हों, सिर्फ़ आपका ही स्मरण करते हैं,

आपकी ही शरण में होने का भाव रखते हैं, आप उनके हृदय में विश्राम करिए, निवास करिए।

तुम्हहि छाड़ि गति दूसरि नाहीं। राम बसहु तिन्ह के मन माहीं।
जननी सम जानहिं परनारी। धनु पराव बिष तें बिष भारी।

आपको छोड़ कर के जिनके मन में दूसरे का कोई आश्रय नहीं, कोई गति नहीं, दूसरे का कोई विचार नहीं, आप उनके मन में निवास करिए। जो परायी नारी का माँ के समान सम्मान करे, स्थान दे, आप उनके हृदय में विश्राम करिए। हे प्रभु, जिन्हें पराया धन विष से भी भयंकर विष लगता है, आप उनके हृदय में निवास करिए।

जे हरषहिं पर सम्पति देखी। दुखित होहिं पर बिपति बिसेषी।
जिन्हहि राम तुम्ह प्रान पिआरे। तिन्ह के मन सुभ सदन तुम्हारे।

हे प्रभु, जो दूसरे का वैभव देखकर हर्षित होते हैं, दूसरे की विपदा देखकर दुखी हो जाते हैं, हे राम जी, जिन्हें आप प्राण से भी अधिक प्यारे हैं, प्रिय हैं, उनका मन आपके रहने योग्य शुभ भवन है। ऐसे लोग ही भगवान राम की कृपा प्राप्त कर सकते हैं। अर्थात् जिनके मन में लोभ न हो, जिनके मन में सहानुभूति, संवेदना, सद्भावना हो, उनके यहाँ आप निवास करें, उनके हृदय में जो सदैव आपकी शरण में ही रहें, उनके मन में आप निवास करें।

स्वामि सखा पितु मातु गुर जिन्ह के सब तुम्ह तात।
मन मन्दिर तिन्ह कें बसहु सीय सहित दोउ भ्रात।

जो आपको स्वामी, सखा, माता, पिता, गुरु सा मानते हैं, आपको इस भाव से देखते हैं, उनके मन मन्दिर में हे प्रभु, आप सीता जी और लक्ष्मण जी सहित विश्राम करें, निवास करें। भगवान राम की वन्दना–*पितु मातु सहायक स्वामि–सखा, तुमही एक नाथ हमारे हो* के रूप में सदैव की जानी चाहिए। ऐसा भाव रखने वाले व्यक्ति के मन में आप निवास करें।

अवगुन तजि सब के गुन गहहीं। बिप्र धेनु हित संकट सहहीं।
नीति निपुन जिन्ह कइ जग लीका। घर तुम्हार तिन्ह कर मनु नीका।

जो अवगुणों को छोड़कर सब के गुणों का ध्यान करते हैं, गुणों को ग्रहण करते हैं। द्विज, गाय के लिए स्वयं अपने को कष्ट में डाल लेते हैं, जो नीति निपुण हैं, जो न्यायवादी हैं, ऐसे लोगों की ही जगत् में मर्यादा है,

उनके सुन्दर मन में आप निवास करिए, वही आपका स्थान है। मनुष्य का स्वभाव कुछ अलग प्रकार का हो जाता है। हर मनुष्य में सद्गुणों की संख्या बहुत ज़्यादा है, अवगुण बहुत कम होते हैं। हमारे स्वभाव में होता है कि हम अवगुण की तलाश करते रहते हैं, यह मानव का सहज स्वभाव है। श्रेष्ठ मानव बनने का रास्ता वाल्मीकि जी ने बताया कि जो औरों के सद्गुणों को ही ग्रहण करते हैं, अर्थात् उसकी कमियों पर विचार नहीं करते, आप उनके मन में निवास करिए। यह हम सब को निरन्तर ध्यान में रखना चाहिए कि हर व्यक्ति में सद्गुण बहुत ज़्यादा हैं, और हमें सद्गुण ही देखना चाहिए। किसी की कमियों पर विचार हमें नहीं करना चाहिए, अगर आप विचार करते हैं तो उसके परिहार का उपाय बताइए, उसे सर्वथा गुणी बनाइए, यह इस भाव का सन्देश है।

गुन तुम्हार, समुझइ निज दोसा। जेहि सब भाँति तुम्हार भरोसा।
राम भगत प्रिय लागहिं जेही। तेहि उर बसहु सहित बैदेही।

यह बहुत महत्त्वपूर्ण पंक्ति है और यह हमेशा विचारणीय अनुकरणीय है। जो गुणों को आपका और दोषों को अपना समझे उसके हृदय में आपका निवास हो और जो हर प्रकार से आप ही का भरोसा रखता हो, उसमें आप निवास करें। जो यह मानकर चले कि जो कुछ मिल रहा है वह प्रभु की कृपा से मिल रहा है, प्रसाद से मिल रहा है, इस पर एक और सन्दर्भ आता है–*लक्ष्य बड़ा हो कठिन तपस्या, हृदय बड़ा मृदु वाणी, श्रेय राम का दोष हमारा, यह प्रवृत्ति कल्याणी।* कि हमें बड़ा लक्ष्य रखना चाहिए, कठिन तपस्या करनी चाहिए लक्ष्य पर पहुँचने के लिए. विशाल हृदय का होना चाहिए, निर्मल हृदय होना चाहिए और वाणी हमेशा मृदु होनी चाहिए, क्योंकि वाणी भी आहत करती है। ऐसा हमेशा प्रयास होना चाहिए कि हमारी वाणी से कोई आहत न हो। फिर अगर हम कुछ प्राप्त कर लेते हैं, लक्ष्य तक पहुँच जाते हैं तो इसमें हमारा कुछ नहीं। हम तो निमित्त मात्र हैं –*निमित्त मात्रं भव सव्यसाचिन्न।* ऐसा गीता में भगवान कृष्ण ने अर्जुन से कहा, तो श्रेय राम का, हमारी उपलब्धियों का सारा श्रेय भगवान राम का है। अगर उपलब्धियाँ नहीं मिल रही हैं, लक्ष्य तक पहुँचने में बाधा आ रही है, तो यह दोष हमारा है। अगर यह प्रवृत्ति रहेगी तो निरन्तर कल्याण ही होगा। हमें इसका ध्यान हमेशा रखना चाहिए। फिर वाल्मीकि जी ने कहा–

जाति पाँति धनु धरमु बड़ाई। प्रिय परिवार सदन सुखदाई।
सब तजि तुम्हहि रहइ उर लाई। तेहि के हृदयँ रहहु रघुराई।

अर्थात् विभिन्न प्रकार के विभेदों से ऊपर उठा हुआ व्यक्ति, धन, धर्म और प्रशस्ति से अप्रभावित व्यक्ति जो घर परिवार में रहकर भी, सबके साथ होकर भी, सबका सहयोग लेकर भी, सबको सहयोग देकर भी निरन्तर आपका ध्यान करता है, हे प्रभु, आप उसके हृदय में निवास करिए।

सरगु नरकु अपबरगु समाना। जहँ तहँ देख धरें धनु बाना।
करम बचन मन राउर चेरा। राम करहु तेहि कें उर डेरा।

हे प्रभु, स्वर्ग, नर्क और मोक्ष जिसकी दृष्टि में एक समान है, क्योंकि वह यत्र–तत्र–सर्वत्र आपको ही धनुष–बाण धारण किये हुए देखता है, हर तरह से वह आपका ही सेवक है, आपका ही दास है। हे प्रभु, ऐसे व्यक्ति के हृदय में आप निवास करिए। वही आपके लिए गेह है क्योंकि ऐसा सोचने वाला व्यक्ति ही निर्मल देहधारी व्यक्ति है। ऐसे देह में ही आपका गेह हो सकता है।

जाहि न चाहिअ कबहुँ कछु तुम्ह सन सहज सनेहु।
बसहु निरन्तर तासु मन सो राउर निज गेहु।

अर्थात् हे प्रभु, जिसका आपसे स्वाभाविक स्नेह हो, नैसर्गिक लगाव हो, जिसको कभी कुछ भी नहीं चाहिए। आप उसके मन में निरन्तर निवास करिए। वही आपका घर है।

एहि बिधि मुनिबर भवन देखाये। बचन सप्रेम राम मन भाये।
कह मुनि सुनहु भानुकुलनायक। आश्रम कहउँ समय सुखदायक।

इस प्रकार मुनियों में श्रेष्ठ वाल्मीकि जी ने श्रीरामचन्द्र जी को घर बता दिया कि कहाँ–कहाँ आपका घर है और उनके प्रेम पूर्ण वचन को अच्छा मानकर भगवान राम मुदित हुए। पुनश्च मुनिवर ने कहा, हे सूर्य कुल के स्वामी, अब मैं इस समय के लिए आपको सुखदायक आश्रम बताता हूँ, जो आपके निवास योग्य है–

चित्रकूट गिरि करहु निवासू। तहँ तुम्हार सब भाँति सुपासू।
सैलु सुहावन कानन चारू। करि केहरि मृग बिहग बिहारू।

आप चित्रकूट पर्वत पर निवास करिए। वहाँ आपके लिए सब प्रकार की सुविधा है, सुहावना पर्वत है और सुन्दरवन है। वहाँ हाथी, सिंह, हिरण

और पक्षियों का विहार स्थल है। संकेत था, कि हे प्रभु अब उनका भी पुण्य पूरा हो रहा है, अब उनको भी आपके दर्शन मिलें, इसका समय आ गया है। इसलिए आप वहाँ विश्राम करिए।

नदी पुनीत पुरान बखानी। अत्रिप्रिय निज तप बल आनी।
सुरसरि धार नाउँ मन्दाकिनि। जो सब पातक पोतक डाकिनि।

चित्रकूट में पवित्र नदी है जिसकी पुराणों ने बहुत प्रशंसा की है, और जिसको अत्रि ऋषि की पत्नी सती अनसूया ने अपने तपोबल से उस स्थान तक बुला लिया था। वह गंगा जी की धारा है, उसका मन्दाकिनी नाम है। हे प्रभु, वहाँ आपको रहना है। वहाँ किसी भी प्रकार की अशुभ शक्तियाँ नहीं होतीं। उन अशुभ शक्तियों का विनाश स्वतः उस धारा में हो ज़ाता है।

अत्रि आदि मुनिबर बहु बसहीं। करहिं जोग जप तप तन कसहीं।
चलहु सफल श्रम सब कर करहूँ। राम देहु गौरव गिरिबरहू।

वहाँ अत्रिमुनि जैसे बहुत से श्रेष्ठ मुनि निवास करते हैं, जो योग, जप और तप करते रहते हैं और अपने शरीर को साधना की कसौटी पर कसते हैं। हे प्रभु, वहाँ सब के परिश्रम को सफल करिए, उनकी साधना को सफल करिए और श्रेष्ठ पर्वत चित्रकूट को भी गौरव प्रदान करिए।

चित्रकूट महिमा अमित कही महामुनि गाइ।
आइ नहाए सरित बर सिय समेत दोउ भाइ।

महामुनि वाल्मीकि जी ने चित्रकूट की अपरिमित महिमा का वर्णन किया और तब प्रभु राम ने सीता जी सहित, लक्ष्मण जी सहित आकर के श्रेष्ठ मन्दाकिनी में स्नान किया और वहाँ पर पर्ण कुटी बनाकर रहने लगे। इस तरह जो सबके लिए गेह सुलभ कराते हैं, जो सबको देह भी प्रदान करते हैं, इस देह–गेह का सूत्र निर्धारित करते हैं, कड़ी निर्धारित करते हैं, ऐसे प्रभु राम वाल्मीकि जी से इस यात्रा, इस वन यात्रा के अनन्तर अपने लिए स्थान पूछते हैं, और सिद्ध मुनि त्रिकालदर्शी वाल्मीकि जी उन्हें उनके रहने योग्य स्थान बताते हैं। प्रभु राम जहाँ भी खड़े हो जायें, वह उनके योग्य ही हो जाता है। फिर भी प्रभु राम की जिज्ञासा को मुनि भाव से उन्होंने उसका समाधान किया और इस तरह हम सबके लिए मानस में एक सन्देश दिया कि हमें किन कमियों से मुक्त हो जाना चाहिए और किन सद्गुणों से युक्त हो जाना चाहिए।

सद्‌गुण ही हमारी पहचान है, हमारी मानवता का प्रतीक है और यही मानवता जगत् के कल्याण का हेतु है। सद्‌गुण मिलता भी तब है, जब प्रभु राम की कृपा हो जाती है, वाल्मीकि जैसे सन्तों की कृपा हो जाती है, वशिष्ठ, विश्वामित्र और भरद्वाज जी जैसे ऋषियों की कृपा हो जाती है, सर्वाधिक सद्‌गुणों की खान की प्राप्ति तभी होती है जब हम प्रभु राम में आस्था रखते हैं, उनमें हमारा भरोसा होता है, क्योंकि पूरा श्वसन तन्त्र उन्हीं के द्वारा संचालित है, हम उन्हीं के द्वारा रक्षित हैं और उन्हीं के द्वारा स्पन्दित हैं। ऐसे प्रभु राम को निरन्तर नमन। वन गमन कर रहे प्रभु राम का हम ध्यान करें, उनके लिए जो वाल्मीकि ने स्थल बताये हैं, उन्हें हम अपने मन मानस में और अपने हृदय में सृजित करें। निश्चय ही इससे अपना कल्याण होगा, परिवार का कल्याण होगा, समाज का कल्याण होगा, राष्ट्र का कल्याण होगा। यह हमारी मानवीय संवेदनाओं का द्योतक है जिसकी ओर वाल्मीकि जी ने संकेत किया। आज कोरोना काल में इन्हीं संवेदनाओं की विशेष आवश्यकता है जिससे हम परहित में लगें और निजहित कुछ भी न मानें। जो भी करें, भगवान राम की प्रेरणा से करें तो कोई बाधा इस संसार में रहने वाली नहीं है। बाधाएँ हमेशा अल्पकालिक होती हैं और उनका क्षय होता ही रहता है। प्रभु राम की कृपा से हम सभी बाधा मुक्त हों। हम सभी के ऊपर प्रभु राम की निरन्तर कृपा रहे–*सीय राममय सब जग जानी, करहु प्रणाम जोरी जुग पानी।।*

आश्रम और मुनिगण

प्रभु राम अपनी पूरी यात्रा में आचार्यगण का निरन्तर सम्मान करते हैं, उनका अभिवादन करते हैं। पूरे मानस में कई आश्रमों के प्रसंग मिलते हैं। वशिष्ठ आश्रम, विश्वामित्र आश्रम, भरद्वाज आश्रम, वाल्मीकि आश्रम, अत्रि ऋषि का आश्रम, शरभंग मुनि का आश्रम, सुतीष्ण का आश्रम, अगस्त्य जी का आश्रम और मतंग जी का आश्रम। अगस्त्य जी श्रीराम से दो बार मिलते हैं। प्रभु श्रीराम विभिन्न आश्रमों में जाते हैं। राम के अवतरण के कारण का एक सन्दर्भ है–

विप्र धेनु सुर सन्त हित लीन्ह मनुज अवतार।

इतने के लिए ही उन्होंने मनुष्य का रूप धारण किया। अपने यात्राक्रम में, प्रभु राम ने इन सबका निरन्तर कल्याण किया, और इसी कल्याण के माध्यम से जग का उद्धार किया। मानवता का कल्याण किया। ऐसे प्रभु राम की यात्रा वशिष्ठ आश्रम से प्रारम्भ होती है। वशिष्ठ जी, ब्रह्मा के मानस पुत्र, सप्तर्षियों में से एक, राम के गुरु भी और उनके कुलगुरु भी। ऐसे ऋषि जिन्होंने वेद का दर्शन किया था। राम के आगमन के पूर्व की व्यवस्था, प्रभु राम का नामकरण, उनकी शिक्षा–दीक्षा करने का कार्यक्रम और फिर विश्वामित्र के आगमन पर उनके साथ जाने के लिए दशरथ जी को समझाना, यह सारा कार्य वशिष्ठ जी ने किया। प्रभु श्रीराम ने आश्रमों की यात्रा दो क्रम में की पहली बार शिक्षार्थ एवं विवाहार्थ तथा कुछ असुरों को मुक्त करने एवं अहल्या का उद्धार करने के लिए विश्वामित्र आश्रम गये। दूसरे क्रम में विशेष प्रयोजनार्थ वनगमन हुआ। कालान्तर में वन के लिए रामगमन हुआ और चित्रकूट निवास में, भरत जी के साथ भी, वशिष्ठ जी उनके पास गये। लंका से जब भगवान राम की वापसी हुई, तो फिर राज्यारोहण की पूरी प्रक्रिया में वशिष्ठ समक्ष थे। इस तरह राम की जीवन यात्रा का आरम्भ और सतत इसका गमन,

संचलन और बोध, सब किसी न किसी रूप में महामुनि वशिष्ठ द्वारा निर्देशित भी था, सन्देशित भी था, उपदेशित भी था। निरन्तर उनका आशीर्वाद प्रभु राम के ऊपर बना रहा। एक छोटा सन्दर्भ शिक्षा के लिए है, बहुधा सुना भी जाता है–

गुरु गृह पढ़न गये रघुराई। अल्प काल विद्या सब आई।।

भगवान राम भाइयों के साथ वशिष्ठ जी के आश्रम में विद्या अध्ययन हेतु जाते हैं। वह भगवान राम, जिनके रोम–रोम से वेद निःसृत होते हैं। जो स्वयं वाणी के प्रभु हैं, रचनाकार हैं, वह वशिष्ठ जी का महत्त्व बढ़ाने के लिए स्वयं उनके आश्रम में जाते हैं। शिक्षित होते हैं, दीक्षित होते हैं, पुनरीक्षित होते हैं और परीक्षित भी होते हैं।

तत्पश्चात् जीवन पथ पर आगे बढ़ते हैं। बालकाण्ड में इस यात्रा में विश्वामित्र आश्रम का उल्लेख मिलता है। विश्वामित्र जी दशरथ जी के यहाँ गये। सभी ऋषियों को पता था कि भगवान राम का आगमन हो गया है। दशरथ से माँगने के लिए गये कि राम और लक्ष्मण को आप हमें दें, क्योंकि जहाँ हम लोग आराधना करते हैं, उपासना करते हैं, अर्चना करते हैं, ध्यान करते हैं, वहाँ राक्षस लोग बहुत तंग करते हैं। आश्रम पर मारीच और सुबाहु की बहुत तीखी नज़र है। यज्ञ–विध्वंस करने का काम ये राक्षस करते हैं। विश्वामित्र जी के अन्दर इन सब के शमन की पूर्ण क्षमता है, लेकिन उन्हें पता है कि इनको गति और सद्गति प्रदान करने के लिए ही भगवान राम आये हुए हैं, इसलिए वह दशरथ जी के पास जाते हैं और उन्हें माँगते हैं। दशरथ जी को संकोच होता है, राम लक्ष्मण को देने में। कई तरह से वह अन्य प्रकार की चर्चाएँ करते हैं। विश्वामित्र जी तनिक दुखी होते हैं। तब वशिष्ठ जी दशरथ जी को समझाते हैं कि आप उनके पास इन्हें जाने दीजिए। वहाँ वह बहुत कुछ करने वाले हैं, क्योंकि भगवान राम इसी कार्य के लिए अवतरित हुए हैं। उन्हें जाना ही है और जाना ही चाहिए क्योंकि प्रभु राम तो इस धरा पर असुरों का जो प्रकोप है उसे नष्ट करने के लिए आये हैं। धरा पर जो अयाचित, अवांछित बोझ बढ़ गया है उसे हटाने के लिए आये हैं। जब वे विश्वामित्र आश्रम में पहुँचते हैं तब उन्होंने भगवान राम को पहचान लिया। जानते तो पहले से थे लेकिन जब उनके पास रामचन्द्र जी पहुँचे तो उनके मन में राम के प्रति जो भक्ति थी उसे ऋषि ने प्रकट कर दिया–

तब रिषि निज नाथहि जियँ चीन्ही। बिद्यानिधि कहुँ बिद्या दीन्ही।।
जाते लाग न छुधा पिपासा। अतुलित बल तन तेज प्रकासा।।

उन्होंने भगवान राम को पहचाना और जो विद्यानिधि हैं, उनको उन्होंने विद्या प्रदान की। विश्वामित्र जी को पता है कि राम साधारण मनुष्य नहीं हैं। वह स्वयं परमेश्वर हैं, इसीलिए मन में उनको विद्या का भण्डार समझते हुए भी ऐसी विद्या दी जिससे भूख प्यास न लगे और शरीर में अतुलित बल और तेज का प्रकाश हो। भगवान राम तो हर विद्या के ऊपर हैं। भूख, प्यास यह सब भगवान राम के गुण नहीं हैं। यह उनकी न अपेक्षा है, न अभीप्सा है। वह सब के ऊपर हैं। विश्वामित्र जी जानते हैं कि वह साक्षात परमेश्वर हैं, लेकिन यह विद्या उन्हें दी जिससे कि उन्हें कभी भूख नहीं लग सकती थी, कभी प्यास नहीं लग सकती थी और शरीर में अतुलित बल दिया। जिनके शिष्य, जिनके भक्त अतुलित बलधाम हैं हनुमान जी, उस प्रभु राम को विश्वामित्र जी ने अतुलित बल प्रदान किया और उनके तेज को इतना दैदीप्यमान कर दिया कि भगवान राम पूर्णत्व को अगर प्रदर्शित करते हैं, तो करोड़ों–करोड़ सूर्य उनसे निःसृत होने लगते हैं। इस तरह से उन्हें ज्ञान दिया, बल दिया, तेज़ दिया और यह जानकर कि आगे इन्हें बहुत कुछ करना है, उन्हें आयुध प्रदान किया। जो शस्त्र विश्वामित्र जी के पास थे, उसे प्रदान किया और परम हितैषी जान करके उन्हें आहार, जो भगवान को प्रिय है –कन्दमूल स्वरूप भोजन दिया। मानस में प्रसंग आता है–

आयुध सर्ब समर्पि कै प्रभु निज आश्रम आनि।
कंद मूल फल भोजन दीन्ह भगति हित जानि।।

यह सब कुछ भगवान राम को दिया। ऐसा इसलिए कि आगे श्रीराम को असुरों का संहार करना है। इसी आश्रम में रहते समय मारीच और सुबाहु का प्रसंग आता है। भगवान राम ने मारीच को मार करके वहाँ (गोदावरी के किनारे) भेज दिया जहाँ उससे काम लेना था, उसे सोने का मृग बनना था। उसी के माध्यम से रावण का पहुँचना होना था, इसलिए उसे जीवनदान दिया। सुबाहु का वध किया, ताड़का को पहले ही मार दिया था। विश्वामित्र जी सहित लक्ष्मण के साथ रामजी का जनकपुर जाना हुआ तथा जानकी जी के साथ विवाह के उपरान्त उनकी अयोध्या वापसी हुई। विशेष प्रयोजनार्थ 14 वर्ष के वनवास की कड़ी में भगवान राम लक्ष्मण एवं सीता सहित आगे की यात्रा करते हैं और तीर्थराज प्रयाग में पहुँचते हैं–

को कहि सकइ प्रयाग प्रभाऊ। कलुष पुंज कुंजर मृगराऊ।

यह महत्त्व है प्रयागराज का। वहाँ वह भरद्वाज ऋषि के आश्रम में पहुँचते हैं, उनकी वन्दना करते हैं, दोनों एक दूसरे को पहचानते हैं और भरद्वाज जी उनसे मिलने पर कहते हैं–

आजु सफल तपु तीरथ त्यागू। आजु सुफल जप जोग बिरागू।
सफल सकल सुभ साधन साजू। राम तुम्हहि अवलोकत आजू।।

हे राम, आज आपके दर्शन मात्र से ही मेरा तप, तीर्थ सेवन और त्याग सफल हो गया। मेरा जप, मेरा योग, मेरा वैराग्य सफल हो गया। आप तो सम्पूर्ण शुभ साधनों के दाता हैं, द्योतक हैं, संग्राही हैं। अतएव आपसे मिलने के बाद तो आज मेरा जीवन ही धन्य हो गया, लेकिन ऋषि आगे और भी न कह दें, इसलिए भगवान राम ने मुस्करा कर के मुनिवर का नमन किया, अपना सन्देश दिया कि मुनिवर बस इतना ही रहने दीजिए। फिर भी भरद्वाज जी को सन्तोष नहीं हुआ। जो पुण्य प्राप्त करना था भगवान राम के सान्निध्य का, भगवान राम के दर्शन का, उन्होंने प्राप्त किया। वहाँ से भगवान राम को आगे की यात्रा करनी थी। रोचक प्रसंग यहाँ शुरू होता है कि किस तरह भगवान राम आचार्यगण को महत्त्व देते हैं, यह आज सब को समझने की ज़रूरत है। भगवान राम को पता है कि उनका मन्तव्य क्या है, अर्थात् निशाचरों का नाश करना। उनको यह भी पता है कि उनका गन्तव्य क्या है। उन्हें अन्ततः लंका जाना है, वहाँ से माँ जानकी को वापस लाकर अवधपुरी में पहुँचना है। फिर भी वह रास्ता पूछते हैं। यह अद्भुत बात है कि वह रास्ता पूछ रहे हैं, जो समस्त मार्ग के निर्धारक और निर्माता हैं। उन्होंने भरद्वाज जी से पूछा कि मुझे बताइए कि आगे किधर जाना है, रास्ता क्या है? भरद्वाज जी ने मुस्करा कर कहा कि प्रभु, आप तो सबको रास्ता दिखाते हैं, सबके लिए रास्ता बनाते हैं, सबको रास्ता बताते हैं और सबको रास्ता जताते हैं और ऐसे आप मुझसे रास्ता पूछ रहे हैं। फिर प्रभु राम मुस्कुराये कि मुनिवर कहीं हमारे स्वरूप का वर्णन न आरम्भ कर दें। उन्होंने कहा कि आज इसी की आवश्यकता है। भरद्वाज जी समझ गये। उन्होंने कहा कि अब आप यमुना पार करके आगे जाइए और आपके साथ कुछ सहयोगी बटुक मैं लगा देता हूँ। फिर भगवान राम ने पुनः अक्षयवट का दर्शन किया, यमुना पार किया।

यमुना पार करके फिर वह वाल्मीकि आश्रम पहुँच गये। वाल्मीकि आश्रम पहुँचने के बाद उन्होंने वाल्मीकि जी का वन्दन किया। वाल्मीकि जी ने समझ लिया कि प्रभु राम आ गये मेरे पास। वह उनका (श्रीराम जी का) वर्णन करने लगे, उनकी अभ्यर्थना करने लगे और कहा कि हे प्रभु राम–

राम सरूप तुम्हार बचन अगोचर बुद्धिपर।
अबिगत अकथ अपार। नेति नेति नित निगम कह।।

आप तो अद्भुत हैं, आपके बारे में जानना सहज नहीं है। दोनों ने एक दूसरे का भाव जाना और प्रभु राम तो सभी मुनिगण का कल्याण करने के लिए ही आये हैं। उनका महत्त्व वर्णन करते हुए कहा कि हे मुनिवर, मुझे आपसे कुछ ज्ञात करना है। हमें अब वन की यात्रा करनी है और इस वन में मैं कहाँ रहूँ, यह बताइए। जैसे भरद्वाज जी ने संकेत में यह बताने की कोशिश की कि जो सबको पथ बताते हैं, वह मुझसे पथ पूछ रहे हैं, इसी भाव में वाल्मीकि जी ने कहा–

पूँछेहु मोहि कि रहौं कहँ मैं पूँछत सकुचाउँ।
जहँ न होहु तहँ देहु कहि तुम्हहि देखावौं ठाउँ।।

आप पूछ रहे हैं मुझसे कि मैं कहाँ रहूँ। मैं आपसे पूछ रहा हूँ कि वह जगह बता दीजिए जहाँ आप नहीं हैं। मैं तब आपके लिए स्थान बताऊँ? भगवान राम मुस्कराये, उनको संकेत किया कि मुनिवर आज इतना ही। हमें तो बस कहाँ निवास करना है वह स्थान बताइए। वाल्मीकि जी ने बताया कि जिनका मन आपकी कथा से कभी तृप्त न हो, जिनके नेत्र आपके दर्शन के लिए निरन्तर लालायित रहते हों, जो आपका ही गुणगान करते हैं, श्वाँस, आहार और आवरण, आपका ही प्रसाद मानते हैं, जो निरन्तर आपके चरणों की वन्दना करते हैं, जो आप में ही भरोसा करते हैं, जो आपसे सम्बन्धित स्थलों को तीर्थ मानकर जाते हैं, उसका ध्यान करते हैं, उसका अनुमान करते हैं, उसका वन्दन करते हैं और जो आपके मन्त्र का ही निरन्तर जाप करते हैं, आपके चरणों की वन्दना करते हैं, हे प्रभु यह स्थल हैं, जहाँ आपको रहना है अर्थात् उन जगहों पर आप रहते ही रहते हैं। यह विशेषकर सामान्य जन के लिए भी उनका संकेत है, सन्देश है और शुचिता की ओर यात्रा करने के लिए भी एक सन्देश है। वाल्मीकि जी की तरफ़ से–

काम कोह मद मान न मोहा। लोभ न छोभ न राग न द्रोहा।।
जिन्हकें कपट दम्भ नहिं माया। तिन्ह कें हृदय बसहु रघुराया।।

प्रभु आप तो वहाँ निवास करिए कि जिनके अन्दर न काम हो, न क्रोध हो, न मद हो, न अभिमान हो, न मोह हो, न लोभ हो, न क्षोभ हो, न राग हो, न द्रोह हो। जिनके अन्दर न कपट हो, न दम्भ हो। जो न माया से प्रभावित हों, ऐसे व्यक्ति के हृदय में आप निवास करें। अर्थात् यह हम सब के लिए वाल्मीकि जी का उपदेश है और उनकी शिक्षा है कि ईश्वर में आसक्ति, ईश्वर की भक्ति, ईश्वर की अनुरक्ति, ईश्वर की प्राप्ति के लिए आवश्यक है कि हम काम, क्रोध, मोह, लोभ, क्षोभ, राग, द्वेष, कपट, दम्भ, इन सब से मुक्त हों, तभी जाकर हम ईश्वर की कृपा प्राप्त कर सकते हैं।

इसके बाद वे आगे चलते हैं। चित्रकूट में निवास करते हैं। चित्रकूट जो आज सतना और उत्तर प्रदेश दोनों की सीमा पर है, आधा सतना में, आधा उत्तर प्रदेश में। वहीं अत्रि ऋषि का आश्रम था। उसे तपोवन कहा जाता था। आज भी वह तपोवन के रूप में ही है। भगवान राम ने वहाँ कुछ समय बिताया और चित्रकूट से चलते समय वह अत्रि ऋषि के आश्रम में गये। अत्रि ऋषि को कहा जाता है कि उन्होंने ऋग्वेद के पंचम मण्डल का दर्शन कर रखा था, या उसके द्रष्टा थे, ज्ञाता थे, विवेचक थे, विश्लेषक थे, उद्घोषक थे। ऐसे अत्रि ऋषि के पास गये जिनकी भार्या अनसूया का प्रसंग दुनिया में और आज तक के इतिहास में अद्भुत प्रसंग है। उनके जैसी शक्ति आज तक किसी नारी को प्राप्त नहीं हुई। इसीलिए वे सतत वन्दनीया हैं। इतनी महत्ता प्राप्त है उन्हें कि उनके आगे ब्रह्मा, विष्णु और महेश, ये तीनों बालक रूप में उपस्थित हुए। फिर पार्वती जी, लक्ष्मी जी, ब्रह्माणी जी सबके अनुरोध पर अत्रि ऋषि के कहने पर इन तीनों को मूल रूप में वापस किया और इन तीनों ने उन्हें आशीर्वाद दिया। माँ अनसूया ने कहा कि आप लोग हमारे पास रहे तो हमारे अन्दर एक बालक के प्रति जो ममता होती है, वह जाग्रत हो गयी। यह ममता बनी रहे और दिखे, बस इसका आप लोग प्रबन्ध करें। वह तीनों फिर दत्तात्रोय के रूप में प्रकट हुए। बाद में माँ अनसूया को एक सन्तान और हुई जिन्हें दुर्वासा कहते हैं। उनकी एक विशेषता यह थी कि आहार में वे केवल दुर्वा लिया करते थे। इसीलिए उन्हें दुर्वासा कहा जाता था। जिन्हें दुर्वा के अतिरिक्त किसी अन्य चीज की आशा न हो। माँ अनसूया ने सीता जी को आशीर्वाद दिया और वह वस्त्र दिया कि जो निरन्तर धवल रहता है, शुद्ध रहता है। फिर आभूषण दिया जो सबको दृष्टिगत न हो, जिसे केवल भगवान राम देखें,

माँ सीता देखें, क्योंकि इसकी ज़रूरत आगे पड़नी थी। इस तरह से अत्रि ऋषि के आश्रम में भगवान राम ने थोड़ा समय बिताया। माँ जानकी के लिए फिर माँ अनसूया की शिक्षा–दीक्षा हुई और फिर उसके बाद आगे की यात्रा प्रारम्भ हुई।

आगे की यात्रा का विवरण मिलता है जहाँ शरभंग आश्रम है। भगवान राम वहाँ पहुँचे। शरभंग जी के बारे में कहा जाता है कि उन्होंने ब्रह्मलोक जाने की तैयारी कर ली थी। लेकिन उन्हें यह कथा सुनायी दे गयी कि भगवान राम वन में आने वाले हैं, इसलिए उन्होंने प्रस्थान का सनय रोक लिया। यह क्षमता थी उस समय के ऋषियों की, कि अपनी इच्छा से ही वह प्रस्थान और प्रयाण कर सकते थे। प्रयाण के पूर्व उन्होंने विश्राम किया और भगवान राम जब उनके पास पहुँचे तो उन्होंने कुछ प्रस्ताव रखे कि प्रभु, मैं तो जा रहा था लेकिन आपके लिए ही मैं रूका। मानस में बहुत अच्छा प्रसंग है–

कह मुनि सुनु रघुबीर कृपाला। संकर मानस राजमराला।।
जात रहेउँ बिरंचि के धामा। सुनेउँ श्रवन बन ऐहहिं रामा।।

अर्थात् मैं तो जा रहा था, लेकिन पता चला कि शंकर जी के मनरूपी मानसरोवर के राजहंस प्रभु राम वन में आने वाले हैं, इसलिए मैं यहाँ रुक गया आपका दर्शन करने के लिए। आपका दर्शन कर लिया। आपको देखना अर्थात् इस ब्रह्माण्ड में और वैकुंठ में, सब कुछ प्राप्त कर लेना है। इस दर्शन के बाद कोई आशा शेष नहीं रहती, इच्छा शेष नहीं रहती, कामना शेष नहीं रहती, प्राप्ति शेष नहीं रहती, अर्थात् सब कुछ प्राप्त हो जाता है। मेरा यह सौभाग्य था कि मुझे आपको देखना था। भगवान राम ने उनका सत्कार किया। शरभंग जी ने कहा कि मेरा जो कुछ है वह आप ही का दिया हुआ है, आप ही के लिए है, इसमें मेरा कुछ भी नहीं है। एक संकेत था कि प्रभु, जहाँ इसका प्रयोग करना हो आप प्रयोग करेंगे, क्योंकि बहुत सारे ऐसे प्रकरण हैं मानस में, जिनका निदान विभिन्न प्रकार के साधनों से होना है। उन साधनों की जानकारी दी शरभंग जी ने। भगवान राम मुस्कराये, यह जानते हुए कि शरभंग जी यह भी कह रहे हैं कि आपको क्या चाहिए, मैं क्या दे सकता हूँ। और यह भी बता रहे हैं कि जो मेरे पास है अर्थात् जो कुछ है, वह है उनकी तपस्या का पुंज। हे प्रभु, यह आप ही का है, आप ही के लिए हुआ है, आप ही के माध्यम से है।

यह सब कुछ है, इसमें और भी संकेत निहित थे। प्रभु राम मुस्कराये। मुनिवर ने कहा कि अगर अब आपकी अनुमति हो, क्योंकि आपको देखने के बाद प्रस्थान से पूर्व तो आपकी अनुमति आवश्यक है, तो फिर मैं आप के लोक को प्रस्थान करूँ। भगवान राम केवल उन्हें देखते रहे। उनको सन्देश मिल गया कि ऐसा हो सकता है, अब जा सकते हैं। फिर उन्होंने यज्ञाग्नि, ध्यानाग्नि, और तपाग्नि तीनों का समन्वित रूप प्रकट किया और उसके माध्यम से फिर ब्रह्मलोक चले गये।

इस तरह से भगवान राम पूरी यात्रा में आचार्यगण को सम्मानित करते हैं। ऋषि अपने समय के आचार्य थे, मन्त्रद्रष्टा थे। उनके आश्रम शिक्षालय थे, विज्ञान के केन्द्र थे जहाँ वैज्ञानिक प्रयोग होते थे। सारे ऋषि मन्त्रद्रष्टा थे अर्थात् उनके आश्रम में कला, विज्ञान, अनुसन्धान सब की विधाएँ थीं। और जो मन्त्र थे, वह वैज्ञानिक फ़ार्मूला थे, ऋषिगण उसे तैयार करते थे और उसे परखते थे, अर्थात् उसका प्रयोग करते थे। ऐसे अनुसन्धानालय थे, प्राचीन काल के आश्रम ऐसे आश्रमों को नमन, वहाँ प्रयोग करने वाले ऋषियों को नमन, आचार्य रूप में हम सब पर कृपा दृष्टि रखने वाले सन्तों को नमन और निरन्तर प्रभु राम को, लक्ष्मण को, माता जानकी को नमन जिनके कारण ऐसे आश्रमों के बारे में हम लोगों को ज्ञान हो सका है। इसके आगे प्रभु राम सुतीक्ष्ण आश्रम पहुँचे, अगस्त्य मुनि के आश्रम गये और फिर मतंग ऋषि के आश्रम में। जितने संस्थान हैं शिक्षा के ये सब आधुनिक आश्रम हैं। यहाँ अगर उसी भाव से व्यक्ति पहुँचे कि हमें आचार्यों से सीखना है। श्रद्धापूर्वक कुछ लेना हो तो उनके पास जो अध्ययन, स्वान और ध्यान की निधि है, वह बरबस निःसृत होने लगती है, प्रवाहित होने लगती है और हमें जीवन पथ पर बढ़ने के लिए पाथेय मिलने लगता है। ऐसे सभी आचार्यों को भी नमन। नमन बार–बार प्रभु राम को, माँ जानकी को जिनके कारण यह संसार है, हम सभी हैं।

वनयात्रा के कौतुक प्रसंग एवं ऋषि महत्त्व

प्रभु राम भी कभी–कभी कौतुक करते हैं। एक कौतुक उन्होंने अगस्त्य जी के आश्रम में किया था, कहीं–कहीं वह सिद्धाश्रम के नाम से भी विदित है। कौतुक इस प्रकार से था कि प्रभु राम को अगस्त्य जी ने आदरपूर्वक बैठाया। उसके पहले स्वयं प्रभु राम ने जानकी जी और लक्ष्मण जी के साथ अगस्त्य जी की वन्दना की। उनके आग्रह पर एक रात्रि रुकने के लिए तैयार हुए। जितने आसपास के मुनि थे, उनके चारों तरफ़ बैठ गये। पहला कौतुक था यह। वैसे तो अनेक कौतुक स्थल हैं। कौतुक यह है कि सारे मुनि प्रभु राम के चतुर्दिक बैठे हैं, और सब को लग रहा है कि राम उन्हीं की ओर देख रहे हैं। अर्थात् राम सबके सम्मुख थे और सब उन्हें अपनी ओर देखता हुआ मान रहे थे।

जब प्रभु राम ने अगस्त्य जी से अपने लिए कोई स्थान पूछा तो उन्होंने बताया कि आपके लिए तो यही आश्रम है, आप यहीं रहें। फिर प्रभु राम ने कहा कि नहीं आपकी तपस्या में बाधा आयेगी, मुझे रहने योग्य कोई और स्थान बतायें। उन्होंने कहा कि दस कोस की दूरी पर गोदावरी नदी के किनारे पंचवटी नामक स्थान है। आपके लिए सर्वाधिक अनुकूल जगह है, वहाँ आप विश्राम करें। मुनि त्रिकालदर्शी होते हैं। उन्हें पता था कि उसी आश्रम से भगवान राम का लक्ष्य पूरा करने की क्रियाविधि आरम्भ होने वाली है। भगवान राम दूसरे दिन अगस्त्य मुनि से विदा लेकर आगे बढ़े।

दूसरा कौतुक पंचवटी में निवास के अनन्तर हुआ, खर दूषण त्रिशिटा और उनकी सेना से संघर्ष के समय। देवतागण यह देखकर सभीत हुए कि चौदह हजार राक्षसों से प्रभु राम अकेले लड़ रहे हैं। देवता और नुनियों को भयभीत देखकर मायापति प्रभु राम ने एक बड़ा कौतुक किया, जिससे शत्रुओं की सेना एक दूसरे को रामरूप में देखने लगी और आपस में ही युद्ध करके लड़ मरी।

सुर मुनि सभय प्रभु देखि, मायानाथ अति कौतुक कर्यो।
देखहिं परस्पर राम करि संग्राम, रिपु दल लरि मर्यो।।

तीसरा कौतुक यह है कि श्रीराम जी रावण द्वारा सीता के हरण के बाद जब पंचवटी से उनकी खोज में निकले तो रास्ते में उन्होंने खगमृग और लताओं से पूछा कि क्या आप लोगों ने सीता को देखा है? *हे खग मृग हे मधुकर श्रेनी। तुम्ह देखी सीता मृगनैनी।।*

इसके दो भाव थे। इन सभी खग, मृग, पशु, पक्षी, एवं लताओं को, राम, लक्ष्मण और सीता साथ–साथ चलते हुए दिखलाई दे रहे थे। तो उनके बारे में कि सीता मृगनैनी ऐसा कहते हुए प्रभु राम उन्हें सम्बोधित कर कह रहे थे कि आपने मेरे साथ चल रही मृगनयनी सीता जी को देखा क्या? दूसरा आशय था कि उन्हें बिना मेरे ही जाते हुए देखा क्या? कौतुक का एक और प्रसंग **बालकाण्ड** में आता है। जब वह इस तरह से पशु–पक्षियों से श्रीसीता जी के विषय में पूछ रहे हैं तो माँ सती को संशय होता है। अगस्त्य आश्रम से लौटते हुए शिव जी जब प्रभु राम के इस स्वरूप का वन्दन करते हैं, तो सती ने उनसे पूछा कि आप किसका वन्दन कर रहे हैं। उन्होंने कहा यह मेरे आराध्य हैं, इस समय लीला कर रहे हैं। इसलिए मैंने इनका ध्यान किया और यही हमारे लिए सतत वन्द्य हैं, वन्दनीय हैं, पूज्य हैं। इस पर माँ सती को संशय हुआ कि नर रूप में श्रीराम इस तरह से चिन्ताग्रस्त होकर घूम रहे हैं, सीता के वियोग में घूम रहे हैं। शिवजी के प्रभु राम तो हमेशा सीता जी के साथ रहते हैं। अपना संशय दूर करने के लिए सती राम की परीक्षा लेने के लिए पहुँच गयीं और वहाँ प्रभु राम ने उन्हें कौतुक दिखलाया कि सदैव जानकी उनके साथ ही रहती हैं। जिधर–जिधर माँ सती की दृष्टि गयी, उधर–उधर राम, लक्ष्मण और जानकी उन्हें दिखलाई दिए। इस तरह

जाना राम सती दुख पावा। निज प्रभाव कुछ प्रगटि जनावा।
सती दीख कौतुक मग जाना। आगे राम सहित श्री भ्राता।।

इतना ही नहीं–

फिरिं चितवा पाछे प्रभु देखा। सहित बन्धु सिय सुन्दर वेषा।
जहँ चितवहिं तहँ प्रभु आसीना। सेवहिं सिद्धमनीस प्रवीना।।

आगे बढ़ने पर गिद्धराज जटायु से दो बार उनकी मुलाक़ात हुई थी। एक तो पंचवटी में रहते समय और दूसरा पंचवटी से निकलने के बाद,

जब रावण के द्वारा माँ जानकी का हरण कर लिया गया था। रास्ते में कौतुक करते हुए, खग, मृग, पशु–पक्षियों और लताओं से पूछते हुए आगे बढ़े तो रास्ते में जटायु दोबारा मिले। उन्होंने रावण के कुप्रयास की पूरी कथा प्रभु राम को बताई। प्रभु राम ने उनके ऊपर बहुत कृपा की। एक प्रसंग है–

कोमल चित अति दीनदयाला। कारन बिनु रघुनाथ कृपाल।।
गीध अधम खग आमिष भोगी। गति दीन्ही जो जाचत जोगी।।

भगवान राम परम कृपालु हैं। बिना चाहे भी, बिना किसी कारण के भी वह कृपा करते रहते हैं। पक्षियों में गिद्ध को अधम पक्षी कहा जाता है, जो अभक्ष ग्रहण करता है। ऐसे गिद्ध को उन्होंने अपनी गोद में लेकर सद्गति प्रदान की। स्वयं उसकी अन्त्येष्टि की। यह प्रभु राम को महिमा है। पंचवटी में रहते समय पहले ही उन्होंने जटायु को बता दिया था कि आगे उनका दायित्व क्या है। इस समय, इस तरह जब दायित्व पूरा हुआ तो उन्हें सद्गति प्रदान की।

इसके आगे जब प्रभु श्रीराम बढ़ते हैं तो रास्ते में एक और असुर मिलता है जिसका नाम कबन्ध था। कबन्ध के बारे में कहा जाता है कि दुर्वासा ऋषि के श्राप के कारण वह असुर योनि में आ गया था। पहले वह गन्धर्व था। किसी कारणवश उसने दुर्वासा ऋषि की अवहेलना की और दुर्वासा ऋषि ने उसे श्राप दे दिया फलतः कबन्ध के रूप में असुर होकर वह दण्डकारण्य में भ्रमण करने लगा। श्राप से भयग्रस्त होने पर मुनि की विनती करने लगा। द्रवित होकर मुनि ने उसकी दशा पर विचार किया। उसके मुक्त होने का समय और उपाय बताया। प्रभु श्रीराम जी ने कबन्ध को मुक्ति प्रदान की और उसको यह सन्देश भी दिया कि किसी भी दशा में यदि कोई तपस्वी, ज्ञानी, भूदेव श्राप दे रहा हो, कष्ट दे रहा हो, तो भी उनके बारे में अन्यथा नहीं सोचना चाहिए।

सापत ताड़त परुष कहन्ता। बिप्र पूज्य अस गावहिं सन्ता।।

सन्त लोगों का कहना है कि जो सिद्ध कोटि के विद्वान हैं, आचार्य हैं वह कठोर वचन बोलें तो भी उनकी वन्दना करनी चाहिए। तुमने भूल की, इसलिए तुम्हें दुर्वासा का श्राप मिला। अब पुनः मैं तुम्हें तुम्हारी गति में भेजता हूँ।

आगे मार्ग में मतंग ऋषि का आश्रम था। आश्रम यात्रा की कड़ी में मतंग जी का आश्रम अन्तिम पड़ाव था। यहाँ से भगवान राम को आगे की

यात्रा करनी थी। मतंग जी सिद्ध ऋषि थे। एक ऐसे ऋषि जिन्होंने एक बार केसरी सहित बाली, सुग्रीव, अंगद सब की रक्षा की थी। जब अंगद पैदा हुए, उनका उत्सव मनाया जा रहा था, उसी समय एक 'मरजारिका' नाम की मायावी वहाँ पहुँच गयी। बहुत पहले उसने केसरी के साथ अनुराग भाव रखा था, लेकिन केसरी तो साधक थे मरजारिका से विवाह के लिए सहमत नहीं हुए। अंजनी से उनका विवाह हुआ। **मरजारिका** रास्ते में छूट गयी। इसके मायावी रूप के कारण ही, तप भंग करने की वृत्ति के कारण ही मतंग ने इसे मांडूक क्षेत्र में निरुद्ध कर दिया था।

जहाँ से उसका बाहर निकलना निषिद्ध हो गया। फिर वहाँ भी इसने साधना की और अपनी एक सिद्ध गुरु जो पहुँची हुई साधिका थीं, के आशीर्वाद से प्राणघाती अस्त्र प्राप्त किया तथा मांडूक क्षेत्र से मुक्त होने की शक्ति प्राप्त कर ली। यह भागती हुई फिर चली आयी जहाँ बाली का निवास स्थान था। वहाँ जाते ही उसने कहा कि तुम लोगों के कारण केसरी हमसे विमुख हुए हैं। इसलिए केसरी को छोड़कर, सबको मैं अभी नष्ट कर दूँगी, क्योंकि केसरी को अपना स्वामी मानती हूँ। यह कहकर उसने प्राणघातिनी अस्त्र का प्रयोग किया। उसी समय मतंग ऋषि पहुँचे, उस अस्त्र को उन्होंने अपने अन्दर ले लिया और उसे प्रभाव शून्य कर दिया। इस तरह सभी की रक्षा की। उसकी शक्ति क्षीण हुई और वह पुनः मांडूक क्षेत्र में चली गयी। एक प्रसंग मतंग ऋषि के तप का यह है।

दूसरा प्रसंग यह है कि मतंग ऋषि अपने आश्रम में ध्यानरत थे। उसी समय बाली ने दुन्दुभि नामक असुर का वध किया था। बाली की शक्ति की बहुत चर्चा थी। उसकी एक विशेषता थी कि कोई भी बैरी भाव में उसके सामने जाता था तो उसकी आधी शक्ति बाली में निहित हो जाती थी। दुन्दुभि इससे भयग्रस्त नहीं था। उसे लगता था कि वह असुर है और बाली को वह मार सकता है, और उनका सुन्दर क्षेत्र प्राप्त कर सकता है। उसके मन में कुवृत्ति थी। बाली ऐसे योद्धा थे जिन्होंने समुद्र मन्थन के समय देवताओं का साथ दिया था और फिर सफलता के बाद देवताओं ने उन्हें तारा नाम की अप्सरा के साथ विवाह करने का योग प्रदान किया था। बाली ऐसे शक्तिमान कहे जाते हैं जो किसी की ललकार से भागते नहीं और दुन्दुभि ने जब उन्हें ललकारा तो वह ललकार का प्रत्युत्तर देने लगे। उन्होंने दन्दुभि का वध किया और इतना अधिक क्रुद्ध हुए कि उसकी मृत काया को उठाकर आसमान में फेंक दिया।

उसकी कुछ रक्त बूँदें मतंग ऋषि के आश्रम पर गिर गयीं। मतंग ऋषि ने ध्यान से देखा कि रक्त बूँदें गिरी हैं। कहाँ से ऐसा रक्त गिरा? उन्होंने ध्यान में देखा कि दुन्दुभि की काया आसमान में नाच रही है, घूम रही है। बाली ने इसका वध किया। यह सही बात थी कि असुर का वध होना था, इससे वे दुखी नहीं हुए। यह सब के लिए मतंग ऋषि का एक सन्देश है। उन्होंने सिर्फ़ यह कहा कि मरे हुए शरीर का भी सम्मान होना चाहिए। जो मृत काया का अपमान करता है, वह बहुत बड़ा दोषी है, अधर्म करता है। इस अधर्म की सजा के लिए उन्होंने बाली को श्राप दिया कि जहाँ मतंग हैं उनके चतुर्दिक ऋष्यमूक क्षेत्र में अगर बाली ने प्रवेश करने की कोशिश की, तो वह नष्ट हो जायेगा। तभी से बाली ऋष्यमूक श्रेत्र में नहीं आया। जब बाली और सुग्रीव का झगड़ा हुआ, तब सुग्रीव भी इस प्रसंग को जानते थे। अपने प्राण बचाने के लिए वह ऋष्यमूक पर्वत क्षेत्र में आये, और अपनी रक्षा हेतु यहाँ की गुफा में प्रवेश किया। यही गुफा सुग्रीव गुफा के नाम से भी जानी जाती है। ऐसे सिद्ध थे मतंग ऋषि।

मतंग ने भगवान राम का ध्यान पहले ही कर लिया था। उन्हें पता था कि भगवान राम आने वाले हैं। योगाग्नि से ब्रह्मलोक प्रस्थान से पूर्व अपनी शिष्या शबरी को श्रीराम के लिए आगे का पथ बताने का दायित्व दिया। ऋषि तो त्रिकालदर्शी होते हैं। उन्होंने ध्यान में भगवान राम से पहले ही विदा ले ली। कहा, प्रभु आपके कार्य का निर्देशन हो चुका है। ऋष्यमूक सुरक्षित क्षेत्र है जहाँ सुग्रीव से मिलने के लिए शबरी कहेंगी। वह आपकी आगे की यात्रा में सहयोग करेंगे। ऐसा प्रभु को अपनी ध्यानावस्था में संकेत देकर उनसे आशीर्वाद लेकर उन्होंने ब्रह्मलोक के लिए प्रस्थान कर लिया था। जाने से पहले उन्होंने शबरी से कहा कि तुम यहाँ रुकी रहना और यहाँ भगवान राम आयेंगे और भी बहुत सारे सन्देश उन्होंने शबरी को दिए। जब भगवान राम मतंग ऋषि के आश्रम में पहुँचे तो वहाँ उनकी मुलाक़ात शबरी से हुई। अर्थात् गिद्धराज जटायु की अन्त्येष्टि करके वह आगे बढ़े, मतंग ऋषि के आश्रम में आये और वहाँ शबरी से मुलाक़ात हुई।

शबरी प्रभु राम को देख कर इतना अधिक मगन हो गयीं कि कुछ कह नहीं पायीं, केवल उनके चरणों में शीश झुका कर उनकी वन्दना करने लगीं। फिर उनकी अनुमति से जल लेकर आयीं। उन्हें आसन पर बैठाकर पग प्रक्षालन किया और उस पवित्र जल (चरणोदक) से अपने को आप्लावित किया।

प्रेम मगन मुख बचन न आवा। पुनि पुनि पद सरोज सिर नावा।।
सादर जल लै चरन पखारे। पुनि सुन्दर आसन बैठारे।।

रामकथा में गंगा दो बार मूल रूप में पुनः निकली हैं। एक बार जब भगवान राम केवट से गंगा पार करने के लिए कह रहे थे तो केवट ने कहा कि आपका पैर धोलना पड़ेगा। बिना उसके आप जा नहीं सकते। पहली बार प्रभु का पग पखारने का काम केवट ने किया। गंगा तो मूल रूप से प्रभु के चरणों से निकली हैं। दोबारा केवट के कठौता में निकलीं। दूसरी बार मतंग ऋषि के आश्रम में शबरी के पात्र में गंगा निकलीं। शबरी ने मूल गंगा का पान भी किया और उससे स्नान भी किया, शबरी ने उनको बताया कि आगे आपके लिए क्या होना है।

भगवान राम ने उसको नवधा भक्ति का उपदेश दिया–

प्रथम भगति सन्तन्ह कर संगा। दूसरि रति मम कथा प्रसंगा और इस तरह से नौ प्रकार की भक्ति बताया, और उनको बताया कि वह हर प्रकार की भक्ति में प्रवीण हैं, भक्ति के सभी आयाम उनमें निहित हैं। कहा कि तुम सद्गति की सत्य अधिकारी हो। शरभंग ऋषि इस आश्रम में योगाग्नि में, तपाग्नि में, ध्यानाग्नि में बैठकर प्रभु राम के लोक में गये और दूसरी यह शबरी है जो उनको आगे का पथ बताने के बाद योगाग्नि में, तपाग्नि में, ध्यानाग्नि में बैठकर प्रभु राम के लोक में चली गयी। इस तरह यहाँ प्रभु राम की आश्रम की यात्रा पूरी होती है।

पंचवटी से प्रस्थान यात्रा की कड़ी में केवल अगस्त्य जी उनसे एक बार और मिलते हैं। अन्य ऋषि जो वन यात्रा में श्रीराम जी से मिले वे दोबारा नहीं दिखे। केवल अगस्त्य जी ही एक बार पुनः दिखे। इसका प्रसंग वाल्मीकि रामायण के **युद्धकाण्ड** में मिलता है। 105वाँ सर्ग है, जहाँ अगस्त्य जी उन्हें आदित्य हृदय स्तोत्र के बारे में बताते हैं। युद्ध आरम्भ होने से पहले, राम–रावण के युद्ध से पहले अगस्त्य जी वहाँ पहुँचे। ब्रह्मा ने राम को बहुत सारे आयुध दिए। पहले ही अगस्त्य मुनि ने भी बहुत सारे आयुध दे रखे थे। यहाँ उन्होंने श्रीराम जी से कहा कि एक आवश्यकता और शेष रह गयी है। आप सूर्य की वन्दना कर लें, क्योंकि इक्ष्वाकु वंश के आदिदेवता सूर्य हैं और उन्हीं के नाम पर आपका वंश सूर्यवंश कहलाता है। भगवान राम सूर्यवंशी थे। कालान्तर में भगवान कृष्ण का अवतरण हुआ था चन्द्रवंशी कुल में थे। श्रीराम के कुल का नाम सूर्यवंश था।

प्रताप, तेज के लिए विदित। मुनिवर ने उन्हें आदित्य हृदय स्तोत्र की जानकारी दी और इसके लिए उन्होंने अनुष्ठान किया। इस अनुष्ठान के बाद सूर्य देवता प्रसन्न हुए। प्रभु को जो इच्छित था सूर्यदेव ने दिया। यहाँ से फिर आगे की यात्रा शुरू हुई, रावण का वध हुआ और प्रभु श्रीरामजी, लक्ष्मण जी और सीताजी सहित तथा अन्य जो सहयोगी थे, सबके साथ पुष्पक विमान में बैठकर अयोध्या वापस आये। इस तरह पूरी यात्रा में भगवान राम आचार्य वन्दना करते हैं। आश्रमों की महत्ता बढ़ाते हैं।

आज हम लोगों के पास नयी शिक्षा नीति है। जितने विद्यालय हैं, महाविद्यालय हैं, विश्वविद्यालय हैं या शिक्षा से सम्बन्धित जितने संस्थान हैं, यह सभी आज के आश्रम हैं। यह सभी आश्रम कल्याण का पथ प्रशस्त करते हैं। हमें भगवान राम से यह सीख लेनी चाहिए कि पथ प्रशस्त करने के लिए हमारा जो मन्तव्य है, जो हमारा लक्ष्य है, उसकी प्राप्ति हेतु अर्थात् गन्तव्य तक पहुँचने के लिए आचार्यों के आशीष का पाथेय लेना आवश्यक होता है। प्रभु राम तो सर्वसमर्थ हैं, लेकिन उन्होंने हम सभी के लिए यह सन्देश दिया कि लोककल्याण, लोकहित, लोकपथ सबके लिए ज़रूरी है कि जो आचार्य हैं, जो विद्वान हैं, जो ज्ञानी हैं और जो गुरु हैं, उनका सहयोग अवश्य लिया जाये। उनका सन्देश अवश्य सुना जाये। उनका उपदेश अवश्य सुना जाये और उनका आशीर्वाद अवश्य लिया जाये। निश्चय ही जो गुरु का आशीष है वह फलित होता है। माँ के रूप में गुरु हो, पिता के रूप में गुरु, शिक्षक के रूप में गुरु हो, शास्त्र के रूप में गुरु हो, शास्ता के रूप में गुरु हो हमेशा उसका आशीर्वाद फलित होता है। ऐसा मान कर ही हमें कर्मपथ पर आगे बढ़ना चाहिए। प्रभु राम ऐसा ही सन्देश हमें देते हैं।

माता शबरी और नवधा भक्ति

रामावतरण से लेकर वनगमन और लंका अभियान के पश्चात् अयोध्या आगमन और आगे तक प्रभु के विविध प्रकार के स्वरूपों का मानस में दिग्दर्शन होता है। दुनिया के जितने भी देश हैं, लगभग सभी जगह राम के प्रसंग साहित्यकारों एवं ज्ञानियों के चिन्तन क्षेत्र में आते हैं। इसीलिए इसे रामकथा कह लें, रामायण कह लें, रामशास्त्र कह लें, जो भी नाम चाहें दें। जिस रूप में भी प्रभु राम का चरित्र वर्णित है उन सभी रूपों में एक बात सामान्य है कि वे किसी न किसी रूप में तत्कालीन लोक गीत, जो आज तक प्रचलन में है, लोक संगीत जो आज तक प्रचलन में है, लोक संस्कृति जिसका विस्तार हो गया है, लोक मानस जिससे हम प्रभावित हैं और लोक मान्यता जिसे हम आधार मान कर चलते हैं, इन सभी का समावेश रामायण में मिलता है। भित्तिचित्र के रूप में, नाट्य मंचन के रूप में और भी कई विधाओं में हम प्रभु राम के जीवन के विविध प्रसंगों को देखते हैं, सुनते हैं, गाते हैं और ध्यान में रखते हैं। हम मान कर चलते हैं कि जितना भी स्पन्दन शब्द में निहित है, वह सब श्रीराम के कारण ही है। इसलिए हमारे जीवन का अस्तित्व, इसकी पहचान और इसकी यात्रा, सब के मूल में राम और केवल राम ही होते हैं। राम के कारण ही इस सृष्टि की रचना है, यह ब्रह्माण्ड है और ब्रह्माण्ड का सन्तुलन भी स्वयं राम ही करते हैं। इसके कई सन्दर्भ और प्रसंग भी मिलते हैं, दृष्टान्त भी मिलते हैं और जब हमें कहीं भी चेतना का बिन्दु नहीं दिखलाई देता, हम अचेतन होने लगते हैं तो राम ही चेतना बनकर खड़े होते हैं। अर्थात् हमारी चेतना भी स्वयं प्रभु राम ही हैं। ऐसे राम के चरित्र के बारे में कितना कुछ कहा जाये। हम विचार करें उन ऊँचाइयों की, उस विराट की जो भगवान राम का स्वरूप है, जगत् जननी जानकी का स्वरूप है। इसलिए रामकथा को जितनी बार कहा जाये, जितनी बार सुना जाये, हमेशा नवीन लगता है।

हर युग की अपनी अलग रामकथा है। त्रेता की रामकथा का मूल तत्त्व आज की रामकथा में भी है। प्रसंग बदल जाते हैं। लेकिन राममय होने का भाव कभी ख़त्म नहीं होता। तो ऐसा भाव हम सभी को प्रगति पथ पर ले चले, हम सभी को सुरक्षित रखे, विश्व मानवता का कल्याण करे और इस समय जो आपदा है उसका शमन करे।

राम तक पहुँचने का सबसे सहज तरीक़ा है सहज भक्ति। लेकिन सहज भक्ति जितना कहना सहज है उतनी सहज नहीं होती। एक प्रसंग मिलता है सहज भक्ति का जब गोदावरी तट पर पंचवटी स्थित अपने आश्रम में माँ सीता को प्रभु श्रीराम ने नहीं देखा तो उनकी तलाश में लक्ष्मण जी के साथ चले। रास्ते में यात्रा करते–करते सहज भक्ति का प्रतिमान शबरी के रूप में उन्हें दिखा। कम्बन रामायण में एक विशेष उल्लेख है कि रावण केवल माँ जानकी को अपने रथ पर बैठाकर नहीं ले गया। जो कुटी थी जिसमें माँ सीता निवास कर रही थी, माँ जानकी सहित उस पूरी कुटी को उठाकर ही अपने रथ पर रख लिया और लेकर गया। क्योंकि वह शाप पीड़ित भी था कि ऐसी किसी दिव्य नारी का स्पर्श करते ही उसके जीवन का अन्त हो जाना था, इस बात को वह जानता था। दूसरा माँ सीता अग्नि स्वरूप हैं। उनका स्पर्श करके कोई जीव सुरक्षित रह जाये, यह सम्भव ही नहीं। इसलिए कम्बन ने अपनी दृष्टि से देखा, वह अपने समय के सन्त थे दक्षिण भारत के। उनकी दृष्टि में यही आया कि पूरी कुटी को ही उठाकर रावण ले गया। माँ सीता उसी कुटी में विराजमान थीं। एक प्रसंग है यह, लेकिन माँ सीता वहाँ गोदावरी तट पर आश्रम में नहीं थीं। आश्रम था या नहीं, इस सम्बन्ध में अलग–अलग दृष्टि हो सकती है।

माँ जानकी की तलाश में रास्ते में भगवान राम मनुष्य रूप में जो वेदना व्यक्त कर सकते हैं, व्यक्त करते चले। पशु–पक्षियो को भी सौभाग्य प्रदान करते चले, अपना दर्शन देते चले। लताएँ उनसे मिलने के लिए व्याकुल थीं, उनको भी आशीर्वाद देते चले। इस प्रक्रिया में पुनः जटायु मिले और जटायु को अपनी गोद में रखा, अन्त्येष्टि किया। प्रश्न किया कि आप कहें तो आपको पुनः मैं दिव्य देह दे देता हूँ। जटायु ने कहा, प्रभु आपका दर्शन पाने के बाद कुछ प्राप्ति शेष नहीं रह जाती। इसलिए मुझे और कुछ भी नहीं चाहिए। फिर प्रभु राम ने स्वयं उनको अपना स्वरूप दिया। अन्त्येष्टि के बाद वह राम रूप में रामलोक गये,

भगवान राम की स्तुति करते हुए चले गये। यात्रा में पुनः कबन्धु को मुक्त किया, गन्धर्व को जो शाप से पीड़ित था। और वह शाप भी ऐसा था कि कभी आचार्य की अवहेलना नहीं करनी चाहिए। उसके बारे में मानस में बहुत कुछ लिखा है। फिर आगे ईश्वर का बढ़ना हुआ और माँ शबरी से उनका मिलन हुआ। शबरी सहज भक्त की प्रतिमान हैं। केवट और शबरी में कुछ बातें बहुत सामान्य लगती हैं। प्रसंग यह है कि उन्हें भी भरोसा था कि राम आयेंगे, शबरी को भी भरोसा था कि राम आयेंगे। शबरी के गुरु, मतंग ऋषि ने संसार छोड़ते समय शबरी से कहा था, कि शबरी तुम प्रतीक्षा करना, भगवान राम के आने का समय हो रहा है। वह तुम्हें दर्शन देकर अपने धाम में भेज देंगे। यह दृढ़ विश्वास है। जिसे भगवान का दर्शन हो जाता है उसे परम पद प्राप्त हो जाता है। सहज भक्ति में भक्तों द्वारा अपने आराध्य की प्राप्ति के प्रति दृढ़ विश्वास होता है। यह विश्वास था शबरी को। इसी विश्वास से शबरी निरन्तर अपने आश्रम में जो मतंग जी छोड़ कर के गये थे, नित्य फूल लाकर के रास्ते में बिछाती थीं कि यहाँ भगवान राम का आना होगा। विश्वास यह था कि वह फूल हमेशा ताज़े रहेंगे, नित्य जो फूल वह रखती हैं रास्ते में वह कभी सूखेंगे नहीं। भले ही समय के साथ फूल सूखे भी होंगे, लेकिन जैसे ही प्रभु राम वहाँ पधारे, वे सारे फूल खिल गये और शोभा बिखेरने लगे। एक भी फूल उस समय ऐसा नहीं था जो मतंग ऋषि के जाने के बाद वहाँ रखा गया था, वह सूखा हो या बासी हो। सब सहज, खिले हुए और सुगन्ध युक्त हो गये, यह भगवान राम की महिमा है।

राम का जो स्वरूप मतंग ऋषि ने बताया था, आज शबरी ने देखा। दण्डकारण्य से सम्बन्धित यह अंचल माना जाता है, जहाँ शबरी को ईश्वर ने सेवा का अवसर दिया। जैसे ही शबरी ने राम और लक्ष्मण को देखा उन्होंने अपने गुरु की बात का ध्यान किया और भगवान राम का दिव्य दर्शन पाकर जाना कि सौन्दर्य किसे कहते हैं। शायद यह सौन्दर्य शब्द भी प्रभु राम की शोभा को व्याख्यायित न कर सके। सौन्दर्य के जितने प्रतिमान हो सकते हैं, आकर्षण के जितने प्रतिमान हो सकते हैं, वह भगवान राम के रोम–रोम से निःसृत हो रहे थे। इतना आकर्षक जैसा उनके गुरु ने बताया था कि वैसी छवि देखना–बनना सम्भव ही नहीं है। शबरी भावविभोर हुईं–कि प्रभु राम मेरे पास आ गये। फिर अपने तरीक़े से उन्होंने भगवान का स्वागत किया, स्तवन किया। अपनी कुटी के आसन पर प्रभु को बैठाया।

इस क्षण यहाँ अब शबरी और केवट की गति एक हो गयी। बैठाने के बाद शबरी ने पहला काम यह किया कि प्रभु का पग प्रक्षालन किया। यह अधिकार पूरी रामायण में केवल दो ही को मिला, केवट को और शबरी को। शबरी द्वारा प्रभु श्रीराम के पग प्रक्षालन के बाद उस पात्र में सम्पूर्ण गंगा ही आ गयी। शबरी ने उसका आचमन किया और उसको अपने सिर पर डाला अर्थात् मूल गंगा (भगवान के श्रीचरण से निःसृत) में स्नान कर लिया। केवट ने उस मूल गंगा में स्नान नहीं किया, उसका पान किया अमृत के रूप में। यहाँ शबरी और भी आगे निकल गयीं, पान भी किया और स्नान भी किया। एक और प्रसंग है, केवट ने प्रभु राम का पैर दबाया। शबरी ने भी पैर धुलते हुए दबाया, दबाया ही नहीं, वह दोनों भाइयों के पैर से लिपट गयी। केवट प्रेम लपेटे अटपटे शब्द बोलता है भगवान राम के लिए, और यहाँ तो शबरी पूरा लिपट ही गयीं प्रभु राम के चरणों से, लक्ष्मण के पैरों से। यह जो पैर से लिपटने का सुख है, भगवान राम की सभी आवृत्तियों को अपने मानस में उतार लेने का जो सुख है, रामकथा में यह सुख केवल और केवल शबरी को मिला। इसीलिए शबरी को सन्तों की परमपरा में शीर्षस्थ सन्त कहा जाता है। फिर जो प्रेम से खिलाया जा सकता है प्रभु राम को, कन्द–मूल–फल, यह सारे ला करके उन्होंने प्रभु राम के सामने रखा और प्रभु राम ने केवल खाया ही नहीं, उनके द्वारा प्रस्तुत कन्द, उनके द्वारा प्रस्तुत मूल, उनके द्वारा प्रस्तुत फल, सबकी अतिशय सराहना की। प्रभु राम ने आहार की ऐसी सराहना पूरे रामायण में कहीं अन्यत्र नहीं की, जितना शबरी द्वारा परोसे गये फल–कन्द–मूल उनको प्रिय लगे। यह भक्ति का प्रतिमान होता है, सहज भक्ति का, जिसमें ईश्वर को सब कुछ अच्छा लगने लगता है। दूसरी धारा होती है भक्त को पाकर सब कुछ ईश्वर का अच्छा लगने लगता है। यहाँ ईश्वर को शबरी का सब कुछ अच्छा लगने लगा। शबरी की कान्ति, शबरी की शक्ति, शबरी का स्नेह, शबरी की आस्था और सर्वोपरि शबरी की भक्ति।

शबरी ने कहा, प्रभु राम, मुझे तो बहुत ज्ञान नहीं है। यह किस ऊँचाई की बात है इसका अनुमान कर पाना भी सम्भव नहीं है। राम को देखते ही ज्ञान की सारी विधाएँ अपने अन्दर समाहित हो जाती हैं। उन विधाओं से सन्तृप्त होने वाली शबरी भगवान राम से कहती हैं, प्रभु राम मैं किस तरह से आपकी प्रार्थना करूँ, मुझे तो कुछ आता ही नहीं। मैं कैसे आपकी भक्ति करूँ, मुझे तो भक्ति का कोई विधान भी नहीं पता है,

सिर्फ़ इतना ध्यान है कि आप मेरे पास आये हैं, मैं आपको देख रही हूँ, मैं कैसे क्या कहूँ आपको। फिर प्रभु राम ने वहाँ नौ प्रकार की भक्ति का उल्लेख किया। इस चिन्तन का विषय भी नवधा भक्ति ही है और इसके सभी प्रसंग रामकथा में एक जगह अगर कहीं किसी भक्त में दिखते हैं तो वह शबरी ही हैं। इसीलिए शबरी सहज भक्ति की पराकाष्ठा हैं जिसको अन्त में उन्होंने कहा कि सरल होना भक्ति का सबसे बड़ा उदाहरण है। प्रभु श्रीराम नौ प्रकार की भक्ति का उल्लेख करते हैं।

प्रथम भगति सन्तन कर संगा।
दूसरि रति मम कथा प्रसंगा।।

पहली भक्ति है सज्जनों का साथ करना, और दूसरा है मेरी कथा में अनुरक्त हो जाना। यह दोनों शबरी के पास है। उनके आश्रम में सज्जनों से ही संवाद होता था और सज्जनों से संवाद अर्थात् सत्संग की प्राप्ति। सत्संग क्या है? जहाँ सिर्फ़ और सिर्फ़ मंगल की बात होती है। इस मंगल की बात से जहाँ अमंगल निर्मूल हो जाता है, उसे सत्संग कहते हैं। सत्संग का महत्त्व बताते हुए सुन्दरकाण्ड में एक प्रसंग आता है। जब हनुमान जी लंका में प्रवेश कर रहे थे और लंकिनी ने उनका रास्ता रोका, हनुमान जी ने उसको अपने हस्त प्रहार से ज्ञान दिया, तो फिर लंकिनी ने कहा–

तात स्वर्ग अपबर्ग सुख धरिअ तुला लक अंग।
तूल न ताहि सकल मिलि जो सुख लव सतसंग।।

अर्थात् यदि स्वर्ग और मोक्ष दोनों को तराजू के एक पलड़े पर रख दिया जाये, और दूसरे पलड़े पर रख दिया जाये सत्संग को, तो स्वर्ग और मोक्ष ऊपर उठ जायेंगे, हल्के होंगे लेकिन सत्संग का पलड़ उठेगा नहीं, इतना भारी है। इस सत्संग की नियमित प्राप्ति करती रहीं शबरी। इसलिए पहली भक्ति भी शबरी के पास है। दूसरी कि मेरी कथा में जिसकी अनुरक्ति हो, जिसका विश्वास हो। जहाँ मतंग ऋषि का आश्रम हो, वहाँ राम की ही कथा होगी। जहाँ कहीं भी राम की कथा होती है और कोई व्यक्ति उसमें लीन होता है, तो यह भक्ति का दूसरा उपाय है जिससे ईश्वर तक पहुँचा जा सकता है।

गुर पद पंकज सेवा तीसरि भगति अमान।
चौथि भगति मम गुन गन करइ कपट तजि गान।।

तीसरी है अभिमान रहित होकर गुरु चरणों की सेवा करना।

चौथी है कपट त्याग कर प्रभु राम के गुण समूहों का गायन करना। ये दोनों भी हैं उनमें। गुरु चरणों की जो सेवा करे : ऐसे अभिमान मुक्त व्यक्तित्व बहुत कम मिलते हैं। इसी रूप में शबरी को आज भी याद किया जाता है। कोई अहंकार नहीं, अपनी पहचान की कोई समस्या नहीं कि मुझे किस रूप में देखा जायेगा, किस रूप में माना जायेगा। केवल गुरु पग की सेवा में रहना ही महत्त्वपूर्ण माना। भगवान राम का गायन, कपट त्याग कर अर्थात् उसके पीछे कोई लोभ न हो, किसी को कष्ट देने का भाव न हो, छल रहित जीवन और आचरण, भक्ति की चौथी विधा है, यह भी यहाँ दिखलाई देती है।

मन्त्र जाप मम दृढ़ बिस्वासा। पंचम भजन सो बेद प्रकासा।
छठ दम सील बिरति बहु करमा। निरत निरन्तर सज्जन धरमा।

पाँचवीं भक्ति है भगवान के नाम का जाप करना और उन में दृढ़ विश्वास करना। 'छठी भक्ति' है इन्द्रियों का निग्रह करना, शील–सदाचार का आचरण करना और बहुत से जो इन्द्रिय जनित विषय हैं उनसे विरक्त हो जाना, और सदाचरण में लगे रहना। यह सब भी शबरी के पास है। वे व्यक्ति धन्य हैं जो इनमें से किसी के भी साथ संलग्न हैं, जिनके पास ये भाव हैं। शबरी ने हमेशा भगवान राम के मन्त्र का ही जाप किया, उसी का सुफल था कि उनका परिवेश हमेशा हरा–भरा था। वहाँ किसी प्रकार की चारणवृत्ति नहीं थी, किसी प्रकार का शोक नहीं था, सन्ताप नहीं था, यह भक्ति की 'पाँचवीं' और 'छठी' विधाएँ हैं।

सातवँ सम मोहि मय जग देखा। मोतें सन्त अधिक करि लेखा।।
आठवँ जथालाभ सन्तोषा। सपनेहुँ नहिं देखइ परदोषा।।

सातवीं भक्ति है समभाव से सम्पूर्ण जगत् को ईश्वर (राम) में ही समाहित देखना–*सीयराममय सब जग जानी* अर्थात् जड़ और चेतन पूरी सृष्टि में, पूरे ब्रह्माण्ड में सिर्फ़ सीता और राम जी का ही यह स्थान है। उन्हीं से स्पन्दित, उन्हीं से संचालित, उन्हीं से निर्मित, उन्हीं से निरूपित, उन्हीं से निर्देशित, उन्हीं से नियन्त्रित यह पूरी व्यवस्था है, ऐसा हमें भरोसा रखना चाहिए। यह भक्ति का एक विशिष्ट लक्षण है। सम्पूर्ण जगत् को ईश्वर में समाहित मानने के साथ ही भगवान से भी बढ़कर सन्तों को समझना चाहिए। भगवान राम सर्वत्र सन्त की श्रेष्ठता सिद्ध करते चलते हैं। सन्त वह होता है जो दूसरे को वेदना मुक्त करता है।

सन्त वह होता है जो लाभ–लोभ–मद–मोह से मुक्त होता है। सन्त वह होता है जो निरन्तर जगत् के कल्याण का ही चिन्तन करता है। इसका सदैव ध्यान रखना है। 'आठवीं' भक्ति है–सन्तोष, जिसकी आज बहुत ज़्यादा जरूरत है। इस कोरोना काल में और हमेशा से इसकी आवश्यकता रही है। सन्तोष सबसे बड़ा धन है और इसका हमें संग्रह करना चाहिए। इसे अपने पास बचाये रखना चाहिए। आज के परिवेश में हम सभी देख रहे हैं कि सन्तोष से हम बहुत कुछ प्राप्त कर सकते हैं। प्रकृति ने, प्रभु ने हमारी आवश्यकताओं की पूर्ति का विधान किया है, लेकिन इच्छाएँ तो कभी पूर्ण नहीं हो सकती हैं। इसलिए लोभ को अगर सीमित करें तो अनेक असुविधाओं से बचा जा सकता है। उसे सीमित रखने का एक ही माध्यम है और वह है सन्तोष। सपने में भी दूसरे में दोष नहीं देखना चाहिए। दूसरे में दोष देखना अच्छी चीज नहीं मानी जाती। हमेशा दूसरे की अच्छाइयों को ही देखना चाहिए। दोष को देखें तो अपने में भी बहुत सारे दोष दिखायी दे जाते हैं लेकिन हम अपने दोष पर विचार नहीं करते। मनुष्य का स्वभाव है दूसरे के दोष और दूसरे की कमियों पर विचार करना। इससे मुक्त होने से ही ईश्वर में भक्ति होती है और इसीलिए परदोष खोजने से बचना चाहिए, सपने में भी यह काम नहीं करना चाहिए।

नवम सरल सब सन छलहीना। मम भरोस हियँ हरष न दीना।
नव महुँ लकउ जिन्ह कें होई। नारि पुरुष सचराचर कोई।

'नौवीं भक्ति' बहुत आसान है। सरल स्वभाव का हो जाना, निश्छल हो जाना, निष्कलुष हो जाना, निष्पाप हो जाना। यह नौवीं भक्ति है। ईश्वर में हमेशा भरोसा रखना, हृदय में उन्हें हमें अवस्थित रखना कि प्रभु राम हैं तो सब अच्छा ही होगा। वैसे तो यह नौवीं भक्ति सुनने में अत्यन्त सरल लगती है। किन्तु बहुत कठिन भक्ति है। सरल हो जाना अर्थात् सहज हो जाना, निष्काम हो जाना, निष्कलुष हो जाना, निष्पाप हो जाना। सरल होना सर्वाधिक जटिल काम होता है। इसलिए हम उस जटिलता को प्राप्त कर लें, स्वयं को सहज बना लें, सरल बनें, अर्थात् आडम्बर मुक्त हो जायें, अहंकार मुक्त हो जायें। यह सरल होने का स्वभाव है। यह भक्ति भी अगर कहीं पूर्णता में दिखती है तो शबरी में। प्रभु राम ने कहा, कि आप तो सभी से सम्पूर्ण हैं। इसमें से अगर कोई एक भी किसी को मिल जाये तो वह व्यक्ति परम सिद्ध हो जाये। आप तो परम सिद्ध के ऊपर भी सिद्ध हैं, और ऐसा कह कर प्रभु राम ने शबरी को वह गति प्रदान की जो

मुनियों, योगियों, साधु–सन्तों को भी प्राप्त नहीं है। जो सबके लिए दुर्लभ है, वह गति शबरी को प्रदान की, शबरी से सन्देश लिया क्योंकि शबरी उन ऊँचाइयों पर पहुँच चुकी थी जहाँ पर राम ही पहुँचा सकते हैं। फिर शबरी से मार्गदर्शन लिया कि मुझे क्या करना है। शबरी थोड़ा मुस्कराईं कि जो दुनिया को पथ दिखाते हैं, दुनिया को पथ पर चलने की सामर्थ्य देते हैं, दुनिया को दृष्टि देते हैं, दुनिया का लक्ष्य निर्धारित करते हैं, वह हमसे पूछ रहे हैं कि किधर जाना है। उन्होंने मुस्कराते हुए जवाब दिया कि आप यहाँ से पंपापुर सरोवर की तरफ़ बढ़ जाइए। वहाँ आपकी सुग्रीव से मित्रता होगी। उस मित्रता में आगे की सफलता का भाव छिपा हुआ था। इस तरह वह पुनः भगवान राम की वन्दना करते हुए योगाग्नि से हरिपद को प्राप्त हुईं। ऐसी शबरी को नमन जिनके आशीर्वाद से यह क्षेत्र जिसे रेवाखण्ड भी कहते हैं अभिसिंचित है। जहाँ प्रभु राम ने सबको वह स्नेह दिया, वह भक्ति का सन्देश दिया जो अन्यथा दुर्लभ है।

हम सभी अपने शुभ लक्ष्य तक पहुँचने में सफल हों। अन्त में–

नीलाम्बुज श्यामल कोमलांगम सीतासमारोपित वामभागम्।
पाणौ महासायकचारुचापं नमामि रामं रघुवंशनाथम्।।

सन्त-असन्त मरम तुम्ह जानहु

हमारे जीवन का, पूरे अस्तित्व का आधार प्रभु श्रीराम जी ही हैं। दुनिया के विभिन्न देशों में, विभिन्न भाषाओं में रामकथा का उल्लेख है जिसके माध्यम से प्रत्येक व्यक्ति सदाचरण की ओर अग्रसित होता है। इससे उसका स्वयं का सम्बल बढ़ जाता है और एक आश्वस्ति भाव आ जाता है। भगवान की कथा सुनने पर उनका ध्यान करने पर ऐसा लगने लगता है कि हमारा रक्षण करने के लिए प्रतिपल हमारे साथ ईश्वरीय शक्ति है। यह भाव रामकथा से हमें मिलता है। भगवान की कथा अनन्त है। जितने सन्त हैं, वे विभिन्न रूपों में इसे कहते हैं, उनका स्मरण करते हैं,

हरि अनन्त हरि कथा अनन्ता।
कहहिं सुनहिं बहुबिधि सब सन्ता।।

हम सम्पूर्ण रूप में तो ईश्वर को समझ नहीं सकते। सम्पूर्ण तो वही समझ सकता है जिसे ईश्वर स्वयं बताये। ईश्वर का बोध उसी के सम्भव है जिसके ऊपर साक्षात ईश्वर की कृपा हो जाये।

सोइ जनत जेहि देहु जनाई।
जानत तुम्हहि तुम्हइ होइ जाई।।

दुनिया की विभिन्न भाषाओं में विविध प्रकार से साहित्यकारों ने, कथाकारों ने, रचनाकारों ने, भक्तों ने, सन्तों ने, श्रोताओं ने अपने–अपने तरीक़े से हरि कथा का स्मरण किया है। हरि कथा का पान किया है। आज का दौर एक संशय का दौर है जिस पर हम लोग बहुधा चर्चा करते हैं। इस संशय के दौर में हम प्रत्यक्षतः मिल–जुल भी नहीं पा रहे हैं। वस्तुतः इस संशय के दौर में हमारे लिए कुछ खास आवश्यकताएँ हैं। पहली आवश्यकता है कि हम आत्मरक्षण करें। यह जो दुर्लभ शरीर मिला है इसकी हम सुरक्षा करें और इस सुरक्षा में हमें आध्यात्मिक वृत्ति

की ओर पुनः जाना होगा अर्थात् आध्यात्मिक भाव हमारे अन्दर जाग्रत हो और यह आध्यात्मिक भाव जाग्रत करने का काम सन्त समाज करता है। इसलिए आज के दौर में हमें जो हमारी परम्परा है, हमारी संस्कृति है, हमारे संस्कार हैं उनसे अपने आपको जोड़ना पड़ेगा और मानना पड़ेगा कि सब की प्राप्ति इस मानव शरीर में ही सम्भव है। इसलिए मानव शरीर को, स्वयं को बचाना, मानव समाज को बचाना, पूरी दुनिया में जहाँ मानवता है, उसको बचाना आज बहुत ज़्यादा आवश्यक है। मनुष्य का शरीर क्या है, सन्त समाज क्या है, इस सबसे सम्बन्धित बातें मानस में विस्तार से कही गयी हैं।

मूल रूप से जब सन्त–असन्त का भेद हो, मनुष्य के शरीर को क्या मानते हैं, इस पर चर्चा करनी हो तो उत्तरकाण्ड में काकभुशुण्डि जी से गरुड़ जी द्वारा पूछे गये सात प्रश्न हैं जिसमें सारी बातें आ जाती हैं। मानव शरीर का महत्त्व समझना चाहिए, सन्त–असन्त का भेद समझना चाहिए, पाप–पुण्य का भेद समझना चाहिए और इस तरह से हम उस मुकाम पर पहुँच जायेंगे जहाँ जाकर न किसी प्रकार का संशय होगा, अथवा न किसी प्रकार का भय होगा। वस्तुतः राम हमें संशय मुक्त करते हैं, हमें भय मुक्त करते हैं, हमें त्रिताप से मुक्ति देते हैं और सन्ताप को किसी भी तरह हमारे पास नहीं आने देते हैं। यही राम का रामत्व है। बहुत कुछ भाव है उस रामत्व का। एक भाव यह भी है जिससे हम सन्तुष्टि भी पाते हैं, आश्वस्ति भी पाते हैं, अनुरक्ति भी पाते हैं और विरक्ति भी पाते हैं। अनुरक्ति परम सत्ता के प्रति। यह सब हमें मानस में मिलता है। मानस में उल्लेख है–

बड़े भाग मानुष तन पावा, सुर दुर्लभ सदग्रन्थहि गावा।

सर्वश्रेष्ठ सद्ग्रन्थ रामकथा है। रामायण, रामचरितमानस जिस रूप में, जहाँ कहीं भी विद्यमान हो और उस सद्ग्रन्थ का गायन करने के लिए, सुनने के लिए मनुष्य सबसे श्रेष्ठ स्वरूप है। बड़े भाग्य से यह शरीर मिलता है। हमने बड़े भाग्य से यह शरीर पाया है। आज के दौर में इसकी रक्षा करना बहुत आवश्यक है। इसके लिए जो सद्ग्रन्थ हैं, इनके रचनाकार, भाष्यकार और हमारे तक पहुँचाने वाले, हमें सतत सुख देने वाले सन्त लोग, सन्त समाज सतत वदनीय हैं। मानस में बहुत अच्छे शब्दों में लिखा है–

मुद मंगलमय सन्त समाजू। जो जग जंगम तीरथराजू।

सन्तों का समाज आनन्द देने वाला और कल्याण करने वाला है। यह जगत् में चलता–फिरता तीर्थराज है, जिसमें जड़ और चेतन सभी समाहित हैं। सबको जागृति मिलती है। सबको पुण्य मिलता है। यह भाव मानस में है और इसका विस्तार गरुड़ काकभुशुण्डि संवाद में मिलता है। यत्र–तत्र–सर्वत्र इस भाव का उल्लेख मानस में है, विशेष रूप से गरुड़ के सात प्रश्न इन भावों को विवेचित करते हैं। उत्तरकाण्ड में हर प्रकार से काकभुशुण्डि जी को प्रसन्न जानकर गरुड़ जी ने निवेदन किया कि–

नाथ मोहि निज सेवक जानी।
सप्त प्रश्नमम कहहु बखानी।।

आप मुझे हर तरह से अपना मानते हुए मेरे सात प्रश्नों का निवारण करिए और बताइए कि इन सात प्रश्नों का उत्तर क्या हो सकता है जिससे हमें हर प्रकार के माया–मोह से मुक्ति मिले, अहंकार से मुक्ति मिले और वस्तुतः जो मेरी मति कुन्द हो गयी है इसे पुनः धार मिले और मैं पहले जैसा हो जाऊँ।

प्रथमहिं कहहु नाथ मतिधीरा। सब ते दुर्लभ कवन सरीरा।।
बड़ दुख कवन कवन सुख भारी। सोउ संछेपहिं कहहु बिचारी।।

आप हमें बतायें कि सबसे दुर्लभ शरीर कौन है, क्योंकि दुर्लभ शरीर में जाना हर कोई चाहता है इसलिए आप दुर्लभ शरीर के बारे में बताइए और सबसे बड़ा दुख क्या है? सबसे बड़ा सुख क्या है? यह हमें बताइए।

सन्त असन्त मरम तुम्ह जानहु। तिन्ह कर सहज सुभाव बखानहु।
कवन पुन्य श्रुति बिदित बिसाला। कहहु कवन अघ परम कराला।

सन्त–असन्त का मर्म आप जानते हैं, हमें बताइए कि सन्त–असन्त का मर्म क्या है? उनका स्वभाव क्या है? सबसे बड़ा पुण्य क्या है वेदों में जो वर्णित है वह सबसे भयंकर पाप क्या है? इसके बारे में बताइए। इसके बाद उन्होंने एक और प्रश्न किया। यहाँ विच्छेद नहीं है।

मानस रोग कहहु समुझाई। तुम्ह सर्बग्य कृपा अधिकाई।।
तात सुनहु सादर अति प्रीती। मैं संछेप कहउँ यह नीती।।

गरुड़ के प्रश्नों के बाद काकभुशुण्डि जी क्रमशः अपनी बात उनसे कहते हैं, उनके प्रश्नों का उत्तर बताते हैं। बड़े भाग्य से मनुष्य का तन मिलता है। इस सन्दर्भ में उन्होंने कहा– *नर तन सम नहिं कवनिउ देही।*

मनुष्य के समान कोई देह नहीं है, इससे बढ़कर कोई देह हो ही नहीं सकती। *जीव चराचर जाचत तेही।* चर–अचर सभी जीव जहाँ पहुँचने की याचना करते हैं और उस मनुष्य रूप की याचना करते हैं, उसकी प्राप्ति हेतु ईश्वर से प्रार्थना करते हैं।

नरग स्वर्ग अपबर्ग निसेनी। ग्यान बिराग भगति सुभ देनी।

वही मनुष्य शरीर स्वर्ग–नरक–मोक्ष की सीढ़ी है, वही कल्याणकारी ज्ञान, वैराग्य और भक्ति को प्रदान करने वाला है। इतना महत्त्वपूर्ण मानव शरीर है। इसलिए आज के सन्दर्भों में हमें इस शरीर की सुरक्षा करना परम आवश्यक है। कोई भी ऐसा कार्य हमें नहीं करना है, जिससे इस शरीर, इस देह के प्रतिकूल कुछ हो जाये। यह रहेगा तभी हमें कर्म–धर्म करने की छूट रहेगी, व्यवस्था रहेगी और अधिकार रहेगा। आगे कहा काकभुशुण्डि जी ने–

सो तनु धरि हरि भजहिं न जे नर। होहिं बिषय रत मन्द मन्द तर।।
काँच किरिच बदलें ते लेही। कर ते डारि परस मनि देही।।

ऐसा मनुष्य शरीर धारण करके जो ईश्वर भक्ति नहीं करते, विषय–वासना में अनुरक्त हो जाते हैं, उन्हें श्रेष्ठ नहीं कहा जा सकता। इसलिए अगर श्रेष्ठता प्राप्त करनी है तो विषयों से दूर रहना है और हरि भजन करना है, अर्थात् आध्यात्मिक वृत्ति को बनाये रखना है, लालच और लोभ से अपने को मुक्त रखना है। हम नियन्त्रित सुख की प्राप्ति करें, मर्यादित सुख की प्राप्ति करें, इसका भाव हमें निरन्तर बनाये रखना है क्योंकि अगर हम ऐसा नहीं करते तो जो हरि के रूप में, हरि कथा के रूप में हमारे पास पारस मणि है, उसका त्याग करके हम काँच के टुकड़ों में अपना मन लगा देते हैं। हमें पारस मणि का और काँच के टुकड़े का भेद समझना चाहिए। मणि निरन्तर प्रकाश करता है, उसके प्रकाश का हमें निरन्तर आभास होता है, और इस प्रकाश का आभास हमें उल्लास देता है। हमें इसका ध्यान रखना चाहिए। टूटा हुआ काँच घातक होता है, इसलिए इससे बचना चाहिए और हमें निरन्तर ईश्वर रूपी मणि का ध्यान करना चाहिए। यही ध्यान हमें ज्ञान पथ पर ले चलता है। काकभुशुण्डि जी ने कहा–

नहिं दरिद्र सम दुख जग माहीं। सन्त मिलन सम सुख जग नाहीं।।

दरिद्रता या ग़रीबी के समान कोई दुख नहीं हो सकता और सन्त मिलन के समान कोई सुख नहीं हो सकता। इसलिए हमें निरन्तर ध्यान देना चाहिए कि हम उतना ज़रूर प्राप्त करें जिससे हमारी आवश्यकता की पूर्ति होती है। हमारी इच्छा और हमारे लोभ की पूर्ति तो इस सृष्टि में कोई नहीं कर सकता, लेकिन जो हमारी आवश्यकता है इसका विधान प्रकृति ने किया है और प्रभु ने भी किया है। वस्तुतः प्रकृति तो प्रभु की इच्छा का एक उपादान है। इसलिए हमें प्रकृति के साथ सान्निध्य रखना है और सन्तों से मिलने में अपने को हर्षित देखना है, क्योंकि सन्त तो हमेशा हर्ष के ही कारण होते हैं और वह ऐसा हर्ष होता है जो हमेशा सुख का सातत्व प्रदान करता है। इसलिए हमें हमेशा आवश्यकता पूर्ति की ही कोशिश करनी चाहिए, हमें कबीर को ध्यान रखना चाहिए। ईश्वर से याचना करनी चाहिए कबीर भाव में–

साईं इतना दीजिए, जा मे कुटुम समाय।
मैं भी भूखा न रहूँ, साधु ना भूखा जाय।।

हमें इतना अवश्य ईश्वर प्रदान करें कि हमारी आजीविका चले, आहार चले और भूखे न रहना पड़े क्योंकि *बुभुक्षिताप किम न करोति पापम्,* जो भूखा व्यक्ति है वह पाप की ओर प्रवृत्त होता है। इसलिए भूख से मुक्ति का उपाय रहे हमारे पास, ऐसा सम्बल हो और ऐसा सन्तोष रहना चाहिए कि हमारा भरण–पोषण तो हो ही, अगर कोई साधु आता है, अतिथि आता है तो वह भी सन्तुष्ट होकर जाये। कोई भूखा हमारे दरवाज़े से न लौटे। अब सन्त–असन्त के बारे में उन्होंने कहा–

पर उपकार बचन मन काया।
सन्त सहज सुभाउ खगराया।।

हे पक्षीराज! मन, वचन और शरीर से परोपकार करना, यह सन्तों का सहज स्वभाव है। जो मन से, वाणी से, शरीर अर्थात् व्यवहार से हमेशा परहित करते हैं, वही सन्त होते हैं। यह उनका सहज स्वभाव है। परहित पर बहुत ज़्यादा बल दिया है तुलसीदास जी ने। तुलसीदास जी ने धर्म, अधर्म के विषय में कहा है–

परहित सरिस धर्म नहिं भाई।
परपीड़ा सम नहिं अधमाई।

परहित के समान, परोपकार के समान दूसरा कोई धर्म है ही नहीं। यह सर्वश्रेष्ठ धर्म है। दूसरे को पीड़ा देने जैसा अधर्म, कुत्सित कर्म दूसरा कोई हो ही नहीं सकता। इसलिए जैसे मन, वाणी, व्यवहार से हम दूसरे का हित करें उसी तरह हमारा प्रयास होना चाहिए, मन, वाणी, विचार, व्यवहार या हमारे किसी कर्म से किसी का अहित न हो। हम किसी को कष्ट न दें तभी हमारे इस मनुष्य शरीर की सार्थकता सिद्ध होती है। यह सन्तों का स्वभाव है। आगे कहा काकभुशुण्डि जी ने–

सन्त सहहिं दुख परहित लागी।
परदुख हेतु असन्त अभागी।।

सन्त दूसरों की भलाई के लिए दुख सहते हैं और जो असन्त होते हैं वह दूसरों को पीड़ित करने का प्रत्यन करते हैं। सन्तों के मिलने के समान कोई सुख नहीं है क्योंकि सन्त दूसरों की निरन्तर भलाई करते हैं, यहाँ तक कि दूसरों के हित में भोज के वृक्ष की तरह घोर कष्ट उठाते हैं, भोज वृक्ष का जो छिलका है दूसरे के हित में काम आता है। उस पर लेखन भी होता है, बहुत सारे पुण्य कार्यों में उसका उपयोग होता है। सन्त का स्वभाव ऐसा होता है–

भूर्ज तरु सम सन्त कृपाला।
परहित निति सह बिपति बिसाला।

सन्त परोपकार के लिए अपनी खाल तक उधड़वा लेते हैं। सन्त भोज वृक्ष की तरह व्यवहार करने वाले हैं। वहीं जो असन्त हैं–

सन इव खल पर बन्धन करई। खाल कढ़ाइ बिपति सहि मरई।।
खल बिनु स्वारथ पर अपकारी। अहि मूषक इव सुनु उरगारी।।

लेकिन जो दुष्ट व्यक्ति होता है, ठीक इसके विपरीत होता है। वह भी अपनी छाल उतरवाता है किसी अन्य तरह से। सन की भाँति जिसका एक धागा, एक सूत्र दूसरे को बाँधने का काम करता है। सन क्योंकि बाँधता है, कष्ट देता है, निबद्ध करता है, इसलिए इस प्रक्रिया में अपनी छाल उतरवाकर स्वयं भी नष्ट हो जाता है। इसलिए दोनों को कष्ट होता है। सन्त को कष्ट होता है परहित में और असन्त को कष्ट होता है परपीड़ा देने में। यह दोनों का अलग–अलग स्वभाव है। असन्त बिना किसी कारण के साँप और चूहे की तरह एक–दूसरे को कष्ट पहुँचाते रहते हैं।

सन्त हमेशा श्रेष्ठ है, श्रेष्ठता उसका स्वभाव है सन्त की यही श्रेष्ठता सबको सुख देने का कारक बनती है, इसीलिए सुख के उपायों पर भी चर्चा हुई है। महाभारत में धृतराष्ट्र ने विदुर से पूछा कि "विदुर, मेरे पास इतना बड़ा साम्राज्य है, वैभव है, सौ पुत्र हैं, सब कुछ तो है मेरे पास, लेकिन मुझे अन्दर से सुख नहीं है। सुख का उपाय बताओ।" विदुर जी ने कहा–

अर्थागमो नित्यमरोगिता च प्रिया च भार्या प्रियवादिनी च।
वशश्चपुत्रोऽर्थकरी च विद्या षड जीवलोकस्य सुखानि राजन्।।

"हे राजन्! इस संसार में मनुष्यों के लिए सुख के छह उपाय हैं। आजीविका जिससे नित्य हमारा भोजन–भजन चले अर्थात् नित्य कुछ आय हो, अर्थार्जन हो, इस तरह सहज रूप में हमारी दिनचर्या–जीवनचर्या संचालित होती रहे। शरीर नित्य निरोगी रहे। सहचर या सहचरी, प्रियकर भी हो और प्रिय बोलने वाला भी हो। हमें हमेशा ध्यान रखना चाहिए कि वाणी मधुर ही होनी चाहिए, कल्याणकारी होनी चाहिए और शुभ होनी चाहिए। साथ ही जो सन्तति हो, वह हमारी बात सुनने वाली हो।" यह तब होगा जब संस्कार का धन उसके पास होगा और यह संस्कार का धन परिवार से आता है। परिवार यह धन अपने परिजनों को सुलभ कराये, आज का परिवेश ऐसा हो गया है। जो हमारी विद्या है, वह हमारी आजीविका का माध्यम बने। इतनी चीजें रहें तो मनुष्य सुखी हो जाता है। हमें यह हमेशा ध्यान रखना चाहिए और इसलिए हमेशा शुभ की ही बात सोचनी चाहिए। जो असन्त हैं इसके प्रतिकूल सोचते हैं। क्या सोचते हैं–

पर सम्पदा बिनासि नसाहीं। जिमि ससि हति हिम उपल बिलाहीं।।
दुष्ट उदय जग आरति हेतू। जथा प्रसिद्ध अधम ग्रह केतू।।

जो अधम ग्रहकेतु है उसके समान इनका व्यवहार होता है। वे परायी सम्पत्ति का नाश करने में स्वयं नष्ट हो जाते हैं, जैसे खेती का नाश करके ओले नष्ट हो जाते हैं। दुष्ट का उदय प्रसिद्ध अधम ग्रहकेतु के समान होता है जो वस्तुतः दुख देने के लिए ही होता है सन्त–असन्त के स्वरूप के विषय में और भी–

सन्त उदय सन्तत सुखकारी। बिस्व सुखद जिमि इन्दु तमारी।
परम धर्म श्रुति बिदित अहिंसा। पर निन्दा सम अघ न गरीसा।

सन्तों का अभ्युदय सदा ही सुखकर होता है। जैसे चन्द्रमा और सूरज का उदय विश्वभर के लिए लाभदायक होता है, कल्याणकारी होता है,

प्रकाश और शीतलता प्रदान करने वाला होता है, ऊष्मा और कान्ति प्रदान करने वाला होता है, उसी तरह से सन्त का स्वभाव होता है। वेदों में अहिंसा को परम धर्म माना गया है। ऐसा वेदों में है कि यह सबसे बड़ा धर्म है। परनिन्दा के समान दूसरा कोई पाप नहीं है। सबसे बड़ा पाप है, औरों की निन्दा करना। हमें मनुष्य स्वभाव में इसके लिए स्थान नहीं रखना चाहिए। औरों में बहुत सारे गुण हैं। आप उसकी प्रशंसा करें। आप जो नहीं चल सकता, उसे खड़ा करें। नहीं बोल सकता, बोलने का सामर्थ्य दें। अर्थात् आप सहयोग प्रदान करें। सम्बल बनें, सहयोग करें। अकारण निन्दा नहीं करनी चाहिए। निन्दा का कारण हो तो भी निन्दा से बचना चाहिए। किसी भी मनुष्य में सद्‌गुण अनेक हैं, दुर्गुण तो गिने–चुने होते हैं, तो उनका उल्लेख नहीं करना चाहिए। जो सद्‌गुण हैं केवल उनकी बात करनी चाहिए। काकभुशुण्डि जी ने कहा–

हर गुर निन्दक दादुर होई। जन्म सहस्र पाव तन सोई।।
द्विज निन्दक बहु नरक भोग करि। जग जनमइ बायस सरीर धरि।।

शंकर जी की और गुरु की निन्दा करने वाला मेंढक का शरीर पाता है। इससे बचना चाहिए। वह हजार जन्म तक मेंढक बना रहता है। ज्ञानी जन की, सन्त जन की जो निन्दा करता है उसे भी नरक मिलता है। काग जन्म लेना पड़ता है। मनुष्य शरीर बनाये रखने के लिए अथवा प्राप्त करने के लिए इन दोषों से हमें बचना चाहिए।

सुर श्रुति निन्दक जे अभिमानी। रौरव नरक परहिं ते प्रानी।
होहिं उलूक सन्त निन्दा रत। मोह निसा प्रिय ग्यान भानु गत।।

जो अभिमानी जीव देवताओं और वेदों की निन्दा करते हैं, उन्हें घोर कष्ट मिलता है। नर्क की प्राप्ति होती है और जो सन्तों की निन्दा में लगते हैं उन्हें उलूक का स्वरूप धारण करना पड़ता है। जिन्हें मोह रूपी रात्रि प्रिय होती है वह ज्ञान रूपी सूर्य से दूर चले जाते हैं। इसलिए इस कर्म से भी बचना चाहिए।

सब के निन्दा जे जड़ करहीं। ते चमगादुर होइ अवतरहीं।।

जो मूर्ख मनुष्य सब की निन्दा करते हैं, वे चमगादड़ होकर के जन्म लेते हैं। अतएव हमें इन कार्यों से बचना चाहिए। मनुष्यता हमारे अन्दर के देवत्व को दिखलाने वाली है, हमें निरन्तर इसका ध्यान करना चाहिए।

कैसे अपने आपको सुव्यवस्थित रखें, हम अपने सद्विचारों को सदाचरण की ओर ले चलें, इस पर ध्यान रखना चाहिए।

हरि भजन ही सबसे बड़ा कार्य है। हम मानव शरीर धारण करके जो मनुष्य के लिए निर्धारित कर्म है, वह तो करते ही करते हैं। ज्ञान योग, भक्ति योग, कर्म योग के माध्यम से हम अपने जीवन को ऊँचाइयों पर ले चलते हैं। ऊँचाइयों पर ले चलने की आवश्यक शर्त है कि हम इस शरीर को सुरक्षित रखें। इसकी सुरक्षा के जितने भी उपाय हैं, उन्हें हम करें। पाप की ओर हमारा ध्यान कदाचित न जाये। हम निरन्तर पुण्य करें। हम सन्त समागम से अपना कल्याण करें, क्योंकि जो सन्त समागम है, सज्जनों से मिलन है, वह स्वर्ग से भी श्रेष्ठ है। जहाँ सद्ग्रन्थ की चर्चा होती है वहीं सत्चर्चा है–

जो सुख लोक सत्संग में है वह अन्यत्र नहीं है। लंकिनी ने हनुमान जी की प्रशंसा करते हुए कहा था कि स्वर्ग और मोक्ष दोनों को एक पलड़े पर और सत्संग को दूसरे पलड़े पर रख दें, तो भी यह स्वर्ग और मोक्ष मिलकर भी ऊपर ही उठे रहेंगे। सत्संग का पलड़ा हमेशा भारी रहेगा।

तात स्वर्ग अपबर्ग सुख धरिअ तुला एक अंग।
तूल न ताहि सकल मिलि जो सुख लव सतसंग।।

यह सत्संग सन्तों के साथ मिलता है। यह वहाँ होता है जहाँ सद्ग्रन्थ का गायन होता है। श्रेष्ठतम सद्ग्रन्थ रामायण है, रामचरितमानस है, अथवा वह सब कुछ है, जहाँ प्रभु राम के चरित्र का लेख है, उल्लेख है अथवा स्तवन होता है। हम सभी मिलकर भगवान राम का ध्यान करें, उनका स्तवन करें। संसार में जो कुछ भी है, ईश्वर का है, उन्हीं के द्वारा प्रदत्त और प्रेरित है। हम सब उन्हीं की कृपा और करुणा से सुरक्षित रहेंगे क्योंकि ब्रह्माण्ड उन्हीं से संचालित हैं। हमें निरन्तर उनका ध्यान करना चाहिए। इससे अवगुण हमारे निकट ही नहीं आ पायेगा। केवल और केवल सद्गुणों का वास होगा और हम परहित करने में संलग्न रहेंगे।

सर्वे भवन्तु सुखिनः सर्वे सन्तु निरामयाः।
सर्वे भद्राणि पश्यन्तु मा कश्चिद् दुख भागभवेत।।

बिछुरत एक प्राण हर लेहीं

रामकथा के बहुत सारे प्रसंग हैं, राम यात्रा के बहुत सारे स्थल हैं जो पूरे विश्व में यत्र तत्र सर्वत्र विद्यमान हैं। लोक स्वीकृति जिसे मिल जाती है वह सदैव के लिए लोक–कल्याण का आधार बन जाता है। (मानस) रामकथा ऐसा ही लोककाव्य है। इस लोक की रचना करने वाला लोक स्मृति में है। लोक गीतों में है, लोक संस्कृति में है, लोक आचरणों में है, लोक मंच पर है। वह सर्वत्र दिखायी देता है। लोक उसी का है, उसी के कारण हैं। इसलिए राम के बारे में जब भी हम सुनते हैं तो लगता है कि हम अपने जनक को याद कर रहे हैं, हम अपने भाग्य विधाता को याद कर रहे है, हम अपनी ऊर्जा को याद कर रहे हैं, हम उन्हें याद कर रहे हैं जो प्रतिपल हमें सम्बल प्रदान करते हैं। *सियाराम* शब्द ही ऐसा है जो हमारे अन्दर चेतनता का भाव जाग्रत कर देता है और जितना मनोमालिन्य है वह दूर हो जाता है, इस भाव से हम निष्कलुष हो जाते हैं। अर्थात् इस नाम का इतना प्रभाव है कि हम निरन्तर लोक हित की बात सोचते हैं परहित की बात सोचते हैं और जो षड् विकार हैं (काम, क्रोध, लोभ, मोह, मद और मत्सर) उनसे हम मुक्त हो जाते हैं। माँ शबरी से मिलकर प्रभु राम ने उन्हें सद्गति प्रदान की–उन्हें अपने लोक भेजा। माँ शबरी ने ईश्वर से नवधा भक्ति के बारे में पूछा और भगवान राम ने बताया था। इसी क्रम में माँ शबरी ने बताया कि आगे पंपा सरोवर मिलेगा और वहीं आगे एक स्थान पर आपका मिलन हनुमान जी से होगा जो फिर आपको सुग्रीव से मिलवाएँगे और जिस अभियान पर आप निकले हैं उसमें सभी आपके सहयोगी बनेंगे। इस क्रम में भगवान राम लक्ष्मण सहित पंपा सरोवर के पास पहुँचते हैं। वहाँ स्नान के बाद एक वृक्ष की छाया में बैठते हैं। पंपा सरोवर की विशेषता बताते हुए तुलसीदास जी ने लिखा है सन्त स्वभाव के समान, सन्त हृदय की भाँति यह सरोवर निर्मल है।

जैसे सन्त हृदय निर्मल होता है उसी तरह इस सरोवर का जल भी निर्मल है। सर्वत्र और अपने सन्त रूप में सन्तत्व का परिवेश यहाँ विद्यमान है। जब भगवान राम यहाँ बैठते हैं जो स्वयं परम सन्त हैं जो हम जैसे लोगों को भी बुद्धि, विचार, विवेक प्रदान करते हैं तो वे सन्त को परमहंस बना देते हैं। ऐसे प्रभु राम जहाँ बैठे हैं, उसके परिवेश का हम सहज अनुमान कर सकते हैं। प्रभु राम बाधा, व्याधि, दोष इन सब के ऊपर अवस्थित हैं अर्थात् वह इनका शमन करते हैं और इनसे मुक्त करते हैं इसीलिए वे सदैव सहज स्वभाव के बने रहते हैं। अतः जो भी उनसे मिल जाता है वह भी सहज और निर्मल हो जाता है। वृक्ष की छाया में बैठे देखकर मुनिवर नारद वहाँ पहुँचे। भगवान को माता जानकी रहित देखकर उनके मन में बहुत विषाद हुआ। माँ जानकी का स्वरूप नारद नहीं देख पाये। यह प्रसंग इसलिए कि शक्ति से बड़ी भक्ति होती है और भक्ति से बड़ी श्रद्धा होती है। नारद श्रद्धा, विश्वास और भक्ति इन तीनों को लेकर प्रभु राम के सामने उपस्थित होते हैं। उस शक्ति को नमन करते हैं। प्रभु राम ही एकमात्र शक्ति हैं। नारद को लगा कि आज जो भगवान राम की स्थिति है यह शायद मेरे कारण है। उन्होंने प्रभु से कहा, प्रभु मुझसे बहुत बड़ी भूल हुई है जिसके कारण आपको यहाँ आना पड़ा। पहले तो आप मुझे क्षमा करें। राम की वन्दना करने के बाद कहा प्रभु, अगर आप मेरे पर प्रसन्न हैं तो मैं आपसे कुछ चाहता हूँ। भगवान राम मुदित हुए और कहा कि नारद जी देना तो उसे होता है जिसके पास किसी चीज का अभाव हो। जो निरन्तर मेरे में रत है उसे तो कोई अभाव होता ही नहीं, फिर भी बोलिए आपको क्या चाहिए। हम लोग जानते हैं कि इस संसार में ईश्वर भक्ति के जितने नाम हैं उनमें श्रेष्ठतम नाम रामनाम है। यह आशीर्वाद नारद को प्रभु राम ने दिया। नारद जी ने कहा कि प्रभु आपकी आराधना के बहुत सारे नाम हैं, बहुत सारे आपके नाम हैं। मेरी एक याचना है, प्रार्थना है, कामना है कि आप मुझे यह वर दें कि सभी नामों में श्रेष्ठतम नाम 'राम' ही होगा। प्रभु राम ने तथास्तु कहा। फिर नारद जी मुदित हो गये और मुदित मन से उन्होंने कहा जब आपने यह आशीर्वाद दे ही दिया है तो हे प्रभु आप तो सन्तों के स्वभाव का ही बखान करते रहते हैं। वैसे आप जिसे देख लेते हैं वह सन्त ही हो जाता है, सन्तत्व उसमें आ जाता है लेकिन प्रभु, सन्त के गुण क्या हैं, सन्त के लक्षण क्या हैं। सन्त–असन्त का भेद 'मानस' में कई जगह बताया गया है।

शबरी प्रसंग में भी, फिर काकभुशुंडि और गरुड़ संवाद में भी सन्त–असन्त का वर्णन मिलता है। एक प्रसंग और भी आता है जिसमें सन्त–असन्त का सीधा–सीधा अन्तर वर्णित हैं–

मिलत एक दारुण दुख दीन्हा। बिछुरत एक प्राण हर लीन्हा।।

सन्त–असन्त की साधारण सी एक पहचान होती है। जो असन्त होता है अगर वह मिलता है तो बड़ा कष्ट देता है कारण कि उसके व्यवहार से उसकी वाणी से चिन्ताएँ बढ़ जाती हैं और चिन्ताएँ कष्ट का कारण होती हैं। इसलिए वह बहुत ज़्यादा दुखी करने वाला होता है। जिसके स्वभाव से, जिसकी उपस्थिति से, जिसकी वाणी से, जिसके व्यवहार से मन आहत होता है, विचलित होता है अथवा चिन्ता की रेखाएँ उभरती हैं वह असन्त होगा। और सन्त कौन है? जो मिलता है तो प्रसन्नता का भाव जाग्रत होता है। निश्चिन्त का भाव जाग्रत होता है, एक आश्वस्ति मन में आ जाती है, एक लगाव एक अनुराग का आधिक्य जिसके मिलने से हो उसे सन्त कहते हैं। इसीलिए मानस में यह भाव व्यक्त है कि *मिलत एक दारुण दुख दीन्हा बिछुरत एक प्राण हर लीन्हा।* जो हमसे दूर जाये तो हमें लगे कि हमारा प्राण भी उसके साथ चला जा रहा है, वह सन्त है। ऐसे प्रसंग मानस में कई जगह हैं। यहाँ नारद जी पूछ रहे हैं भगवान से कि आप हमें बताइए कि सन्त के लक्षण क्या हैं। मैं आपका स्वभाव जानता हूँ आपका प्रभाव जानता हूँ अब हमें सन्त के लक्षण बताइए और प्रभु राम नारद को बताना शुरू करते हैं–

शट विकार जित अनघ अकामा। अचल अकिंचन सुचि सुख धामा।।
अमित बोध अनीह मितभोगी। सत्यसार कवि कोविद जोगी।।

सन्त षड् विकार से दूर होता है। काम, क्रोध, मोह, मद, लोभ और मत्सर का उस पर प्रभाव नहीं होता। इन पर उसने विजय प्राप्त कर ली होती है। *अनघ अकामा,* वह पाप रहित होता है, कामना रहित होता है *अचल अकिंचन सुचि सुख धामा*–वह निश्चक (स्थिर बुद्धि), अकिंचन होता है। सर्वत्यागी होता है इसलिए अकिंचन होता है। अन्दर से बाहर से शुद्ध होता है और इसलिए वह स्वयं में सुख पुंज होता है सुख का धाम होता है। *अमित बोध अनीह मित भोगी*–उसे असीमित ज्ञान होता है उसके ज्ञान की कोई सीमा नहीं होती, वह इच्छा रहित होता है। *अनीह मित भोगी* होता है–अल्पाहारी होता है भोग में उसकी रुचियाँ नितान्त कम होती हैं।

इसलिए वह मितभोगी होता है। जो उसके पास है वह उसी से परम सन्तुष्ट होता है। *सत्य सार कवि कोविद जोगी*–सत्यनिष्ठ होता है, वह कवि होता है। वह भाव प्रबल ज्ञानी होता है। वह योगी होता है साधनारत रहता है। योगी अर्थात् निरन्तर ध्यानमग्न, साधनारत सिद्धियों से परिपूर्ण होता है–ऐसे तो केवल शिव हैं। लेकिन योगी भी इसी तरह के स्वभाव वाला होता है। यह सब उसके लक्षण हैं। और क्या होता है : *मानद मदहीना धीर धरी गति परम प्रवीना*, वह औरों को सम्मान देने वाला होता है, मद रहित होता है, अहंकारी नहीं होता, धैर्यवान होता है, धर्मनिष्ठ होता है। उसका आचरण अत्यन्त उत्तम होता है। आचरण में वह परम प्रवीण होता है। इसलिए सन्त तो स्वभाव से ही असाधारण होता है। उसके अन्दर जो सामान्य मनुष्य की कामनाएँ हैं वे नहीं होतीं। इसीलिए *गुनागार संसार दुख रहित विगत सन्देह। तज मम चरण सरोज प्रिय तिनकहूँ देहु न गेह।।* वह गुणों का सागर होता है, गुणों का घर होता है, सांसारिक दुखों से विरत होता है। उसमें कोई संशय नहीं होता। इसलिए जिसकी आस्था ईश्वर में होती है जिसकी प्रीति ईश्वर में होती है उसके मन में संशय कभी उत्पन्न हो ही नहीं सकता। *तज मम चरण सरोज प्रिय तिनकहु देहु न गेह।* सन्त की महिमा को कितना उच्च स्थान दिया है प्रभु श्रीराम ने। हम तो विदेह जनक जी को जानते हैं। लेकिन जब नारद जी से प्रभु राम सन्त के गुणों का वर्णन करते हैं तो बताते हैं कि हमारे चरणों में रत होने के कारण उसे न घर प्रिय होता है न देह प्रिय होता है। वह अगेह भी हो जाता है, अदेह भी हो जाता है। उसकी इन दोनों में कोई रुचि रह ही नहीं जाती। वस्तुतः वह आत्मा परमात्मा की सन्धि समझता है। इसीलिए उसकी रुचि केवल और केवल हरि चरणों में ही होती है। *निज गुण सुनत सकुचाहीं पर गुण सुनत...* यह गुण है सज्जन का कि वह अपना गुण अपनी प्रशंसा तो संकोच के साथ सुनता है। उसमें उसकी कोई रुचि नहीं होती। दूसरों की प्रशंसा सुनकर वह अत्यन्त हर्षित होता है। सन्त का यह स्वभाव है कि वह औरों में सद्गुण ही देखता है, उसका सद्गुण ही सुनता है। वह किसी का दुर्गुण न तो सुनता है न देखता है और न ही उसे यह प्रियकर होता है। अपने बारे में वह ज़्यादा प्रशंसा के भाव सुनना नहीं चाहता क्योंकि वह इससे ऊपर होता है। वह समभाव होता है। उसके स्वभाव में शीतलता होती है। वह कठोर वचन नहीं बोलता। किसी को दुख देने का भाव नहीं रखता। यह उसका स्वभाव है। कभी भी किसी भी दशा में न्याय

के पथ को नहीं छोड़ता वह अनीति कर ही नहीं सकता। उसकी कोई भी भावना अनीति से युक्त नहीं होती। वह सदैव नीति, नियम, नैतिकता और न्याय के पथ पर ही चलता है। उसी की बात करता है। इसलिए वह सरल स्वभाव का होता है और सब पर प्रीति रखता है। नवधा भक्ति में श्रेष्ठतम भक्ति है सरल हो जाना, सरल स्वभाव का हो जाना। यह सन्त का ही लक्षण होता है। सरल स्वभाव रखना बहुत कठिन होता है। इस जटिलता को वश में करना केवल और केवल सन्तों के वश में ही है।

"जप तप व्रत दम संयम नेमा। गुरु गोविन्द विप्र पद प्रेमा।।
श्रद्धा क्षमा मैत्री दाया। मुदिता मद पद प्रीत अमाया।।"

ये उसके और भी बहुत सारे लक्षण हैं। जप, तप, व्रत, दम, संयम, नियम यह सब उसके साथ ही रहते हैं। जप में, तप में, व्रत में, संयम में, नियम में, उसकी सदा–सर्वदा अभिरुचि होती है। इससे बाहर वह सोचता ही नहीं। हमेशा गुरु की वन्दना करता है, ईश्वर की वन्दना करता है ज्ञानी की वन्दना करता है और इन तीनों के चरणों में अपने भाव को हमेशा जोड़े रखता है। यह सन्त का लक्षण है–जिसके अन्दर श्रद्धा भाव होता है, जो क्षमाशील होता है, सबके साथ मैत्री भाव रखता है, हमेशा प्रसन्न रहता है और मेरे (प्रभु) अन्दर हमेशा प्रीति रखता है। उसकी प्रीति केवल मेरे में ही होती है। यह प्रीति अमाया अर्थात् निश्चल निष्कपट होती है इसमें किसी भी प्रकार का लोभ या भेद नहीं होता है। लोभ और भेद से मुक्त होकर मेरे में वह प्रीति रखता है इसलिए वह ज्ञानी है सर्वश्रेष्ठ ज्ञानी है क्योंकि वह क्षमाशील है धैर्यवान है। यह सब सन्त के लक्षण हैं। इतना ही नहीं और भी बहुत कुछ है–

विरति विवेक विनय विज्ञाना। बोध जथारथ वेद पुराना।

उसके अन्दर वैराग्य का भाव होता है। विवेक होता है। वह विनयशील और विज्ञानवान होता है; विज्ञान अर्थात् परमात्मा तत्त्व का ज्ञान जिसमें हो वह विज्ञान है। परमात्मा का बोध जिसके पास हो उसे विज्ञान कहते हैं। तो सन्त ऐसा परमात्मा तत्त्व ज्ञानी है। वेद–पुराण के यथार्थ का उसे बोध है। वह दम्भ अभिमान और मद कभी नहीं करता। भूलकर भी गलत मार्ग चलने की सोचता भी नहीं। कुमार्ग पर कभी नहीं चलता।

गावहि सुनहि सदा मम लीला। हेतु रहित परहित रत शीला।।
मुनि सुन साधुन के गुण जेते। कहिं न सकहीं शारद श्रुति तेते।।

वह सदा मेरी लीलाओं का गान करते रहते हैं। बिना कारण ही दूसरों के हित में लगे रहते हैं। अकारण ही परमार्थ करते हैं। इस तरह उनके अनेक गुण हैं। वस्तुतः उनके गुणों का वर्णन तो स्वयं सरस्वती भी नहीं कर सकतीं, वेद नहीं कर सकते, अर्थात् अथाह गुण हैं सन्तों के। इसीलिए सन्त मिलन श्रेष्ठ सुख देने वाला होता है। हे नारद आप उन्हीं सन्तों की श्रेणी में आते हैं। जैसे ही नारद ने सुना कि सरस्वती और वेद भी सन्तों के गुण नहीं बता सकते उन्होंने तत्क्षण प्रभु के चरण पकड़ लिए और राम की वन्दना करने लगे। इसका आशय है कि हम अपने अन्दर सदैव सज्जन वृत्ति रखें और समभाव रखें, सभी प्राणियों के साथ, वनस्पतियों के साथ, जड़ और चेतन के साथ। शान्तिपूर्ण सहअस्तित्व का भाव रखें। जितने जीवधारी हैं, जितने प्राणी हैं हम उनके सद्गुणों को देखें और उनके अन्दर सद्गुण विकसित हो इसके लिए यत्न करें। सद्गुण का यह विकास कथामृत से होता है। इसलिए हम हरि का स्मरण करें। उनके गुण का गायन करें और जहाँ गुण गायन हो रहा हो हम उसका श्रवण करें। इसे ही कथामृत कहते हैं जो इस धरा पर ही सुलभ है और सन्त यह कार्य निरन्तर करते रहते हैं। वे निरन्तर हरि गुणगान करते हैं और हरि कथा का अमृत पान करते हैं इसलिए वे जहाँ भी जाते हैं वह स्थान, वह परिवेश ऊर्जावान हो जाता है। इस स्थल का कण–कण स्पंदित हो जाता है। वहाँ केवल सुख शान्ति का निवास होता है। मनोमालिन्य समाप्त हो जाता है और निरन्तर शुभ कर्म करने की प्रवृत्ति जाग्रत होती है। यह सब सुना कर उन्होंने नारद को सन्तुष्ट किया और नारद उनकी वन्दना करते हुए आगे चले। प्रभु राम अपने पथ पर आगे चले क्योंकि आगे उन्हें बहुत कुछ करना है बहुत लोगों को सुख देना है, बहुत लोगों को मुक्त करना है और इस धरा को सभी गुणों से सम्पन्न करना है, हर प्रकार की बाधा से मुक्त करना है और राम राज्य की स्थापना करना है। हम सब सौभाग्यशाली हैं कि अयोध्या में प्रभु राम का भव्य मन्दिर बनते हुए देख रहे हैं। प्रभु राम दीन दुखियों पर निरन्तर दया करते हैं। सज्जन और सन्त लोगों पर निरन्तर अपना हाथ रखे रहते हैं।

आस्था और आराधना के अवलम्ब

हमारे शास्त्र हमें बहुत कुछ देते हैं। रामायण सद्ग्रन्थ की श्रेणी में आता है। यह सर्वश्रेष्ठ ग्रन्थ है। हमारे यहाँ मान्यता है *बड़े भाग मानुष तन पावा सुर दुर्लभ सद्ग्रन्थहि गावा।* बहुत भाग्य से मनुष्य का जन्म मिलता है। जो देवताओं के लिए भी दुर्लभ सद्ग्रन्थ हैं उन सद्ग्रन्थों का हम पारायण करते हैं, श्रवण करते हैं, वाचन करते हैं। हम भाग्यशाली हैं कि हम भगवान राम के देश के हैं, भगवान कृष्ण के देश के हैं। हमारे शास्त्र हमारे जीवन का आधार हैं। आधार इसलिए कि ये सब सदाचार के नियम हमें बताते हैं। शील क्या है इसके बारे में बताते हैं। सद्गुण क्या है इसके बारे में बताते हैं। हमारी परम्पराएँ, हमारी मान्यताएँ, हमारी सभ्यता, हमारी संस्कृति, हमारा संस्कार, यह सब कुछ हमें शास्त्रों के माध्यम से ही विदित हो पाता है। शास्त्र ही हमारे पथ को प्रशस्त करते हैं। साथ ही जो भी हमारा मन्तव्य है, गन्तव्य तक पहुँचाने में सहयोग करते हैं। इसलिए शास्त्र पूज्य हैं और रामायण जैसा शास्त्र तो सर्वथा पूज्य है। हमेशा पूज्य है। सर्वत्र पूज्य् है। यह सर्वकालिक महानतम ग्रन्थ है। इसमें जीवन के सारे सूत्र निहित हैं और उन सूत्रों के माध्यम से हमारे व्यक्तित्व का संवर्धन और पूर्ण विकास सहज सम्भव हो पाता है। इसलिए हम राम का ध्यान करते हैं। राम का नाम लेते हैं। पूरी धरा पर सियाराम को ही देखते हैं। कण–कण में उनकी व्याप्ति है। इनकी व्याप्ति से ही हम राग द्वेष मुक्त हो जाते हैं। जब भी इनका चिन्तन करते हैं तो हमारे अन्दर उस ऊर्जा का विकास हो जाता है जिसके माध्यम से हमारा जीवन सार्थक सिद्ध होता है।

सद्ग्रन्थ हमारे लिए तीर्थ हैं। रामायण जैसे सद्ग्रन्थ हमारे सामने जब आते हैं तो हम समाज के बारे में समझ लेते हैं। राष्ट्र के बारे में समझ लेते हैं। पूरी मनुष्यता के बारे में समझ लेते हैं। साथ–साथ चलना क्या होता है, समवेत वृत्ति क्या होती है, सहयोग क्या है, सहिष्णुता क्या है,

समरसता क्या है, सामंजस्य क्या है और *सर्वे भवन्तु सुखिनः* का मन्त्र क्या है। रामायण जैसे ग्रन्थ के माध्यम से ही यह सब हम समझ पाते हैं। ऐसा इसलिए है कि इस धरा पर कथामृत है। स्वर्ग में अमृत मिलता है लेकिन कथामृत तो इस धरा पर ही मिलता है। अमृत से शाश्वत रूप से जीवन चल सकता है लेकिन जीवन धन्य नहीं हो सकता। उस अमृत से जीवन अपनी पूर्णता को प्राप्त नहीं कर सकता। जीवन को पूर्णता मिलती है कथामृत से और इस कथामृत की गंगोत्री है रामायण। गंगा है रामायण, गंगासागर है रामायण।

योग हमारी परम्परा का सबसे महत्त्वपूर्ण तत्त्व है। हमने पूरी दुनिया को दो महत्त्वपूर्ण चीज़ें दी हैं–एक अहिंसा का सिद्धान्त *अहिंसा परमो धर्म* और दूसरा योग का सिद्धान्त। योग के माध्यम से निरोग रहने का सिद्धान्त। योग के माध्यम से जुड़ जाने का सिद्धान्त। हम जुड़ते हैं योग के माध्यम से आत्म और परमात्म तत्त्व के रूप में। व्यक्ति और व्यष्टि के रूप में, व्यष्टि और सृष्टि के रूप में, सृष्टि और समष्टि के रूप में, हमारा जुड़ना होता है, जुड़ाव होता है, हम मिल जाते हैं। पुरुष और प्रकृति का जोड़ होता है। व्यक्ति और परिवेश का जोड़ होता है। व्यक्ति और समाज का जोड़ होता है। समाज और राष्ट्र का जोड़ होता है और सर्वोपरि सभी राष्ट्रों के मानव समुदाय का जोड़ होता है। इसलिए योग हमें हर तरह से जोड़ने का काम करता है। सकारात्मक वृत्ति देता है और सकारात्मक वृत्तियों के माध्यम से ही हमारी रचनाशीलता पुष्पित और पल्लवित होती है, फलित होती है। इसलिए योग का बहुत महत्त्व है।

रामायण सहित जितने मानद ग्रन्थ हैं, सभी में योग का उल्लेख है। हमारे यहाँ षड्दर्शन भी इस पर चिन्तन करता है। पतंजलि का योग सूत्र इसी पर चलता है। गीता में बहुत स्पष्ट शब्दों में योग के बारे में कृष्ण ने कहा। वे स्वयं योग और क्षेम को वहन करने वाले हैं, धारण करने वाले हैं। *योगः कर्मसु कौशलम्*–योग से ही कर्म में कुशलता आती है। जो भी हमारा ध्येय है वहाँ तक पहुँचने का मार्ग योग ही है। इसलिए आज योग का ध्यान करना हम सभी के लिए बहुत ज़्यादा आवश्यक है। आज के वर्तमान सन्दर्भ में अदृश्य कोविड–19 नामक विषाणु ने पूरी मानवता को त्रस्त कर दिया है और इस विषाणु का प्रभाव हमारी प्रतिरोधक क्षमता पर पड़ता है। इस प्रतिरोधक क्षमता को बढ़ाने का सर्वश्रेष्ठ उपाय योग ही है। केवल इतना ही नहीं कि हमें निरोग रखने में वह सहयोगी होता है,

हमारे व्यक्तित्व के परिष्कार में भी यह सहयोगी होता है। हमारा मनोबल बढ़ाने में सहयोग करता है। हमारे मनोरथ और मनोगत को नियन्त्रित करता है। इस तरह हमारी मनोवृत्ति सदैव समाज के अनुरूप बनती है। राष्ट्र के अनुकूल बनती है और मनुष्यता के अनुकूल बनती है। जब पवित्र मन्तव्य होता है तभी हम सदैव श्रेष्ठ कार्य की ओर अभिमुख होते हैं। सम्यक् विचार रखते हैं। सम्यक् व्यवहार रखते हैं। विचार और व्यवहार की यही शुचिता रामायण में यत्र–तत्र सर्वत्र ध्वनित होती दिखाई देती है। योग के आठ अवलम्ब हैं। यम, नियम, आसन, प्राणायाम और प्रत्याहार, इन पाँच के माध्यम से हम धारणा, ध्यान और समाधि तक पहुँचते हैं। समाधि का सर्वश्रेष्ठ दर्शन, निरूपण और उदाहरण 'मानस' में निलता है। भगवान शिव बहुधा समाधिस्थ हो जाते हैं। हम ध्यान के माध्यम से, मेडिटेशन के माध्यम से, कोरोना वायरस नामक विषाणु से लड़ने की क्षमता अपने अन्दर विकसित कर सकते हैं। योग में निरूपित, मेडिटेशन या ध्यान ही है जिसके माध्यम से हम आजकल जहाँ कहीं भी अवसाद सुनायी देता है उसका निवारण, निराकरण कर पाते हैं। ध्यान के माध्यम से हम अपने ध्येय से एकाकार होने का प्रयास करते हैं। यही ध्यान मानस का ध्यान है। जब हम भगवान राम और माँ जानकी का ध्यान करते हैं, उनसे एकाकार होने का प्रयास करते हैं, उनकी छवि को अपने अन्दर उतारने की कोशिश करते हैं और वही छवि जब उतरे तब हम समाज की तरफ़ पहुँच जाते हैं। भगवान शिव को जब भी राम का ध्यान होता है वह समाधिस्थ हो जाते हैं। इसलिए आज के सन्दर्भ में महायोगी, परम योगी, परम तत्त्व, परम ब्रह्म, भगवान शिव का ध्यान करना बहुत ज़्यादा आवश्यक है। मानस के आरम्भ में ही भगवान शिव और माँ पार्वती की वन्दना होती है।

भवानीशंकरौ वन्दे श्रद्धाविश्वासरूपिणौं।
याभ्यां बिना न पश्यन्ति सिद्धाः स्वान्तः स्थमीश्वरम।।

श्रद्धा और विश्वास के साथ माँ श्री पार्वती जी और शंकर जी की वन्दना करता हूँ। जिनके बिना सिद्धजन अपने अन्तःकरण में ईश्वर को नहीं देख सकते अर्थात् भगवान राम का ध्यान करने के लिए माँ पार्वती और प्रभु शिव का ध्यान करना बहुत ज़्यादा आवश्यक है। भगवान शिव क्या हैं, तुलसीदास जी ने बड़े स्पष्ट शब्दों में कहा–

गुर पितु मातु महेस भवानी। प्रनवउँ दीनबन्धु दिन दानी।।
सेवक स्वामि सखा सिय पी के। हित निरुपधि सब बिधि तुलसी के।।

भगवान राम के लिए शिव क्या हैं, वह सेवक भी हैं, स्वामी भी हैं, सखा भी हैं। इसलिए माता और पिता के समान महेश जी की, भवानी जी की, वन्दना करता हूँ जो अकारण, अनायास दान देने में प्रवृत्त रहते हैं, आशीर्वाद देने में प्रवृत्त रहते हैं और हर किसी की याचना, कामना, प्रार्थना पूरी करने के लिए तत्पर रहते हैं। संस्कृत साहित्य में भगवान शिव के इस स्वभाव को लेकर, 'आशुतोष तुम औघड़दानी' को लेकर कुछ हास्य भी उठता है। प्रसंगवश क्षेपक के रूप में उस हास्य की चर्चा आपसे माँ पार्वती और शिव का ध्यान करते हुए कर लेता हूँ। ऐसा कहा जाता है कि भगवान शिव इस योगी रूप में क्यों रहते हैं। पास में कोई वैभव नहीं है, मृग चर्म धारण करते हैं, बैल की सवारी करते हैं। माँ पार्वती भी उनके साथ रहती हैं, उन्हें भी किसी वैभव की आकांक्षा नहीं। कैलाश पर वट वृक्ष के नीचे बहुधा समाधिस्थ हो जाते हैं। ऐसा क्या है जो सबको देने वाले हैं उनके पास कुछ भी नहीं रहता है। एक कवि ने दो लाइन में बहुत रोचक बात कही। भगवान शिव की प्रार्थना करते हुए *पंचानन आप, चतुरानन बाप, गजानन पुत्र, षडानन पाई, वाहि से शम्भु भिखारी भयो बरदा घर एक, सबै वरदाई।।* अपने क्या हैं पंचानन हैं, पाँच मुख वाले, पिता ब्रह्मा चार मुख वाले, पुत्र गणेश जी गजमुख वाले, षडानन जी छह मुख वाले। माँ पार्वती के साथ विवाह के समय उन्होंने, गोत्रोच्चारण जब होता है तब, आचार्य के पूछने पर अपना पिता ब्रह्मा को बताया, ब्रह्मा के पिता को विष्णु और विष्णु के पिता को उन्होंने कहा मैं स्वयं हूँ। जितने लोग हैं, गजानन, षडानन, माँ पार्वती और स्वयं भगवान शिव भोलेनाथ और सब दान देने वाले हैं और एक ही बैल की कमाई है तो भगवान शिव को तो इस रूप में रहना ही है। यह प्रसंग वश मैंने कहा।

मूल बात यह है कि भगवान शिव इस ब्रह्माण्ड के इस सृष्टि के सर्वश्रेष्ठ योगी हैं। योग के लक्षणों में एक है ध्यानस्थ हो जाना। इनसे बड़ा ध्यान करने वाला और कोई है ही नहीं। आनन्द की परमावस्था होती है समाधि, जिसमें पहुँच जाने वाला भी इनके जैसा कोई भी नहीं है। एक प्रसंग और जब अयोध्या काण्ड में लक्ष्मण जी निषादराज से संवाद करते हैं और उसमें योगी के बारे में बताते हैं।

एहि जग जामिनि जागहिं जोगी। परमारथी प्रपंच वियोगी।
जनिअ तबहिं जीव जग जागा। जब सब विषय विलास विरागा।।

इस संसार में जिसे हम निशा रात्रि कहते हैं, योगी लोग ही जागते है, क्योंकि वह परमार्थी हैं। उन्हें निरन्तर परमारथ की चिन्ता लगी रहती है। वह प्रपंचरहित हैं। जगत् में वही जीव जाग्रत है जो सम्पूर्ण भोग विलास से मुक्त हो। यह हमारे यहाँ योग का एक विधान है। योग का आशय है इन्द्रियों को विषयों से मुक्त कर लेना। मानस में सर्वत्र इस प्रकार के प्रसंग मिलते रहते हैं, जहाँ हम योग के बारे में जान पाते हैं। मेरा आशय योगी शिव से है।

जब बालकाण्ड में प्रभु राम मानव रूप में लीला कर रहे थे और माँ जानकी की तलाश कर रहे थे तो स्वयं शिव सदैव उनके साथ ही रहते थे। भगवान राम जननी के विषय में पशु–पक्षी से पूछते हैं, लताओं से पूछते हैं और इस अवस्था में देखकर भगवान शिव उनका नमन करते हैं। माँ सती को संशय होता है। विश्वास और सन्देह के बीच की स्थिति है संशय। यह बहुत ख़राब स्थिति है। फिर उसके निवारण के लिए माँ सती शिव के समझाने के बाद भी जाती हैं। वहाँ उन्हें परम ब्रह्म का बोध होता है। सियाराम सर्वत्र दिखलाई देने लगते हैं। जब वह वापस आती हैं प्रार्थना करते हुए तो भगवान शिव उनकी परीक्षा विधि के बारे में जान जाते हैं कि किस रूप को उन्होंने धारण किया। एक प्रसंग आता है कि इस रूप में सीता के रूप में सती को देखकर के भगवान शिव ने एक संकल्प लिया। मानस में कई संकल्प हैं जिसमें दो बहुत प्रमुख संकल्प हैं। पहला भगवान शिव का संकल्प और दूसरा माँ पार्वती का संकल्प। यह दोनों बालकाण्ड में मिलता है। जब माँ सती ने भगवान राम की परीक्षा लेने की कोशिश की भगवान की परीक्षा कौन ले सकता है। भगवान शिव ने कहा मन ही मन संकल्प लिया–*शिव संकल्प कीन्ह मन माही। यह तन सती भेंट अब नाहीं।।* मन में संकल्प ले लिया कि इस तन से सती से मुलाकात नहीं होगी। यह प्रसंग आगे बढ़ा। बहुत सारे प्रसंग आये। बाद में जब पार्वती के रूप में उनका अवतरण हुआ तो शिव को प्राप्त करने के लिए उन्होंने भी संकल्प लिया–*वरउँ तो शंभु न रहउँ कुँआरी*। हमेशा ईश्वर को अपने साथ रहने वाले के लिए उसका संकल्प का पालन करना ही होता है। इसलिए फिर पार्वती का और शिव का विवाह हुआ। बड़ा रोचक प्रसंग है। मेरा आशय केवल योगी शिव से है। जब भगवान समाधिस्थ हो गये तो समाधि तोड़ने के लिए देवताओं ने कामदेव को भेजा। भगवान को आना था उसके पहले बहुत सारी व्यवस्था होनी थी।

शिव–पार्वती विवाह होना था। देवताओं के कहे से कामदेव आये। सारा प्रपंच करने के बाद भी शिव को समाधि से हटाना सम्भव नहीं हो पाया और जब भगवान शिव की समाधि टूटी तो कामदेव नहीं रहे। फिर रति (कामदेव की पत्नी) को दूसरा आशीर्वाद मिला। देवता प्रसन्न होकर पार्वती के पास बताने के लिए गये पार्वती ने शिव के लिए जो कहा वही महत्त्वपूर्ण है। माँ पार्वती ने कहा देवताओं से *हमरे जान सदा शिव जोगी। अज अनवद्य अकाम अभोगी* जहाँ तक मेरी जानकारी है भगवान शिव योगी हैं, शाश्वत हैं, अनिंद्य हैं, कोई कामना नहीं उनकी। वह भोग रहित जीवन जीते हैं। ईशावास्योपनिषद में लिखा है कि हम उतना ही उपयोग करें जितना हमारे काम का है शेष हम छोड़ जायें सतत विकास के लिए यह आवश्यक है। अर्थात् जीवन को त्यागपूर्ण होना चाहिए।

ऊँ ईशावास्यमिदं सर्वयत्किंच जगत्यां जगत्।
तेन त्यक्तेन भुंजीथा मा गृधः कस्यस्विद्धनम्।।

शिव तो अभोगी हैं। उन्हें किसी भोग की ज़रूरत ही नहीं है। वह कामना के परे हैं। वह निन्दा के परे हैं। वह जन्म मृत्यु के परे हैं क्योंकि वह इसके निर्धारक हैं। ब्रह्मा के विधान में संशोधन का अधिकार केवल शिव और शिव को ही है। इसलिए माँ पार्वती ने कहा कि मुझे तो इस योगी के साथ ही रहना है। यह सदा शिव योगी हैं। सदाशिव योगी सदा कल्याण करने वाले हैं। शिव अर्थात् कल्याण। भगवान शिव लगातार कल्याण करने के लिए ही बने हैं और इसीलिए वह आशुतोष औघड़दानी के रूप में जाने जाते हैं। वह सहज प्रसन्न होने वाले हैं। ऐसे भगवान शिव हमको ऐसी शक्ति दें कि हम निरन्तर प्रभु राम का स्मरण करते रहें। शिव को भगवान राम कितना महत्त्व देते हैं। आगे की यात्रा प्रारम्भ होती है सेतुबन्ध जब हो जाता है तब फिर भगवान राम अपने और शिव के सन्बन्धों के बारे में ही कहते हैं। उन्होंने रामेश्वर शिवलिंग की स्थापना की। *लिंग थापि विधिवत करि पूजा। शिव समान प्रिय मोहिं न दूजा।।* ऐसा कहा भगवान राम ने शिव की आराधना करते हुए। उनके लिंग की स्थापना कर कहा कि मुझे शिव के समान दूसरा कोई प्रिय है ही नहीं। *शिव द्रोही मम दास कहावा सो नर सपनेहु मोहि न भावा।।* अगर कोई शिव से द्रोह करने वाला है उससे मेरा अनुराग हो ही नहीं सकता। ऐसा व्यक्ति मुझे सदा अप्रिय है। सपने में भी वह मुझे प्रिय नहीं होगा।

शिव का द्रोही मेरा प्रिय हो जाये मेरा द्रोही शिव का प्रिय हो जाये ऐसा सोचने वाला नरक भोगता है। ऐसे जो योगीराज शिव हैं वह भगवान राम के आराध्य हैं। उनके आराध्य भगवान राम हैं। यह दोनों मिलकर जगत् का कल्याण करें, हम सभी का उद्धार करें और हमें योग की वह शक्ति प्रदान करें जिससे हमारे अन्दर धैर्य आये, हमारे अन्दर सम्बल आये, हमारे अन्दर दृढ़ता आये। भगवान राम और भगवान शिव, माँ पार्वती और माँ सीता सबका आशीर्वाद और अनुग्रह हमें प्राप्त हो।

कर्पूरगौरं करुणावतारं, संसारसारं भुजगेन्द्रहारं।
सदावसन्तं हृदयारविन्दे, भवंभवानी सहितं नमामि।।

समन्वयवादी तुलसी

मध्यकाल में भारतीय नवजागरण के अग्रदूत और विभूति, भक्ति काल के महान राम भक्त कवि, भारतीय सनातन परम्परा के उद्घोषक तथा लोक और शास्त्र की परम्परा के शीर्षस्थ सन्त तुलसीदास जी के बारे में जितना भी हम कहें वह कम है। एक सन्त, एक कवि, एक आध्यात्मिक मनीषी, बुद्धिजीवी और समाज सुधारक। श्रेष्ठतम मानवता और मनुष्यता का, कौन–सा ऐसा स्वरूप है जो तुलसीदास जी में नहीं है। सब कुछ है। तुलसीदास वेदविद् हैं, पुराणविद् हैं, उपनिषदविद् हैं। काव्य की जितनी धाराएँ हैं सब उनकी वाणी से प्रवाहित होती रहती हैं। चौपाई, दोहा, सोरठा, मुक्तक, गीत सारी काव्य–विधियाँ उनकी उँगलियों के पोरों पर नृत्य करती हैं। जितने ग्रन्थ उनके द्वारा रचित हुए सब के सब आज भी लोकप्रिय और जनप्रिय हैं। उनकी भाषा शैली और संकेत या सन्देश सब कुछ कर्ण प्रिय है। रामचरितमानस, विनय पत्रिका, गीतावली, दोहावली, बरवै रामायण के माध्यम से कितना कुछ उन्होंने हमें दिया। लोक जीवन, लोक संस्कृति और लोक भाषा को जन–जन की वाणी बनाकर रच दिया। इन सब में उनकी गहरी पैठ थी। वे संस्कृत व हिन्दी के प्रकाण्ड विद्वान थे। आंचलिक बोलियों का मर्म और महत्त्व समझते थे। अपनी भाषा बोली और चिन्तन तथा भारत की भक्ति–परम्परा को उन्होंने एक जनप्रिय स्वरूप में ढाल दिया। विविध मत, विचार और चिन्तन शैली में समन्वय करने की उनके जैसी प्रतिभा दुर्लभ है। तुलसीदास का युग संक्रमण और संकट का युग था। इस संक्रमण और संकट ने 'रामबोला' को एक शीर्षस्थ सन्त कवि बना दिया। उस संकट और संक्रमण ने रामबोला तुलसीदास जी को राममय तुलसीदास बना दिया और अपनी साधना से पूरी धरा को उन्होंने राममय बना दिया। सियाराममय बना दिया। तुलसीदास का समय अकबर के शासन काल का समय था। इस देश पर और इस देश

की सामाजिक, सांस्कृतिक, वैचारिक मान्यताओं पर इस्लाम धर्म प्रभावी हो रहा था। इनसे बचने के लिए सनातन हिन्दू लोगों ने अपने शास्त्रों को सुरक्षित रखने के यत्न शुरू किये। शास्त्रों की शुचिता सुरक्षित रहे, इस हेतु सनातन धर्म के मूल्य सजोकर रखने का प्रयास अन्य मनीषियों, महात्माओं, सिद्धों, साधकों, कवियों, साहित्यकारों ने इस युग में किया। भारतीय परम्परा को आगे ले जाने और इसे जन–शक्ति के साधन के रूप में प्रसारित करने का काम तुलसीदास जी ने किया। भारतीय वाङमय, वेद, पुराण, उपनिषद, आरण्यक ग्रन्थ, ब्राह्मण ग्रन्थ सब का निचोड़ एक जगह रखकर उन्होंने 'रामचरितमानस' के रूप में हम सबके सामने प्रस्तुत किया और राम को घर घर पहुँचा दिया। तुलसीदास का ही यह प्रताप है कि अब हम कहीं भी चलते हैं, राम हमारे साथ चलते हैं। वे हमारी यात्रा के अवलम्ब, कवच, सारथी, साधक और निर्देशक बने रहते हैं। मनुष्य की आरम्भिक यात्रा से लेकर अन्तिम यात्रा तक हमारे हृदय में बसते हैं और शरीर का अन्त होने पर हमें परम पद की ओर ले जाने वाले राम ही हैं। इस प्रकार राम को सर्वव्याप्त बनाने वालों में तुलसी की साहित्य साधना का सबसे बड़ा योगदान है। मानस को ही देखिए, जिसका श्री गणेश होता है 'व' वर्ण से *वर्णानामर्थसंघानां रसानां छन्दसामपि। मंगलाना च कर्त्तारौ वन्दे वाणीविनायकौ।।* और मानस का समापन भी व वर्ण से होता है।

पुण्यं पापहरं सदा शिवकरं विज्ञान भक्ति प्रदं,
मायामोह मलापहं सुविमलं प्रेमाम्बुपूरं शुभम् ।
श्रीमद्रामचरित्रमानस मिदं भक्त्यावगाहन्ति ये,
ते संसारपतंगघोर किरणैर्दहयन्ति नो मानवाः।।

'व' से शुरू होकर और 'व' पर ख़त्म होता है। 'मानस' जैसा दुनिया में कोई दूसरा ग्रन्थ नहीं है। साहित्य की 'स्वान्तः सुखाय' साधना तुलसी ने की *स्वान्तः सुखाय तुलसी श्री रघुनाथ गाथा।* तुलसी के युग में शासकों की अभ्यर्थना का विधान था। लेकिन तुलसी को सत्ता का चाटुकार बनना गँवारा नहीं था। वह किसी शासक के प्रति अनुरक्त नहीं थे। शासक की अभ्यर्थना करके कुछ पाने का उन्हें लोभ नहीं था। वह कामना मुक्त थे। वह तो आराधना युक्त इन्सान थे। प्रभु श्रीराम की आराधना जिनकी उनके ऊपर विशेष कृपा थी। हनुमान जी की कृपा से तुलसीदास जी ने राम जी का चित्रकूट में दर्शन भी किया। *चित्रकूट के घाट पर भई सन्तन की भीड़, तुलसीदास चंदन घिसे तिलक लेत रघुवीर।* इस प्रकार भारत को

एक ऐसे सन्त भक्त मिले जिन्हें साक्षात् हनुमान जी का भी दर्शन प्राप्त हुआ और साक्षात् परम ब्रह्म परमेश्वर श्रीराम जी का भी। ये साधारण सन्त नहीं थे, परम सन्त थे। इसीलिए ये लोक चेतना के कवि कहे जाते हैं, लोक मानस के सुधारक कहे जाते हैं, और लोकहित के कारक कहे जाते हैं। उनका सम्पूर्ण साहित्य लोक कल्याण के लिए है। ऐसे ज्ञानी मनीषी तुलसीदास जी को बार–बार नमन करने से अपना भी चित्त शुद्ध होता है। यह सर्वविदित है कि जिस समय तुलसीदास जी ने रामचरितमानस की रचना प्रक्रिया आरम्भ की सनातन धर्म में कई धारणाएँ प्रचलित थीं–शैव, वैष्णव, सगुण, निर्गुण। सबसे पहला काम उन्होंने मानस के माध्यम से समन्वय स्थापित करने का किया। एक राजकुमार जिसे राजा होना था अरण्य क्षेत्र में निकल जाता है, जन सामान्य से मिलता है। उन्हें अपना बना लेता है और उन सबका होता चला जाता है। ऐसी सामाजिक समरसता का भाव अन्यत्र दुर्लभ है। आज हमें ऐसी ही सामाजिक समरसता की आवश्यकता है। प्रभु राम सामान्य से सामान्य व्यक्ति को भी असाधारण बनाते चलते हैं। मित्र कहते हुए चलते हैं। सहयोगी कहते हुए चलते हैं। उनसे घाट पार कराने का आग्रह करते हैं। वह तो स्वयं संसार से तारने का प्रबन्ध करते हैं। ऐसा ईश्वर वह भी एक केवट से नदी पार कराने का आग्रह करता है। वह केवट को कितना महत्त्व देते हैं।

पूरे मानस में ऐसी अनेक विशेषताएँ हैं जो तुलसी के व्यक्तित्व को हमारे सामने लाती हैं। पहला सगुण और निर्गुण का अदभुत समन्वय तुलसीदास जी ने किया है– *अगुनहि सगुनहि नहि कुछ भेदा। उभय हरहि भव सम्भव खेदा।।*

इनमें कोई भेद नहीं है। ये एक ही लक्ष्य पर पहुँचते हैं चाहे हम उसे वेदान्त कहें, अद्वैत कहें, विशिष्ट अद्वैत कहें, सभी परम ब्रह्म तक पहुँचने का प्रयास करते हैं। इसी तरह उन्होंने शैव और वैष्णव को मिलाया। भगवान राम स्वयं शिव की आराधना करते हैं– *लिंग थापि कर विधिवत पूजा। शिव समान प्रिय मोहि ना दूजा।।*, रामेश्वरम में भगवान राम शिवलिंग की स्थापना करते समय भगवान शिव के सन्दर्भ में ऐसा कहते हैं कि शिव के समान मुझे कोई प्रिय नहीं है। एक प्रसंग और *शिव द्रोही मम दास कहावा। सो नार सपनेहु मोहि ना भावा।।* ऐसा व्यक्ति जो शिव से लगाव नहीं रखता वह मुझे स्वप्न में भी प्रिय नहीं है। ऐसे ही भगवान भोलेनाथ जब निकल रहे होते हैं माँ सती के साथ और भगवान राम नरलीला

कर रहे हैं और उनकी वन्दना कर रहे हैं तो इस वन्दना को देखकर माँ सती को भ्रम हो जाता है। तुलसीदास जी सगुण, निर्गुण, शैव, वैष्णव का समन्वय करते हुए चलते हैं। उस हिन्दू समाज को, जिसके लिए पूरी धरा ही एक परिवार है को जोड़ने का काम, उनके बीच में मतभेद मिटाने का काम तुलसीदास जी ने किया। ऐसा करना उस दौर में आवश्यक था। जब इस्लाम का प्रभाव हिन्दू चेतना को हताश किये था। हिन्दू गौरव को आगे लाने का, हिन्दू जागृति का काम उन्हें करना था। सबको उनके सामर्थ्य का बोध कराना था। कहीं प्रतीकात्मक रूप से हनुमान जी के माध्यम से और कहीं स्वयं कर्मवादी बनने का सन्देश देकर। यह बताकर कि आपकी जो उपलब्धियाँ हैं वे केवल आपकी ही नहीं है इसमें ईश्वर का भी अंशदान है। *कर्म प्रधान विश्व करि राखा। जो जस करहि सो तस फल चाखा।।* ऐसा कहकर उन्होंने यह सन्देश भी दिया कि पूरे संसार में अगर महत्त्व है तो वह परिश्रम का ही है और जैसा आपका कर्म होता है वैसा ही आपको फल मिलता है। इसी से प्रारब्ध भी बनता है। लेकिन यदि आप अपने कर्मों से, परिश्रम से सफल हो जाते हैं और आगे चलकर कभी दुख की स्थिति आ जाती है तो इसका आप पश्चात्ताप न करें। आप सुख हो या दुख हो समभाव में रहें। परिश्रम के साथ ही प्रारब्ध (भाग्य) का भी बहुत महत्त्व होता है। इसका उदाहरण भी उन्होंने बहुत अच्छे तरीक़े से दिया–

रामचन्द्र सोपति वैदेही, सोवत महि विधि वाम न केहो।
सिय रघुबीर कि कानन जोगू, करम प्रधान सत्य कह लोगू।।

सीता जी और राम जी के वनगमन के समय तुलसीदास जी ने लिखा कि जिसका रामचन्द्र जी के समान पति है, जो स्वयं जगत् जननी है और जिसका रामचन्द्र जी जैसा पति है, फिर भी इन दोनों को ज़मीन पर सोना पड़े, यह देखकर मानना पड़ता है कि विधि किसके विपरीत नहीं हो सकती। तुलसीदास जी ने यह प्रश्न भी उठाया है कि क्या सीता जी और राम जी वन जाने के योग्य थे? और उत्तर भी दिया कि भाग्य प्रबल है, लोगों का यह कहना सत्य है। तुलसी ने कर्म को भी प्रधानता दी और प्रारब्ध को भी प्रधानता दी। प्रारब्ध के प्रधानता इसलिए दी कि आप अपने कर्म फल को अपने अनुकूल पाते हैं तो वह केवल आपका अंश नहीं है उसमें प्रारब्ध की बहुत बड़ी भूमिका है। इस तरह तुलसीदास जी सर्वत्र समन्वय करते हुए चलते हैं। तुलसीदास की लोक यात्रा एक सन्त की ही

लोक यात्रा नहीं है, एक हरि दर्शक की ही लोक की यात्रा नहीं है, वह राष्ट्र को जाग्रत करने वाली यात्रा है। हिन्दू समाज को पुनः एकता के सूत्र में पिरोने और समरसता, समन्वयता तथा संवेदनशीलता के भाव को जाग्रत करने की यात्रा है। इसीलिए तुलसीदास जी सन्त परम्परा महानतम सन्त और समाज सुधारकों में श्रेष्ठतम समाज सुधारक कहे जाते हैं। राम का जो स्वरूप उन्होंने हमारे सम्मुख प्रस्तुत किया वह अद्भुत है। राम के आदर्श को व्येयक्तिक धरातल, पर सामाजिक धरातल पर और राष्ट्रीय धरातल पर अपनाने की कामना हर कोई करता है कि हमारे यहाँ अगर पुत्र पैदा हो तो राम जी जैसा पैदा हो, संस्कार हों तो राम जी जैसे हों। *नित्य प्रात उठ कर रघुनाथा। मात पिता गुअ नाइय माथा,* यह संस्कार हो। अर्थात् संस्कार की सीख देते हुए भी तुलसी जी चलते हैं। एक जगह नहीं, सर्वत्र जहाँ पुत्र हो तो राम जैसा, पति हो तो राम जैसा, स्वामी हो तो राम जैसा और सखा हो तो राम जैसा। वे गुरु वन्दना करते हैं, इष्ट वन्दना करते हैं तो संस्कार को प्रमुखता देते हैं। भाई हो तो राम जैसा। जब लक्ष्मण जी को शक्ति बाण लगा उस समय उनका विलाप विचित्र था। *जौं जनतेउँ प्रिय बन्धु बिछोहू। पिता वचन मनतेउँ नहि ओहू।।* कहा कि अगर मुझे पता होता कि इस यात्रा में बन्धु से बिछोह होगा तो जो राम पिता दशरथ के आदेश को मानकर जंगल में जाते हैं *हम पितु वचन मान वन आये,* वही राम अन्त में भाई से लगाव के चलते कहते हैं कि अगर ऐसा पता होता तो मैं पिता जी के आदेश का पालन नहीं करता। लक्ष्मण जी से कहा–

सुत वित नारि भवन परिवारा, होत जात जग बारंबारा।
मिलहिं न किन्तु सहोदर भ्राता, यह विचारि जिय जागहु ताता।।

एक भाई के लिए कैसे उनके पास भाव हैं। भरत के लिए कैसे भाव हैं–

भरतहि होइ न राजमद विधि हरिहर पद पाई।
कबहुँ कि काँजी सीकरहि क्षीरसिन्धु बिनसाई।।

ऐसा श्रेष्ठ भाव भाइयों के लिए रखने वाला इन्सान तो परमात्मा ही हो सकता है और उस परमात्मा को मूर्त रूप में सामने प्रस्तुत करने वाला असाधारण सन्त तो तुलसीदास जी ही हो सकते हैं। इस समाज में सभ्यता, संस्कार और संस्कृति के जितने उदात्त मूल्य हैं, श्रेष्ठ मूल्य हैं वह तुलसीदास जी हमें पग–पग पर बताते चलते हैं और जब राम राज्य का

वर्णन करते हैं तो बताते हैं कि हमारा राष्ट्र कैसा हो : जहाँ किसी भी प्रकार का अभाव नहीं है, सभी लोगों के बीच में परस्पर प्रीति है, कहीं अनीति नहीं है, सब निरोग हैं, सब परिपूर्ण हैं। ऐसा राज्य ही रामराज्य होता है। अवधपुरी पुनः अपने मूल स्वरूप को प्राप्त करने वाली है। भगवान राम जनमानस में राजा राम के रूप में हमेशा से रहे हैं। राजा राम, भगवान राम का यह भव्य और दिव्य स्वरूप अयोध्या में बन रहे रामजन्म भूमि मन्दिर के माध्यम से अब पुनः जनमानस के सामने होगा। इसके लिए भी तुलसीदास जी ने बहुत प्रार्थना की, बहुत कामना की है। तुलसीदास जी ने हिन्दी का बृहत् मान बढ़ाया। हिन्दी के माथे पर 'रामचरित' की बिन्दी गोस्वामी तुलसीदास ने सजाई तो वह जन–जन के हृदयासन पर सज गयी। हम सभ्यता और संस्कृति को उसी रूप में समझते हैं जैसा तुलसीदास जी ने हमें समझा दिया है। परिवार क्या है, संस्कार क्या है और संसार क्या है इसका बोध हमें तुलसीदास जी ने कराया। उनके बोध सूत्रों को लेकर हम चलें तो जीवन में कभी बाधा नहीं आयेगी। *सियराममय सब जग जानी। करहुँ प्रणाम जोर जुग पानी।*

अनासक्त भक्त अंगद

किष्किन्धा काण्ड में जब बाली नहीं रहे तब भगवान राम ने उन्हें रामबाण के माध्यम से रामलोक में पहुँचा दिया। तब तारा का विलाप हुआ और उसे देख कर के जो करुणानिधान हैं जो बहुधा करुणा करते रहते हैं, करुणासागर हैं, उन्होंने तारा से कहा कि यह जो शरीर है यह पाँच तत्त्वों से मिलकर बना है–'क्षिति, जल, पावक, गगन, समीरा। पंच रचित यह अधम शरीरा।।'' यह जो शरीर है, यह पाँच तत्त्वों से रचित है। जब एक निश्चित अनुपात में, निश्चित समय पर, निश्चित कारण से, निश्चित ध्येय लेकर, पाँच तत्त्व मिलते हैं तो हमारा शरीर निर्मित होता है। तारा आप विदुषी हैं ईश्वर ने उन्हें ज्ञान दिया और कहा कि आप चाहें तो मैं फिर इसे रच देता हूँ। जिसके पास ज्ञान हो जाता है वह इन पाँच तत्त्वों की महानता और उपादेयता समझता है। बोध हो जाने पर इसके संकलित स्वरूप की फिर इच्छा नहीं रहती। वह निष्काम हो जाता है और फिर भगवत से अपनी भक्ति की प्रार्थना करता है। तारा ने यही किया, अटल भक्ति, अचल भक्ति की माँग की और इस तरह वह हमेशा–हमेशा के लिए पूजित हो गयी। आगे चलकर जब भी इस देश में नाम लिया जाता है, महानतम देवियों का, उसमें तारा का भी उल्लेख होता है। हमारा यथार्थ एक ऊर्जापुंज का यथार्थ है, जिसे बहुत कुछ करना होता है। हमारे यहाँ 'चरैवेति' का सिद्धान्त है। लक्ष्य पाने के लिए हमेशा चलना होता है। भगवान शिव ने पार्वती से कहा कि हे पार्वती, भगवान राम कितने बड़े हैं, कितने महान हैं, उनका स्मरण, उनका स्तवन, उनकी वन्दना करने के कारण ही कारण हैं। बहुत कुछ हैं राम क्योंकि इस धरा पर कोई मनुष्य, माता, पिता, मित्र ऐसे नहीं हैं जो अकारण किसी का हित करते हैं। *सुर नर मुनि सबकी यह रीति। स्वारथ लागि करैं सब प्रीति।।* इस संसार में वह चाहे देवता हों, मनुष्य हों, मुनि हों, सबका एक ही स्वभाव है कि स्वार्थ

के वशीभूत होकर वह किसी से लगाव रखते हैं। सिर्फ़ ऐसे व्यक्ति, ऐसे ईश्वर, ऐसे प्रभु, ऐसी शक्ति, भगवान राम ही हैं, जो इन सब से ऊपर हैं। वह अपने प्रति लगाव के लिए लोगों को प्रेरित, आन्दोलित, उद्वेलित कर सकते हैं लेकिन वह स्वयं किसी स्वार्थ के कारण किसी से लगाव नहीं करते। बाली को अपने लोक भेज दिया, तारा को उत्तमोत्तम ज्ञान दिया, सुग्रीव से मित्रता निभाते हुए राजपद दिया और बाली पुत्र अंगद को युवराज घोषित कराकर राम ने यह दृष्टान्त प्रस्तुत किया कि बिना लगाव के भी बहुत कुछ हो सकता है, बिना स्वार्थ के भी बहुत कुछ मिल सकता है।

अंगद का चरित्र अप्रतिम है। जब किसी के पिता का वध हो जाये, परिवार में किसी के साथ अहित हो जाये और अहित करने वाला सामने हो, तो तीन स्थितियाँ बनती हैं–एक प्रबल विरोध की स्थिति, एक प्रखर प्रतिरोध की स्थिति और एक प्रचण्ड प्रतिशोध की स्थिति बनती है। अंगद साधारण व्यक्ति नहीं हैं, परम ज्ञानी हैं। उनका चरित्र अनुपम है। तारा ज्ञान प्राप्त करने के बाद राम को पहचानती हैं और अंगद स्वतः पहचान लेते हैं। इसलिए विरोध, प्रतिरोध, प्रतिशोध का भाव उन्हें छूता तक नहीं है। वह अनुरोध भाव में आते हैं और प्रभु राम की वन्दना करते हैं। यही अंगद, जब लंका में जाते हैं, तब इनकी कथा का विस्तार होता है। लंका जाने से पहले जब माँ सीता की खोज के लिए अभियान दल जिसके नायक अंगद थे, समुद्र के किनारे पहुँचा और जामवन्त जी ने कहना शुरू किया कि समुद्र को पार करना है। अभियान दल के सदस्य क्रमशः अपनी क्षमता के बारे में और सागर पार जाने में अपनी असमर्थता के बारे में बताने लगे। स्वयं जामवन्त, जो हर तरह से समर्थ हैं, ने अपनी आयु की दुहाई दी। इस पर अंगद ने कहा कि मैं पार तो जा सकता हूँ लेकिन वापसी में थोड़ा संशय है क्योंकि एक समय हम और अक्षय कुमार आश्रम में थे और वहाँ किसी कारण से मुझे श्राप मिल गया कि अक्षय ने फिर प्रहार किया तो आपका बचना मुश्किल हो जायेगा। राम काज करना है, मैं जा सकता हूँ, लेकिन राम काज पूरे किये बिना आना, यह मेरे लिए कष्ट क्षोभ और ग्लानि का विषय होगा। मैं राम काज करने तो जाऊँगा लेकिन वापसी को लेकर मेरे मन में संशय है। जामवन्त जी ने इस विषय को सँभाला और कहा–*जामवन्त कह तुम सब लायक। किमि पठवउँ सबही कर नायक।।* तुम लौट भी सकते हो, लेकिन आप हम सब के नायक हैं, तो आपको भेजना उचित नहीं होगा। हमारे पास तो हनुमान जी हैं।

फिर हनुमान जी की प्रार्थना, हनुमान जी की शक्ति का वर्णन शुरू हुआ। यह काम हनुमान जी को ही करना था।

जब रामजी की सेना लंका पहुँच गयी और फिर चर्चा हुई कि एक बार और प्रयास कर लिया जाये कि बिना युद्ध के ही सीता जी की वापसी हो। लंका व्यवस्थित राज्य के रूप में बचा रह जाये इसकी कोशिश करनी चाहिए। पुनः प्रश्न उठा किसे इस कार्य में लगाया जाये। जामवन्त जी ने प्रभु राम से कहा कि प्रभु, हनुमान जी अपना काम कर आये हैं। हमारे पास बल, बुद्धि, विवेक और वक्तृता इन चार के पुंज हैं अंगद जी। मेरी इच्छा है कि एक बार पुनः दूत बनाकर इन्हें रावण के यहाँ भेजा जाये। बल, बुद्धि, विवेक और वक्तृता के गुणों से सम्पन्न होने से ये रावण को वश में करने की कोशिश कर सकते हैं। आपका सन्देश उसे दे सकते हैं। प्रभु श्रीराम जी ने अंगद से कहा कि बालीपुत्र तुम बल, बुद्धि और गुणों के धाम और परम चतुर हो। तुम रावण की सभा में जाओ और शत्रु से वही बातचीत करना जिससे हमारा काम हो अर्थात् श्रीसीता जी की सम्मानजनक वापसी हो और शत्रु का कल्याण भी हो। प्रभु की आज्ञा लेकर और उनके चरणों की वन्दना करके अंगद चल पड़े। वह यह दायित्व पाकर बहुत प्रसन्न हुए। इसमें उनकी नीति, भक्ति और सेना की कमान सँभालने का उनका कौशल तीनों कारक थे। अंगद जी परम तेजस्वी थे। एक सम्भावना यह हो सकती है कि रावण इनको बहलाने की कोशिश करे और उस समय इनका जो प्रतिकार होगा, वह देखने योग्य होगा, इनकी योग्यताएँ उभर कर दिखायी पड़ेंगी। इसलिए अंगद जी को भेजना सर्वथा उचित एवं आवश्यक निर्णय था। ये रावण को कई प्रकार का ज्ञान देने में समर्थ हैं। रावण को इतिहास और पुराण बतायेंगे। फलतः राम की आज्ञा से अंगद जी रावण की सभा में गये।

द्वार के बाहर ही रावण का एक पुत्र उनके द्वारा मारा गया और जो रक्षा में लगे हुए लोग थे देखकर डर गये कि हनुमान जी ने इतना ज़्यादा विनाश किया है, यह और कितना विनाश करेंगे। सब दौड़ कर रावण की सभा में गये, उसे अवगत कराया, कि पुनः एक वानर आया हुआ है। रावण ने उन्हें अन्दर बुलाया। आसन नहीं दिया तो उन्होंने स्वयं अपनी पूँछ का आसन बना लिया। रावण–अंगद संवाद रामलीलाओं का प्रिय प्रसंग है। फिर संवाद शुरू हुआ रावण और अंगद का। रावण ने अपनी शक्ति सामर्थ्य और प्रतिभा का बखान किया, अंगद जी ने राम की प्रतिभा का बखान किया।

यह संवाद इस बात का द्योतक है कि भक्त अनासक्त होता है, वह भक्ति का मानक बिन्दु होता है। फिर अंगद ने रावण को बहुत कुछ बताया। रावण ने अपनी ओर से कोशिश की कि बाली वध का ध्यान दिला करके अंगद को तोड़ लिया जाये, लेकिन जो अनासक्त भक्त होता है, जिसके अन्दर प्रभु के प्रति केवल भक्ति, प्रीति और अनुरोध भाव होता है वह किसी लोभ, भय और बहकावे में नहीं आता। अंगद जी ने अपना यह भाव स्पष्ट किया।

रावण ने अंगद से पूछा कि तुम किस बाली के लड़के हो तो उन्होंने बहुत सारी बातें बतायीं। रावण को उसका अतीत बोध कराते हुए अंगद ने कहा कि तुम किस बाली के बारे में जानना चाहते हो। एक पाताल लोक में बाली के यहाँ गये, जहाँ बच्चों ने तुम्हें घुड़साल में बाँध कर रख दिया, तब बलि ने तुम्हें छुड़ाया। एक सहस्रबाहु के यहाँ तुम गये थे, वहाँ तुमको बड़ा कष्ट हुआ और एक बाली जिनका मैं पुत्र हूँ, उन्होंने 6 माह तक तुम्हें अपनी काँख में दबाये रखा। अब तो तुम बाली की शक्ति के बारे में जान गये होगे और अपनी शक्ति का अनुमान भी तुम्हें लग चुका होगा। अब भी तुम्हारे मन में कोई संशय बचा हो तो मुझसे प्रश्न करें। मेरी राय तो यही है कि तुम श्रीराम की शरण में चलो। जब आदमी किसी स्थान विशेष पर होता है और ज्ञान से ज़्यादा अभिमान के मद में आ जाता है, तो उसका सर्वनाश सुनिश्चित होता है। मद किसी भी चीज़ का ठीक नहीं होता और अभिमान का मद तो व्यक्ति के पराभव और पतन दोनों का मूल कारण होता है। इनके वश में रावण चूर था। वह अंगद को धमकी देने लगा। अहंकारी रावण की बातें सुनकर अंगद ने कहा कि तुम्हारे इस दरबार में जितने लोग बैठे हैं अगर उनमें से किसी की सामर्थ्य हो तो धरती पर अडिग मेरा पैर हिला दे। मैं ज़मीन पर अपना पैर रख रहा हूँ अगर तुममें से किसी ने भी मेरा पाँव ज़मीन से उखाड़ दिया तो मैं माँ सीता की बाजी हार जाऊँगा। यह होती है प्रभु में विश्वास की शक्ति। ईश्वर भक्ति में हमारा विश्वास अडिग हो तो हमारे ऊपर किसी का कोई कुप्रभाव नहीं पड़ सकता चाहे वह सत्ता रावण की हो, या अदृश्य विषाणु की। हम इनसे पार पा सकते हैं।

आस्था, विश्वास, भक्ति और आत्मबल से परिपूर्ण अंगद ने अपना पैर जमाया। अंगद ने रावण के दरबार में सबके सामने अपना पैर जमा दिया। जहाँ भट्ट, महाभट्ट, अतिभट्ट नानाभट्ट और तमाम प्रकार के योद्धा मौजूद थे।

स्वयं रावण बहुत बलशाली था। मेघनाद बहुत बलशाली था। प्रश्न उठता है कि यह विश्वास अंगद में आया कैसे। विश्वास आता है निष्ठा से, आस्था से, भक्ति से और अपनी आत्मा के साक्षात्कार से। इन सब से। रावण और उसके सैन्यबल के समक्ष अकेले अंगद थे। इसलिए अंगद का बहुत ज़्यादा महत्त्व है। जब अंगद ने अपना पैर जमाया तो यह दृश्य स्वयं भगवान राम भी देख रहे थे। एक कथा आती है जिसमें इस प्रकरण के साथ–साथ एक प्रकरण राम और लक्ष्मण के संवाद का चलता है। राम जी ने लक्ष्मण जी से कहा कि हे लक्ष्मण तुम तो शेषनाग के अवतार हो और अंगद ने धरा पर अपना पैर रख दिया है। रावण के पास बहुत सारे बलशाली हैं यद्यपि अंगद का पैर हिलाने की क्षमता किसी में नहीं है। रावण के आसुरी दरबार में परीक्षण हो रहा था शक्ति और सामर्थ्य का। किसी के पास न इतनी शक्ति है, न सामर्थ्य है, कि अंगद का पैर हिला दे। परीक्षण चल रहा था अंगद की राम के प्रति अटूट भक्ति और आत्मबल का। राम ने लक्ष्मण से आगे कहा–*तात तात तुम तात हो, तात पातालेहु जाव। अंगद बाजी राखि के, सीतहि बाजी लाव।।* हे तात, हे लक्ष्मण (तात अर्थात् छोटा भाई, बड़ा भाई, मित्र, बन्धु) हे लक्ष्मण, तुम अब पाताल में चले जाओ और वहाँ अंगद का पैर पकड़ लो। अंगद के सम्मान की रक्षा करो। सीता की जो बाजी अंगद ने लगा दी है, उसकी रक्षा करो। अंगद कितने बड़े हैं, कितने महान हैं, कि उनके पैर के पास स्वयं लक्ष्मण जी पहुँच गये। यह सत्ता होती है भक्ति की और यह ताक़त होती है आस्था की। अंगद जी का पैर मेघनाद सहित कोई भी योद्धा हिला नहीं सका। जब स्वयं रावण उनके पैर के पास आया तो उसे उन्होंने राम का पैर पकड़ने की सलाह दी और कहा कि **"हे रावण! तू मेरे पैर क्यूँ पड़ रहा है जाकर राम के पैर पकड़ और उनकी शरण ले,"** उन्होंने रावण का दम्भ चूर किया। अंगद जी जो आस्था के शिखर पुरुष हैं, जो भक्ति के शिखर पुरुष हैं, जो धैर्य, धर्म, संयम, आत्मनियन्त्रण के शिखर पुरुष हैं, वह अंगद जी हम सब की ओर कृपा दृष्टि रखें और उनके ऊपर कृपा करने वाले प्रभु राम हम सबकी रक्षा करें।

रामनाम बिनु गिरा न सोहा

भगवान राम का ध्यान करते हुए उनके विषय में हनुमान जी द्वारा जो कहा गया है वह अत्यन्त गूढ़ और महत्त्वपूर्ण है। वस्तुतः भगवान राम द्रष्टा भी हैं और दृष्टि भी हैं, स्रष्टा भी हैं और सृष्टि भी हैं, साक्षी भी हैं और साक्ष्य भी हैं। सब कुछ वही हैं। वह अनादि हैं, अनन्त हैं, अखण्ड हैं। उनके बारे में वेद भी अन्तिम रूप से नहीं बता सके। साधु, सन्त, महात्मा, ज्ञानी, गुणी भगवान राम की गुण चर्चा तो कर सकते हैं पर भगवान राम क्या हैं वहाँ तक पहुँच पाना इन सबके लिए भी सम्भव नहीं है। राम तो काल के भी काल का निर्धारण करते हैं। समय के भी वह नियन्ता हैं नियामक हैं। जो कुछ द्रष्टव्य है सब उन्हीं के द्वारा सृजित है, निर्धारित, नियमित और निर्देशित है। *सुन्दरकाण्ड* में उल्लेख आता है कि हनुमान जी जब रावण की वाटिका को तहस–नहस कर रहे थे तो उसने अपने बहुत सारे भट्ट, महाभट्ट नानाभट्ट कई प्रकार के योद्धाओं को भेजा, अक्षय कुमार को भेजा और सभी हताहत हुए, अन्त में मेघनाद को भेजा, जब मेघनाद जो इन्द्रजीत कहे जाते हैं वहाँ पहुँचे तो उन्हें भी हनुमान जी ने बहुत कष्ट दिया। जब मेघनाद को लगा कि अब सामान्य अस्त्रों से, सामान्य कौशल से, सामान्य माया से हनुमान जी को पराजित करना सम्भव नहीं है तो उसने ब्रह्मास्त्र का प्रयोग किया और तब हनुमान जी ने मन–ही–मन में विचार किया कि अब उन्हें क्या करना है–

ब्रह्म अस्त्र तेहि साधा कपि मन कीन्ह बिचार।
जौं न ब्रह्मसर मानउँ महिमा मिटइ अपार।

हनुमान जी ने विचार किया कि इसे मानना आवश्यक है अन्यथा इस शस्त्र की महिमा घटेगी। ब्रह्मास्त्र, पशुपतास्त्र, नारायणास्त्र यह सभी अमोघ अस्त्र हैं और सदा सर्वाधिक महत्त्वपूर्ण हैं। इनके समानान्तर और समकक्ष दूसरा कोई अस्त्र नहीं है। इसलिए हनुमान जी ने अपने प्रभु श्रीराम का

ध्यान किया और बँध गये। जैसे ही बँधे धरती पर गिर पड़े। फिर क्या था, मेघनाद के साथ जो सैनिक गये हुए थे कौतुकपूर्वक दौड़े मूर्च्छित हनुमान जी उनको उठाने के लिए। मेघनाद ने नागपाश का प्रयोग किया और कपि को बाँध करके ले आये। हनुमान जैसा महाबली जिसके ऊपर प्रभु राम की कृपा हो, जिसे रामजी गले लगा लेते हों अर्थात् जिसको अपनी शक्ति का निरन्तर आशीर्वाद देते रहते हों, अपनी माया का भी अपनी महिमा का भी जिसे बोध कराते हों वह भला बन्धन में कैसे आ सकता है। शिव जी ने इसका समाधान करते हुए माँ पार्वती को बताया–

जासु नाम जपि सुनहु भवानी। भव बन्धन काटहिं नर ग्यानी।
तासु दूत कि बन्ध तरु आवा। प्रभु कारज लगि कपिहिं बँधावा।

हे भवानी जिनका नाम जपकर ज्ञानी अर्थात् विवेकी लोग इस संसार सागर से जन्म–मृत्यु के बन्धन से मुक्त हो जाते हैं उनके दूत भला बन्धन में आ सकते हैं लेकिन प्रभु के कार्य के लिए जैसा निर्देश उन्हें मिला हुआ था उन्होंने स्वयं अपने को बन्धन में रख लिया। हनुमान जी बन्धन में आ गये यह कौतुक का विषय था। राक्षसों का समूह यह कौतुक देखने के लिए उपस्थित हुआ और फिर हनुमान जी को रावण की सभा में लाया गया। ऐसी सभा जहाँ देवता और दिग्पाल हाथ जोड़कर खड़े रहते हैं, वहाँ हनुमान जी निःशंक खड़े हैं। उन्हें शंका और भय हो ही नहीं सकता क्योंकि उनके ऊपर तो प्रभु राम की कृपा है और वे स्वयं शिव के अंश हैं। भय तो उनके समीप पहुँचने में भी भय करेगा। ऐसे हनुमान जी रावण की सभा में उसी तरह खड़े थे जैसे सर्पों के मध्य, सर्पों के समूह के समक्ष गरुड़ जी खड़े रहते हैं, उपस्थित रहते हैं। उनको देखकर रावण ने कुछ दुर्वचन कहे, उन्हें बन्धन में देखकर हँसा भी और जब उसे अपने पुत्र वध का ध्यान आया तो वह विकल भी हुआ। उसके हृदय में विशेष चिन्ता हुई, विषाद उत्पन्न हुआ और फिर उसने हनुमान जी से पूछा–

कह लंकेस कवन तैं कीसा। केहिं के बल घालेहि बन खीसा।
की धौं श्रवन सुनेहि नहिं मोही। देखउँ अति असंक सठ तोही।

हे वानर तू कौन है। तुमने हमारे वन, हमारी वाटिका को तहस–नहस क्यों किया। क्या तुमने मेरा नाम और यश नहीं सुना है। अपनी सभा में जहाँ का नाम सुनकर ही लोग भयभीत हो जाते हैं तुम्हें मैं बिना भय के देख रहा हूँ। तुमने किस अपराध से राक्षसों को मारा। क्या तुम्हें अपने

प्राण का तनिक भी ध्यान नहीं है कि यह प्राण जा सकता है। फिर हनुमान जी ने प्रभु राम का ध्यान किया और राम की महिमा रावण को बतायी–

सुनु रावन ब्रह्माण्ड निकाया। पाइ जासु बल बिरचति माया।

हे रावण! जिनकी शक्ति पाकर माया ब्रह्माण्डों के समूह की रचना करती है अर्थात् माया इतनी सशक्त होती है जिसके पास सकल ब्रह्माण्डों के सृजन का अधिकार होता है ऐसी माया जिससे शक्ति लेती है उसका मैं दूत हूँ।

जाकें बल बिरंचि हरि ईसा। पालत सृजत हरत दससीसा।
जा बल सीस धरत सहसानन। अंडकोस समेत गिरि कानन।

हे दशानन जिसके बल से, ब्रह्मा, विष्णु, महेश सृष्टि का सृजन, पालन और संहार करते हैं, जिनके बल से सहस्र मुख वाले शेष जी पर्वत और वन सहित समस्त ब्रह्माण्ड को सिर पर धारण करते हैं, इतना ही नहीं–

धरइ जो बिबिध देह सुरत्राता। तुम्ह से सठन्ह सिखावनु दाता।
हर कोदण्ड कठिन जेहिं भंजा। तेहि समेत नृप दल मद गंजा।

हे रावण! जो देवताओं की रक्षा के लिए नाना प्रकार के शरीर का धारण करते हैं और जो तुम्हारे जैसे मूर्खों को अभी शिक्षित करने वाले हैं जिन्होंने शिवजी के कठोर धनुष को तोड़ डाला और उसी के साथ राजाओं के समूह का गर्व चूर्ण कर दिया।

खर दूषन त्रिसिरा अरु बाली।
बँधे सकल अतुलित बलशाली।।

जिन्होंने खर दूषण और त्रिसरा और बाली का वध किया और यह सारे बलवान अतुलनीय थे।

जाके बल लवलेस तें जितेहु चराचर झारि।
तास दूत मैं जा करि हरि आनेहु प्रिय नारि।

हे रावण! जिनके बल के लेश मात्र से ही तुमने समस्त चराचर जगत् को जीत लिया और जिनकी प्रिय भार्या को तुम चोरी करके कपटपूर्वक हरण कर लाये हो मैं ऐसे प्रभु श्रीराम जी का दूत हूँ। रावण ने फिर अपनी प्रभुता का बखान शुरू कर दिया जिसका जवाब हनुमान जी ने दिया और वन को तहस–नहस करने का कारण भी उसे बताया–

खायउँ फल प्रभु लागी भूँखा। कपि सुभाव तें तोरेउँ रूखा।
सब कें देह परम प्रिय स्वामी। मारहिं मोहि कुमारग गामी।

रावण के प्रश्नों का उन्होंने क्रमशः जवाब दिया। हनुमान जी ने कहा कि जिन्होंने भी प्रहार किया, मैंने उन पर प्रहार किया, उनका वध किया और इसी में तुम्हारे पुत्र अक्षय को भी जाना पड़ा। मुझे इस बन्धन का कोई लाज नहीं है कोई शर्म नहीं है। मैं तो अपने प्रभु का कार्य करना चाहता हूँ और तुमसे स्वयं विनती करता हूँ कि हे रावण अभिमान का त्याग करो, भगवान का स्मरण करो।

वह भक्तों के ऊपर कृपा करने वाले हैं, भक्तों को भय न हो इसका विधान करने वाले हैं। इसका ध्यान करो और उनकी शरण में जाओ। जो देवता राक्षस और समस्त चराचर को खा जाता है वह काल भी जिनके डर से अत्यन्त डरा रहता है, उनसे कदापि बैर नहीं करना चाहिए। रावण मेरे कहने से माँ जानकी जी को सम्मानपूर्वक प्रभु राम के पास ले चलो। इसी में तुम्हारा हित है। हे रावण खर के शत्रु श्री रघुनाथ जी शरणागतों के रक्षक हैं और दया के समुद्र हैं। उनकी शरण जाने पर तुम्हारा कल्याण होगा, तुम्हारे सारे अपराध वह विस्मृत कर देंगे और तुम्हारा कल्याण करेंगे। तुन श्रीराम जी के चरण कमलों को हृदय में धारण करो और लंका पर अचल राज्य करो। ऋषि पुलस्त्य जी का यश निर्मल चन्द्रमा के समान है। चन्द्रमा में तुम कलंक न बनो। इस प्रकार उन्होंने निरन्तर समझाया और फिर राम के महत्त्व के विषय में कहा :

रामनाम बिनु गिरा न सोहा। देखु बिचारि त्यागि मद मोहा।
बसन हीन नहिं सोह सुरारी। सब भूषन भूषित बर नारी।

रामनाम के बिना वाणी की शोभा नहीं होती, शब्द सार्थक नहीं होते, वाक्य अर्थ धारण नहीं करते। इसलिए भगवान राम का ध्यान करो, मद का त्याग करो, मोह का त्याग करो। देवताओं के शत्रु हे रावण तुम प्रभु राम के महत्त्व को समझो। आभूषण अलंकृत सौन्दर्य भी बिना आवरण के शोभित नहीं होता यह भी ध्यान रखो।

राम बिमुख सम्पति प्रभुताई। जाइ रही पाई बिनु पाई।
सजल मूल जिन्ह सरितन्ह नाहीं। बरषि गयें पुनि तबहिं सुखाहीं।

राम से विमुख होने पर पुरुष की समस्त सम्पत्ति और प्रभुता नष्ट हो जाती है चली जाती है, और लगता है कि कभी प्राप्त ही नहीं हुई थी।

जिन नदियों के मूल में कोई जल स्रोत नहीं होता वे नदियाँ बरसात के आश्रय से ही चलती हैं। बरसात समाप्त होने पर, वर्षा ऋतु समाप्त हो जाने पर वे जलहीन हो जाती हैं।

सुनु दसकण्ठ कहउँ पन रोपी। बिमुख राम त्राता नहिं कोपी।
संकर सहस बिष्नु अज तोही। सकहिं न राखि राम कर द्रोही।

इसलिए हे रावण मैं प्रतिज्ञा पूर्वक तुमसे कहता हूँ कि अगर तुमसे राम विमुख हो गये तो तुम्हारी रक्षा करने वाला कोई नहीं है। हज़ारों शिव, विष्णु और ब्रह्मा भी श्रीराम जी के साथ द्रोह करें तो भी तुमको नहीं बचा सकते। इसलिए तुम अब भी सतर्क हो जाओ और अपना अहंकार त्याग करो अपने को बलयुक्त मत मानो क्योंकि उनके सम्मुख किसी का कोई बल होता ही नहीं है। मोह ही जिसका मूल है ऐसे अज्ञान जनित बहुत पीड़ा देने वाले तमरूप अभिमान का त्याग कर दो और रघुकुल के स्वामी कृपा के समुद्र भगवान श्रीराम का भजन करो। इसी में तुम्हारा कल्याण है। हनुमान जी ने भक्ति, ज्ञान, वैराग्य और नीति सबका बोध कराया, फिर भी रावण जो माया के वशीभूत था, अहंकार के वशीभूत था, मोह के वशीभूत था उसे यह बातें समझ में नहीं आयीं। वह हँसकर बोला कि मुझे तो आप जैसा ज्ञानी बन्दर गुरु मिला हुआ है। हनुमान जी ने कहा कि अब तुम्हारी मृत्यु निकट आ गयी है। ऐसा विदित हो रहा है कि शारदा सहायक हो गयी हैं। तुम्हारी मति विपरीत हो गयी है। अतएव तुम्हें उसी गति को प्राप्त होना होगा जिसके तुम अधिकारी हो। इस तरह से राम की महिमा का वर्णन हनुमान जी ने 'सुन्दरकाण्ड' में किया। हनुमान जी ने रावण को विस्तारपूर्वक राम का महत्त्व समझाने के साथ ही उसे यह भी जताया कि शिव, विष्णु और ब्रह्मा सभी भगवान राम से ही हैं उन्हीं की इच्छा से हैं और इसमें से कोई प्रभु राम की इच्छा का अनादर नहीं कर सकता उनके विपरीत नहीं सोच सकता। उन्होंने रावण को यह भी चेताया भी कि तुम्हें यह ध्यान रखना चाहिए कि जिसका निरन्तर ध्यान भगवान शिव करते हैं उनके साथ बैर नहीं करना चाहिए।

ऐसे प्रभु राम जो समस्त सृष्टियों के रचनाकार हैं, सृष्टि के कर्ताधर्ता हैं, जिनसे ब्रह्माण्ड संचालित है वह प्रभु राम हम सभी का कल्याण करें। भगवान राम के ध्यान से ही सारी बाधाओं का समाधान होता है। आज जो वैश्विक आपदा है इसका समाधान भी प्रभु राम की कृपा से ही होना है।

गुरु कृपा से प्राप्त आत्मबल

रामायण, पुराण, महाभारत, गीता एवं अन्य विविध शास्त्रों में किसी–न–किसी रूप में भगवान राम की चर्चा हुई है। अनेक सद्‌ग्रन्थों में रामकथा को शुद्ध रूप में लिया गया है। आदर्श के रूप में लिया गया है। रामकथा को प्रेरक रूप में लिया गया है। कहना यह है कि न केवल पुराणों में बल्कि अधिकांश महान ग्रन्थों में कहीं–न–कहीं भगवान श्रीराम का उल्लेख है। अग्निपुराण में भगवान राम के गुणों की विस्तार से चर्चा है। इसमें उनके वे 43 गुण बताये गये हैं जो एक आदर्श राजा के लिए आवश्यक हैं–शौर्य, शील, धैर्य तथा अन्यान्य। इस दृष्टि से अग्निपुराण का विशेष महत्त्व है। स्कन्दपुराण में स्वयं भगवान राम की ओर से यह वक्तव्य दिया गया है *भूयो भूयो भाविनो, भूमि पाला नत्वा नत्वा याचिते राम चन्द्रः।* भगवान राम स्वयं उपस्थित जनों से, सभी देवताओं से अपने मन की बात कहते हैं कि "यह राम आपसे याचना करता है कि मेरा मन केवल लोकहित में लगे, किसी भी अवगुण का जिससे मनुष्य का अपयश होता है, हानि होती है विचार भी मेरे मन में न आये। मैं केवल और केवल शुभ कार्य करूँ, कल्याण करूँ और निरन्तर प्रजारंजन में लगा रहूँ।" राम स्वयं यह याचना करते हैं। यह अभिभूत कर देने वाला भाव स्कन्दपुराण में मिलता है। भगवद्‌गीता में, उन्होंने स्वयं अपने को 'पुलषोत्तम राम' के रूप में भी बताया। सम्राटों में भगवान श्रीराम हैं। मर्यादा पुलषोत्तम भी वही हैं। भगवत गीता के पाठ में भी, संक्षेप में रामकथा का वर्णन आता है। इस तरह से सर्वत्र राम ध्यातव्य हैं, सर्वत्र राम पाथेय हैं, सर्वत्र राम आदर्श हैं, सर्वत्र राम प्रेरक हैं, इसलिए सभी श्रुति ग्रन्थों में भगवान श्रीराम की, माँ जानकी की चर्चा हुई है। कहा जाता है कि वह ग्रन्थ सद्‌ग्रन्थ बन जाता है जिसमें राम की चर्चा होती है। इस तरह हमारे सभी सद्‌ग्रन्थ राम को लेकर चलते हैं राम का सन्दर्भ लेकर चलते हैं।

गुरु हमारे लिए कवच हैं, पथ प्रदर्शक तथा सिद्धि और ज्ञानदाता हैं। साक्षात् परम ब्रह्म हैं।

गुरुर्ब्रह्मा गुरुर्विष्णु गुरुर्देवो महेश्वरः।
गुरु साक्षात परब्रह्मा तस्मै श्रीगुरवे नमः।।

तुलसीदास जी ने मानस के आरम्भ में ही गुरु वन्दना की है। *बन्दौ गुरु पद कंज कृपा सिन्धु नररूप हरि। महामोहतमपुंज जासु बचन रवि कर निकर* गुरु के चरण कमलों की वन्दना है क्योंकि गुरु अत्यन्त महान है। भगवान राम जो नर रूप में हैं उनकी वन्दना करता हूँ, उनकी कृपा से बहुत कुछ कल्याण होने वाला है। हमें सर्वश्रेष्ठ गुण प्राप्त होने वाला है। *महामोहतमपुंज जासु बचन रवि कर निकर* जिनकी वाणी से जो अज्ञानता का अन्धकार है, मोह का अन्धकार है, वह सब सूर्य रश्मियों सी उनकी कृपा से तहस–नहस हो जाता है। यदि हमें माया मुक्त होना है, मोह मुक्त होना है, अन्धकार मुक्त होना है तो गुरु के चरणों की वन्दना से फलप्रद कोई उपाय नहीं है।

बन्दौ गुरुपद परम परागा। सुरुचि सुभास सरस अनुरागा।।
अमीय मूरिमय चूरन चारू। समन सकल भव रज परिवारू।।

गुरु के चरणों की वन्दना इसलिए आवश्यक है कि उसकी वन्दना मात्र से ही हमारी जिह्वा के जो सद्‌गुण हैं वे जाग्रत हो जाते हैं। इतना ही नहीं यह जो भगवान हैं गुरु के रूप में उनसे विशेष अनुराग की प्राप्ति होती है और उन्हीं के कारण हमें वह संजीवनी मिल जाती है जो सम्पूर्ण भव रोगों का विनाश कर देती है। यह गुरु की कृपा से ही सम्भव होता है। इसलिए गुरुदेव को नमन, परम गुरुदेव को नमन, परात्पर गुरुदेव को नमन, और परमेष्ठी गुरुदेव को नमन।

हमारी जीवन यात्रा में कई स्थलों पर विशेष रूप में हमारे गुरु हमारा मार्गदर्शन करते हैं। प्रथम गुरु माँ हैं जो हमें वाणी और हाव–भाव की शिक्षा देती है। फिर पिता हमारे गुरु हैं जो हमें सन्बन्धों का बोध कराते हैं। सबसे बड़ी माँ है पृथ्वी जो क्षमाशीलता का ज्ञान प्रदान करती है। इसके बाद हमारे शिक्षक आते हैं, जो हमें विषय बोध कराते हैं। इन मनुज–गुरुओं के अतिरिक्त गुरु के रूप में हमारे शास्त्र हैं जो हमें अन्तर्दृष्टि और दूरदृष्टि प्रदान करते हैं। जब हम ऐसे मुकाम पर खड़े होते हैं जहाँ अनिर्णय, आशंका और मतिभ्रम की स्थिति हो तो शास्त्र हमें सही मार्ग दिखाते हैं।

एक स्थिति ऐसी आती है जहाँ माता, पिता, आचार्य सहयोग करने के लिए नहीं होते। ऐसे में शास्त्र (सिद्धजन/महाजन) पथ प्रदर्शन करते हैं। *महाजनो येन गतः स पन्था।* भगवान बुद्ध इस प्रकार के शास्त्र हैं, भगवान बुद्ध, महावीर जिन्होंने अहिंसा और करुणा का उद्‌घोष किया। हमारी जो सनातन परम्परा है अहिंसा की *अहिंसा परमो धर्मा श्रुत्युक्तः स्मार्त एव चः* को व्यवहारिक जगत् में उतारने का काम उन्होंने किया और कहा कि परिवर्तन के लिए करूणा आवश्यक है, शील और सदाचार आवश्यक है। भगवान बुद्ध को नमन। भगवान महावीर को नमन। *बन्दौ कृष्णौ जगत्‌गुरुम्,* इस जगत् के गुरु हैं भगवान कृष्ण उनको नमन।

गुरु परम्परा का महत्त्व बताते हुए लंकाकाण्ड में विभीषण की शंका का भगवान राम ने निर्मूलन किया। यह प्रसंग राम–रावण युद्ध के समय का है। *रावण रथी विरथ रघुबीरा। देखि विभीषण भयहु अधीरा।* विभीषण को युद्ध क्षेत्र में यह देखकर शंका होती है कि रावण तो रथारोही है, बहुत कुछ है उसके पास और भगवान राम तो रथविहीन, पैदल हैं। यह देख करके विभीषण के मन में शोक उत्पन्न हुआ, वह अधीर हो गये। चिन्ताग्रस्त होकर उन्होंने भगवान राम से इसकी चर्चा की–*अधिक प्रीति मनभा सन्देहा। वंदि चरन कह सहित सनेहा।।* उनकी प्रीति भी थी भगवान राम के चरणों में और आस्था भी थी। भगवान राम का बन्दन करके उन्होंने कहा–*नाथ ना रथ नहिं तन पद त्राना। केहि विधि जितब वीर बलवाना।। सुनहु सखा कृपानिधाना। जोई जय होइ सो स्पन्दन आना।।* हे प्रभु आपके पास तो रथ नहीं है, तन की रक्षा के लिए कवच नहीं पादुका है। रावण बहुत वीर है, आप कैसे विजयी हो सकते हैं। इस पर भगवान राम ने कहा कि मैं आज आपको वह रहस्य बताता हूँ जिससे विजयी हुआ जाता है। जिस रथ से विजय की प्राप्ति होती है वह विशेष प्रकार का है।

इस रथ में क्या–क्या होना चाहिए यह भी बताया भगवान् राम ने कहा कि हे मित्र विभीषण आप चिन्तित न हों। आप उस रथ को जानिए जिसको साथ लेकर आप कोई भी बाधा पार कर सकते हैं। *सौरज धीरज तेहि रथ चाका। सत्य शील दृढ़ ध्वजा पताका।।* शौर्य और धैर्य उस रथ के पहिए हैं, सत्य, शील उसकी ध्वजा और पताका हैं। *बल विवेक दम परहित घोरे। क्षमा कृपा समता रजु डोरे।।* बल, विवेक, दम (इन्द्रिय निग्रह) और परोपकार उस रथ के चार घोड़े हैं। क्षमा, दया, समता की डोरी से ये चारों घोड़े रथ में बँधे हुए हैं। भगवान श्रीराम का यह मन्तव्य है

कि व्यक्ति के पास अगर शौर्य, धैर्य, विवेक, सत्य और शील का बल रहे तो जीवन की कोई भी बाधा पार की जा सकती है, किसी भी शत्रु को आसानी से पराजित किया जा सकता है। फिर क्या चाहिए *ईश भजन सारथी सुजाना।।* भगवान में जो आस्था है उनकी भक्ति है वही इस रथ का सुयोग्य, सुजान, ज्ञानी और चतुर सारथी है। *विरति चर्म सन्तोष कृपाना।* वैराग्य उसकी ढाल है और सन्तोष कृपाण है। इसकी आज हमें बहुत ज़्यादा ज़रूरत है। अगर आज हम सन्तोष रखें भौतिकतावाद से अपने को दूर रखें, आवश्यक आवश्यकताओं से ही काम चला लें तो फिर हमें बहुत ही ज़्यादा उद्विग्न नहीं होना पड़ेगा। बेचैन नहीं होना पड़ेगा। *दान परसु बुद्धि शक्ति प्रचण्डा। बर विज्ञान कठिन कोदंडा।।* उसमें दान परसु (फरसा) है और बुद्धि प्रचण्ड शक्ति है। आज हमें बुद्धि से काम लेना है। हमें अकारण बाहर निकलकर अपने को संकट में नहीं डालना है। बुद्धि से हम ज़्यादा सफलता प्राप्त करते हैं। इसका हमें निरन्तर ध्यान रखना चाहिए। श्रेष्ठ विज्ञान धनुष है। विज्ञान का आश्रय हमें लेना है। *अमल अचल मन्त्रोण समाना। सम जम नियम सिलीमुख नाना।।* निर्मल और अचल मन तरकश है। हम आप सभी जानते हैं कि मन अपनी चंचलता के लिए विख्यात है। आज दुनिया में बहुत जगह पर लोग अवसाद की स्थिति में पहुँच रहे हैं, उससे मुक्ति का उपाय जो बताया गया है वह मेडिटेशन है, ध्यान है। ध्यान में हम मन को केन्द्रित करते हैं। नियन्त्रित शम, यम और नियम ये बहुत से बाण हैं। इन पर हमारी आस्था बनती है। नियम का तात्पर्य यह भी है कि अहिंसा में हमारी रुचि हो। हम हिंसक न हों। भगवान बुद्ध ने जिसकी सशक्त व्याख्या की है। अहिंसा जैसे नियमों का पालन हमें करना चाहिए। फिर शौचादि जो नियम हैं, यम हैं, इन्हें अपना कर अपने को सुरक्षित रखना चाहिए। शम, यम, नियम जैसे बाण के माध्यम से हम किसी भी अदृश्य बैरी का, चिन्ता भी अदृश्य बैरी है, हम शमन कर सकते हैं।

गुरु की महिमा बताते हुए भगवान राम ने कहा : *कवच अभेद बिप्र गुरु पूजा। सहि सम विजय उपाय ना दूजा।।* जो ज्ञानी हैं उनका ध्यान करें। गुरु की पूजा से बढ़कर दूसरा कोई अभेद्य कवच नहीं है। हमें अगर सुरक्षित रहना है, जीवन भर कर्म पथ पर सफलतापूर्वक आगे बढ़ना है, तो गुरु की पूजा करनी पड़ेगी। गुरु का ध्यान करना पड़ेगा। गुरु का आराधन, गुरु का स्तवन हमें करना पडेगा। अगर गुरु की कृपा मिल गयी

तो फिर व्यक्ति के लिए कुछ भी अलब्ध नहीं है। गुरु की कृपा से ईश्वर की भी प्राप्ति हो जाती है। इसलिए गुरु की कृपा, गुरु की पूजा यह अभेद्य कवच है। *ऐहि सम विजय उपाय न दूजा।।* इसके समान विजय का कोई दूसरा उपाय नहीं है। प्रभु श्रीराम ने विभीषण जी से कहा–*सखा धर्ममय अस रथ जाके। जीतन कहँ न कतहुँ रिपु ताके* जिसके पास इस प्रकार का रथ होगा उसका संसार में कोई बैरी हो ही नहीं सकता। अर्थात् ऐसा कोई बैरी है ही नहीं जिसको यह रथ पराभूत न कर सके। मेरा आशय यह है कि भगवान राम ने अपने को सुसज्जित किया था–अपने गुरु की कृपा से, गुरु की वन्दना से। हम आप सभी जब मानस से अवगत होते हैं, उसका अध्ययन करते हैं या उस क्रम में आगे बढ़ते हैं जहाँ आश्रम हैं, भगवान राम गुरु का वन्दन करते हैं। गुरु कृपा से प्राप्त यह रथ भगवान राम के पास है। इसलिए वह अजेय हैं। यह रथ आपके पास हो जाये तो आप भी किसी भी अदृश्य बैरी का शमन कर सकते हैं। चिन्ताओं से मुक्त हो सकते हैं, शोक से मुक्त हो सकते हैं। यह कथा सुना करके उन्होंने विभीषण को प्रसन्न किया। विभीषण आश्वस्त हो गये। कालान्तर में राम–रावण युद्ध हुआ। भयंकर युद्ध के बाद इन्द्र का रथ आया और प्रभु राम ने दशानन का वध किया। उसे रामलोक में भेजा।

मूल आशय यह है कि राम भी गुरु पूजा को ही सफलता के लिए कवच और अवलम्ब मानते हैं। अगर गुरु की कृपा हो तो हम अपने अभीष्ट लक्ष्य की अवश्य प्राप्ति कर सकते हैं।

मानस में प्रकृति प्रेम

हरि अनन्त हरि कथा अनन्ता। कहहिं सुनहिं बहुबिधि सब सन्ता।

प्रभु तो अनन्त हैं उनकी कथा भी अनन्त है। भिन्न–भिन्न देशों के लोग जो राम के बारे में सोचते, बोलते, करते, सुनते, देखते हैं वो सब सन्त हैं और अपने–अपने रूप से उसकी व्याख्या करते हैं। आवश्यक नहीं कि रामकथा कहने वाले साक्षर ही हों जिसने अक्षर ज्ञान नहीं प्राप्त किया है वह भी राम के बारे में उतना ही विज्ञ है जितना अक्षर का ज्ञान रखने वाले। प्रभु केवल अक्षर ब्रह्म नहीं हैं वह नाद ब्रह्म भी हैं। स्वर से भी उन की अनुभूति होती है, उनकी प्राप्ति होती है। उनका अनुभव करके हम उनका दृश्य भी कर लेते हैं। विभिन्न रूपों में हम उनका चित्र देखकर एकाग्र चित्त होते हैं। ऐसा इसलिए कि राम पुरुष प्रकृत सम्बन्धों के सूत्रधार हैं, सूत्र हैं, विश्व मानवता को एक में पिरोने की कड़ी हैं, धार हैं और धारा हैं। एक कड़ी में हम जो माला तैयार करते हैं; चाहे फूल हो अथवा रुद्राक्ष की, कमल के फूल से निकली फल की हो अथवा चन्दन की या तुलसी की टहनी की जिस रूप में भी वह माला बनी हुई है सब के सूत्र तो प्रभु राम ही हैं।

राम काव्य में जो कुछ भी लिखा है वह निश्चित रूप से विश्व मानवता के लिए सर्वाधिक उपादेय है। पूरी विश्व व्यवस्था में, विश्व की लोक संस्कृति में राम का समावेश देखें तो उन सभी में राम की करुणा अवतार का सन्देश है। उनकी अपार करुणा के भाव हैं। वह करुणा जैसे–जैसे विकसित होती है, वैसे–वैसे इस धरा पर असमानता, असहयोग, अहिंसा जैसे भाव तिरोहित होते जाते हैं। असन्तोष समाप्त हो जाता है, आसुरी वृत्तियाँ समाप्त हो जाती हैं। जब हम राम का चिन्तन, राम का मनन, राम का ध्यान कर रहे होंगे अर्थात् राम का ज्ञान हमें निरन्तर प्राप्त हो रहा होगा तो कोई भी विपरीत धारा हमें घेर नहीं सकती।

दुनिया के अनेक देशों में रामकथा कही जाती है। सम्बन्धित देशों के तुलसी जैसे रामभक्तों का भी हम स्मरण करें और अपने अतःकरण को शुद्ध करें तो पूरी मानवता शुद्ध हो जायेगी, सभी लोग राममय हो जायेंगे क्योंकि यह तो धरा ही सियराममय है–*सीयराममय सब जग जानी करहुँ प्रनाम जोरि जुग पानी।* यह भाव अपने अन्दर भर लें तो विश्व मानवता व्याधि, भय, संत्रास और अभाव सबसे मुक्त हो जायेगी। अभी दो दिन पहले विश्व पर्यावरण दिवस मनाया गया। उस दिन पर्यावरण परिवेश और सामयिक प्रसंग पर पूरी दुनिया में चर्चा हुई। मैं आप लोगों के साथ पर्यावरण से सम्बन्धित कुछ बातें 'मानस' का सन्दर्भ देकर साझा करूँगा।

मानस में पर्यावरण के बारे में बहुत व्यापक विधान है। सरिता हो, अरण्य क्षेत्र हो, आश्रम हों, वनस्पतियाँ हों, लताएँ हों सब के साथ पर्यावरण मैत्री का भाव है। वन, बाग, उपवन, वाटिका सरकूप, वापी के बहाने वन और जल संग्रहण–संरक्षण पर सम्यक् चर्चा की गयी है। वस्तुतः राम की कथा 'मानस' में जितने भी आश्रम हैं वे सभी पर्यावरण क्या होता है इसके द्योतक हैं, उसका संरक्षण कैसे किया जाता है, इसके द्योतक हैं। हर नदी को हमारे यहाँ सदानीरा कहा जाता है। देश में जहाँ भी नदियाँ प्रवाहित हैं, जलधारा सुलभ है उन्हें जीवनदायिनी धारा, प्राणदायिनी धारा या प्राणधारा के नाम से जाना जाता है। प्रभु राम की जन्म भूमि अयोध्या पावन नदी सरयू के तट पर अवस्थित है। अपनी जन्मभूमि के विषय में राम विभोर होकर कहते हैं–

जन्मभूमि मम पुरी सुहावनि। उत्तर दिसि बह सरजू पावनि।।

मेरी जन्मभूमि अयोध्या अत्यन्त सुहानी है जिसकी उत्तर दिशा में पावन सरजू का प्रवाह है। इसी सरयू नदी की महिमा गाते हुए तुलसी ने लिखा है–

दरस परस मज्जन अरु पाना। हरइ पाप कह बेद पुराना।।
नदी पुनीत अमित महिमा अति। कहि न सकइ सारदा बिमल मति।।

इतनी धवल, इतनी स्वच्छ हैं सरजू माँ कि उनका दर्शन करने से, उनके जल में स्नान करने से, उनका स्पर्श करने से और उनका जल ग्रहण करने से हमें सद्गति मिलती है। सारे पाप नष्ट हो जाते हैं। ऐसा वेद–पुराणों में लिखा है। वह इतनी पवित्र और अमृतमय हैं कि उनकी महिमा का बखान शारदा स्वयं नहीं कर सकतीं जिनके पास केवल और

केवल बिमल मति है। श्रद्धा और भक्ति भाव है सरयू नदी के प्रति। यही भाव हम गंगा जी के बारे में रखते हैं। सभी नदियों के बारे में रखते हैं। अमरकंटक क्षेत्र में जिसे रेवा खण्ड कहा जाता है की माँ नर्मदा के बारे में ऐसा ही भाव सर्वत्र व्याप्त है। सरजू, गंगा–जमुना–सरस्वती–गोदावरी अन्यान्य नदियाँ जिनके किनारे भगवान राम रहे थे, ये सभी नदियाँ भारत में जीवनदायिनी ही नहीं, माँ के रूप में, देवी के रूप में पूज्य हैं। इन का जल धवल है, अमृत है, ऐसा पूरे मानस में बारम्बार कहा गया है। हमने प्रगति की दौड़ में यह भाव कहीं छोड़ दिया है और अपने ही कर्म पर दुखी होते हैं कि सदानीरा के किनारे आचमन करने लायक भी जल नहीं रह गया है। यह जो आपदा आयी है इसके चलते पूरी दुनिया में त्राहि–त्राहि की स्थिति है। कोरोना काल का एक उत्तम प्रभाव भी दीख पड़ता है कि नदियाँ लगभग शुद्ध हो गयी हैं। वायुमण्डल लगभग शुद्ध हो गया है। अर्थात् प्रकृति ने स्वयं अपना प्रक्षालन कर लिया है। कोरोना रूपी आपदा नहीं आनी चाहिए, कभी न आये। इसका निस्तारण होना चाहिए।

रामराज्य होना चाहिए। जहाँ सब सुखी हों किसी प्राणी को कोई व्याधि न हो। ऐसा होने के लिए ज़रूरी है कि हम भी अपनी प्रकृति को, अपने परिवेश को, अपने पर्यावरण को शुद्ध रखें। पर्यावरण से हम परिवेष्ठि होते हैं। इसके माध्यम से प्रकृति के साथ हमारा सीधा तादात्म्य स्थापित होता है। पर्यावरण वह है जिसके अंक में हम अवस्थित होते हैं, जिसकी चेतना से हम संचालित होते हैं और जिसकी प्राणवायु से हम जीवन्त रहते हैं। इस दृष्टि से पूरे 'मानस' में प्रकृति का सम्यक् वर्णन मिलता है। बालकाण्ड में पुष्प वाटिका का अतीव सुन्दर वर्णन मिलता है। शायद ऐसा प्रकृति वर्णन आज तक किसी साहित्य में व्यक्त नहीं हुआ हैं। प्रकृति का सर्वोत्तम रूप यहाँ प्रदर्शित है। यहाँ पुष्प वाटिका में आकर प्रभु राम जो सबको विभोर करने वाले हैं, स्वयं विभोर हो जाते हैं। कितने प्रकार के फूल, कितनी प्रकार की लताएँ, कितने प्रकार के सरोवर, कितने प्रकार के जल संग्रहण केन्द्र दृष्टिगत हैं। यहाँ पौधे और लताएँ परस्पर संवाद करते हैं। पुष्प राम से मिलकर अपने को धन्य करना चाहते हैं, उस राम से मिलकर जो धन्य अवतार हैं, स्वयं में धन्य हैं। उनसे मिलने के लिए वनस्पतियाँ किस तरह चंचल हो उठती हैं। कली का खिलना अपने आप में सुन्दर सुखद होता है और सामने प्रभु राम हों और उसका खिलकर उनसे मिलना कितना सुखद होगा इसका अनुमान किया जा सकता है।

पुष्प वाटिका में भगवान राम जिधर जाते हैं उधर के पुष्प उनकी ओर झुक जाते हैं कि हमें तोड़िए। प्रत्येक प्रकृति–अंश अपने को बचाना चाहता है; जीवधारी हो या वनस्पति या जिनमें भी चेतना है सब अपनी सुरक्षा चाहते हैं, लेकिन पुष्प वाटिका ऐसी है जहाँ के पुष्प, कलियाँ, वनस्पतियाँ सब राम से मिल लेना चाहते हैं। उन्हें पता है कि राम तोड़ते नहीं राम जोड़ते हैं। राम खिलते हैं जब अपने सामने खिला हुआ स्वरूप देखते हैं। राम स्वयं खिलते हैं सब को खिलाते हैं। इस भाव से पुष्प कलियाँ सब राम से मिलना चाहते हैं और जब जानकी जी वहाँ पहुँच जायें तो फिर क्या कहना। उस वाटिका का सौन्दर्य देखते ही बनता है। ऐसा सौन्दर्य जिसे देखने के लिए समस्त देवी, देवता और शक्तियाँ इस सृष्टि की लालायित रहती हैं। ऐसा है सियाराम का स्वर्गिक, अनुपन, अद्वितीय, वर्णनातीत सौन्दर्य। पुष्प वाटिका में भगवान राम और माँ सीता जी का मिलन होता है। हमारे यहाँ जब राम का ध्यान करते हुए प्रभु राम और माँ जानकी का गीत गाया जाता है तो वहाँ एक बहुत अच्छी पंक्ति आती है कि *राम देखें सिया को सिया राम को, चारों अंखियाँ लड़ी की लड़ी रह गयीं।* पलकें ठहर गयीं समय ठहर गया क्योंकि स्वयं विधाता अपने स्वरूप से मिल रहे थे। राम और सीता एक ही हैं। इस तरह परमात्मा से स्वयं परमात्मा का मिलन हो रहा था। ऐसे में पुष्प वाटिका के सौन्दर्य का वर्णन शब्दों में सम्भव हो भी तो कैसे? आशय मात्र इतना है कि हम जहाँ भी हैं अपने आत्मत्व का साक्षात्कार ऐसी ही पुष्प वाटिका में कर सकते हैं। अतएव तो जहाँ कहीं भी रहें अपने आसपास पुष्प वाटिका अवश्य रखें। धरा पर हम सभी जो आज विकास क़ी दौड़ में निमग्न हैं, ज़मीन पर रहना छोड़कर पिजरों में, फ्लैट्स में रहने लगे हैं। वहाँ शुद्ध हवा का उपादान गमले में ही सिमट गया है। तुलसी और कुछ फूल हम अवश्य लगायें।

मानस में राम की गाथा का अगला पड़ाव **अयोध्याकाण्ड** है जहाँ से प्रभु राम की आगे की यात्रा होती है। इस यात्रा में प्रयाग और चित्रकूट का वर्णन विशेष उल्लेखनीय है। प्रयाग में भरद्वाज जी से मिलने के बाद प्रभु राम, माँ सीता और लक्ष्मण जी अक्षय वट के पास पहुँचते हैं। अक्षय वट का वर्णन है 'मानस' में। पर्यावरण की दृष्टि से इस आख्यान को हम बार–बार पढ़ें, जहाँ बैठकर कामना पूर्ति हो, इसका भाव हमें मिलेगा। अक्षय वट के नीचे बैठकर सारे देवी–देवता विश्राम और ज्ञान पाते हैं, विशेषकर महाकुम्भ के समय। वट की छाया, हवा और दर्शन सब मानव मात्र को एक

समान तृप्त करने वाले हैं। वहाँ प्रभु ने थोड़ा विश्राम किया। वटवृक्ष बीज को लेकर कणादि ऋषि ने इस ब्रह्माण्ड की उत्पत्ति की विवेचना की और उसके आधार पर ईश्वर क्या है? यह भी बताया। ईश्वर इस ब्रह्माण्ड से भी बड़ा है जिसमें सारा ब्रह्माण्ड समाहित है, वट वृक्ष हमें छाया, शीतलता, सन्तोष और विस्तार सब कुछ प्रदान करता है। भगवान राम वट वन्दना करते हैं और आज भी यह परम्परा जीवित है। हम जहाँ भी रहते हैं वट सावित्री के दिन अक्षय वट की पूजा अवश्य करते हैं। बरगद की वन्दना त्रेता में प्रभु राम ने की और पीपल के बारे में कृष्णावतार में प्रभु कृष्ण ने कहा कि मैं वनस्पतियों में वृक्षों में अश्वत्थ (पीपल) हूँ। इनके उगने का विधान स्वयं परमात्मा ने किया है। पीपल और बरगद ज़रूर लगायें। जहाँ कहीं इनके वृक्षों को देखें श्रद्धावनत हो जायें।

यहाँ से यात्रा आगे बढ़कर चित्रकूट पहुँचती है। चित्रकूट में जहाँ प्रभु राम निवास करते हैं वहाँ भी वटवृक्ष है। तुलसी (वृन्दा) का आशीष इस क्षेत्र को प्राप्त है। जहाँ पर सत्संग होता है, राम निवास करते हैं। आशय यह है कि जहाँ तुलसीवन हो, जिसे वृन्दावन कहते हैं, जहाँ तुलसी का एक ही पौधा हो, वह भी पूरे वन के समान होता है। अकेले तुलसी अपने आप में वृन्दावन है। हर घर में तुलसी होनी चाहिए। अन्य पौधों की पत्तियों को पत्ता या पत्र कहा जाता है जबकि तुलसी की पत्ती को दल कहा जाता है। दल समूह का पर्याय है। इसमें सर्वश्रेष्ठ एंटीबायोटिक तत्त्व है। इससे बेहतर एंटीबायोटिक कोई पौधा नहीं है इसीलिए हर घर में तुलसी का होना आवश्यक माना जाता है। यह हमारे स्वास्थ्य के लिए रक्षक भी है।

आगे की यात्रा होती हैं **अरण्यकाण्ड** में जहाँ भगवान राम पहुँचते हैं पंचवटी गोदावरी के तट पर। पंचवटी की शोभा भी वनस्पतियों की शोभा है जहाँ की वनस्पतियों में रामकथा का गुंजन होता रहता है। पत्तियाँ भी रामकथा बोलती हैं, पौधे भी बोलते हैं। इस वन क्षेत्र में निरन्तर रामकथा, नारायण कथा, हरि कथा, प्रभु कथा, विष्णु कथा चलती है। पंचवटी में सृष्टि विधान क्या होता है? इसका उल्लेख मिलता है। अर्थात् हम प्रकृति से प्रेम करें तो हमें सृष्टि का बोध होने लगेगा जीवन्तता क्या है? इसका बोध होने लगेगा। मानस में दो और सन्दर्भ हैं प्रकृति महत्ता के। एक अशोक वाटिका और दूसरा मधुबन। अशोक वाटिका लंका में थी जिसके बारे में ऐसा कहा जाता है कि लंका में वही एक ऐसा स्थान था जहाँ किसी भी प्रकार का शोक सम्भव ही नहीं था। इसीलिए उसका नाम था अशोक वाटिका।

यह मान्यता थी कि अशोक एक शोक निवारक वृक्ष है। उसकी बहुलता में रावण ने ऐसा स्थान बना रखा था जहाँ केवल शुद्ध शक्तियाँ ही निवास कर सकती हैं। अशुद्ध सोच वाले वहाँ पहुँच ही नहीं सकते थे। जहाँ राम का रामत्व विद्यमान है अर्थात् जहाँ माँ जानकी रुकी हुई हैं। सीता जैसी पवित्र आत्मा इसके अतिरिक्त और कहीं रह ही नहीं सकती। वह अशोक वाटिका इस प्रकार से सृजित थी। इस वाटिका और स्थान की पवित्रता ने श्रीसीता जी के रुकने से पूर्णता प्राप्त कर ली थी। रावण भी यह जानता था। इसलिए रावण वहाँ कभी निवास नहीं करता था। उसे सिर्फ़ इतना पता था कि वहाँ जाने से रामत्व की अनुभूति हो जाती है माँ सीता का दर्शन हो जाता है। ऐसी जगह पर माँ सीता को उसने रखा।

हनुमान जी को अशोक को लेकर ही भ्रम हो गया था। माना जाता है कि अशोक का फूल धवल होता है। जब हनुमान जी अशोक वाटिका की कथा सुना रहे थे तो उन्होंने कहा कि उस वाटिका के अशोक के फूल तो लाल थे। जबकि अशोक का फूल श्वेत (धवल) होता है। भगवान राम ने निवारण किया कि हनुमान की बात भी सही है। अशोक का फूल भले सफ़ेद होता है लेकिन जानकी जी की पीड़ा देखकर हनुमान इतना क्रोध में आ गये कि अशोक का फूल भी उनको लाल दिखायी पड़ने लगा। अशोक वृक्ष के नीचे क्योंकि माँ दुखी थीं इसी कारण इसे घर के सम्मुख लगाने का विधान ख़त्म हो गया। इसे बाग में ज़रूर लगाना चाहिए, बहुत उपयोगी पौधा है। अशोक वाटिका नाम भले न रखें लेकिन अशोक वृक्ष से युक्त एक वाटिका ऐसी होनी चाहिए जहाँ बैठने पर हमेशा पवित्र विचार ही मन में आयें। लंका से हनुमान जी जब सीता जी का पता लगा कर के लौटे तो वानर सेना के साथ सुग्रीव के मधुबन पहुँचे और मधुबन का फल ग्रहण किया। मधुबन इसलिए भी कहा जाता है कि उसमें मधु भी है और फल भी हैं। उन्होंने जितने प्रकार के फल थे सबका सेवन किया। सेवन इस बात का द्योतक है कि हनुमान जी सफलता प्राप्त कर के लौटे थे मधुबन जो सफलता का द्योतक है। इस प्रकार के फल वृक्ष, वन वाटिका, कुंज हम लोगों को अपने आस–पास रखना चाहिए, इनके लिए व्यवस्था करनी चाहिए। हम प्रकृति से मिलें, उसके लिए समय दें इसकी प्रेरणा हम मानस के माध्यम से लें और इसको आगे बढ़ायें। रामकथा में ऐसे बहुत सारे प्रसंग हैं।

चरितं रघुनाथस्य शतकोटिप्रविस्तरम्।
एकैकमक्षरं पुंसां महापातकनाशनम्।।

श्री रघुनाथजी का चरित्र सौ कोटि विस्तारवाला है। उसका एक–एक अक्षर महापातकों को नष्ट करने वाला है। भगवान श्रीराम जी की कृपा हम सभी पर सदा बनी रहे।

❑❑